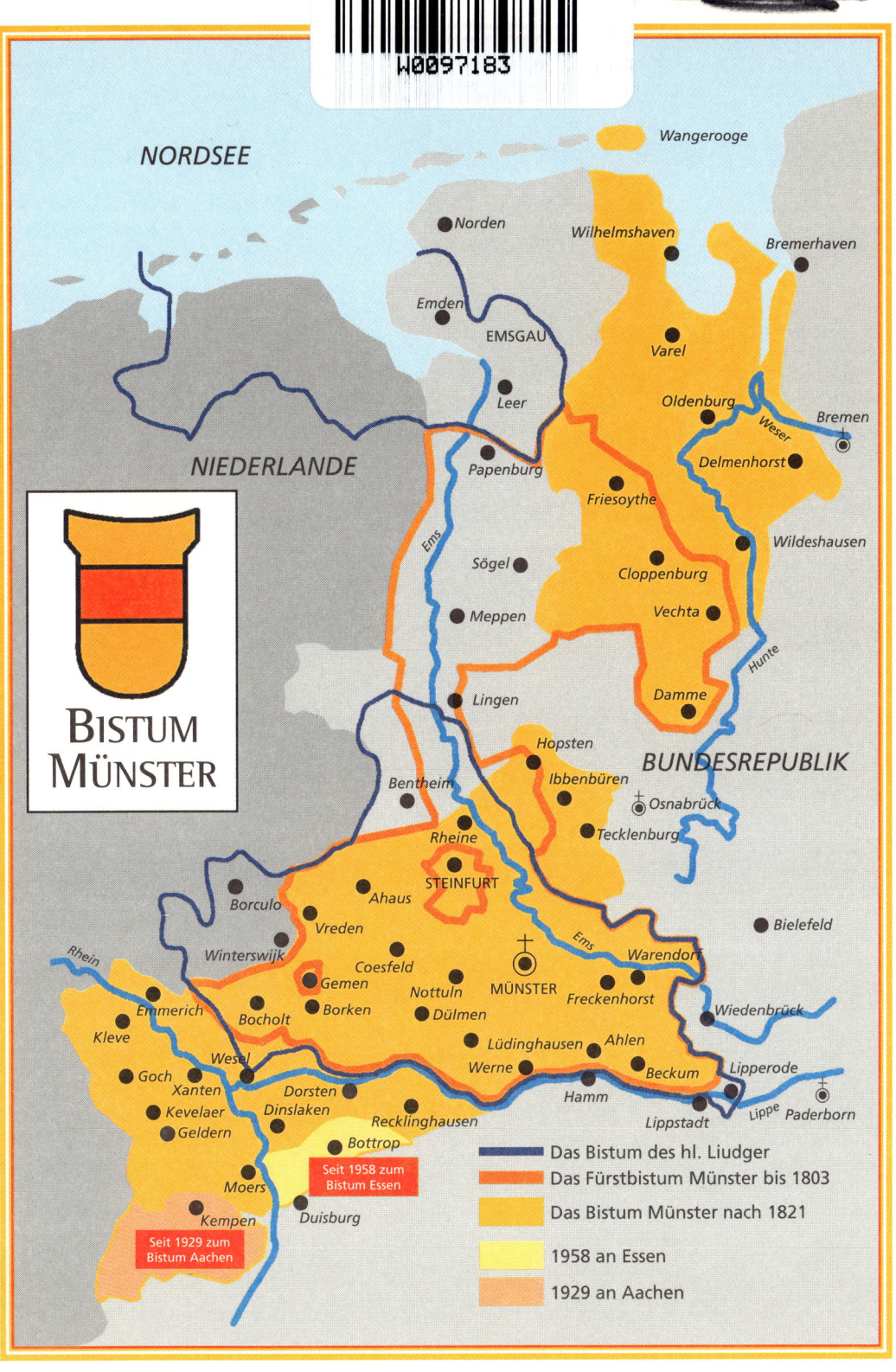

Geschichte des Bistums Münster

Herausgegeben von
Arnold Angenendt

Erster Band

Mission
bis
Millennium
313–1000

Von Arnold Angenendt

Geschichte des Bistums Münster

Herausgegeben von
Arnold Angenendt

Erster Band

Mission bis Millenium
313–1000

Von Arnold Angenendt

Die Deutsche Bibliothek – CIP-Einheitsaufnahme

Geschichte des Bistums Münster / hrsg. von
Arnold Angenendt. – Münster : Dialogverl.

Bd. 1 Mission bis Millennium 313–1000/
von Arnold Angenendt. – 1. Aufl. 1998
   ISBN 3-933144-06-X

ISBN 3-933144-06-X
1. Auflage 1998
© 1998 by **dialog**verlag, Münster
Das gesamte Werk ist im Rahmen des Urheberrechtsgesetzes geschützt.
Jegliche vom Verlag nicht genehmigte Verwertung ist unzulässig.
Dies gilt auch für die Verbreitung durch Film, Funk, Fernsehen,
photomechanische Wiedergabe, Tonträger jeder Art, elektronische Medien
sowie für auszugsweisen Nachdruck und die Übersetzung.
Schutzumschlag: Markus Nies-Lamott, Freiburg im Breisgau
Gesamtherstellung: Clausen & Bosse GmbH, Leck
Printed in Germany

Widmung
von Generalvikar Werner Thissen

»Der Geist wird nur durch den Bezug zur Vergangenheit lebendig« lese ich bei Hermann Hesse. In diesem Sinne möchte ich Sie zu schöpferischen Erkenntnissen einladen.

Dieses Projekt einer fünfbändigen Geschichte des Bistums Münster verdanken wir dem bewundernswerten Aufbruch der Forschung am Lehrstuhl für Mittlere und Neuere Kirchengeschichte der Katholisch-Theologischen Fakultät in Münster. So lag der Versuch nahe, Herrn Professor Arnold Angenendt mit seinen Schülerinnen und Schülern für ein solches Werk zu gewinnen. Dabei handelt es sich nicht um eine Auftragsarbeit. Es ging mir darum, die Bilanz der Forschung für unser Bistum zugänglich zu machen. Das »Heilige Jahr 2000« und das 1200jährige Bestehen unseres Bistums im Jahre 2005 bieten sich besonders dazu an, über den Weg der Kirche von Münster durch die Jahrhunderte hindurch nachzudenken.

Die Gesamtdarstellung der Geschichte unseres Bistums soll bis zur Jahrtausendwende komplett vorliegen als Überblick auf dem aktuellen Forschungsstand. Ebenso wie den hohen Ansprüchen der Wissenschaft weiß sich dieses Werk dem Wunsch nach Verständlichkeit und anregender Darstellung verpflichtet. Dadurch erweist sich das Projekt als gelungene Kooperation von Fakultät und Diözese.

Mit Freude und Dankbarkeit widmet das Bistum dieses Werk seinem Bischof Reinhard zum fünfundzwanzigjährigen Bischofsjubiläum und zur Vollendung des fünfundsechzigsten Lebensjahres. Unser Bischof hat in diesem Vierteljahrhundert die Menschen im Bistum auf ihrem Glaubensweg geführt, begleitet und gestärkt.

In jedem individuellen Leben hat die Frage, woher ich komme, wie hat es eigentlich mit mir angefangen, einen hohen Stellenwert. Die Frage nach dem Anfang ist auch für die Gemeinschaft eines Bistums von besonderem Belang. Dieser erste Band führt in die Zeit des Anfangs in unserem Bistum. In seinem größeren Teil behandelt er die Epoche, in der es ein Bistum Münster noch gar nicht gab. Aber es gab Landstriche, die heute zusammen mit anderen unser Bistum bilden, in denen der Glaube an Jesus Christus lebendig war. Wie dieser Glaube sich äußerte, wie er Menschen prägte, aus welchen Quellen er gespeist wurde, mit welchen Widerständen er zu kämpfen hatte und wie er sich in den kleinen und großen Ereignissen des Alltags auswirkte, dazu wird hier ein spannender Zugang eröffnet.

Schon der erste Band des renommierten Wissenschaftlers Arnold Angenendt – er fungiert dankenswerterweise auch als Herausgeber des Gesamtwerkes – macht frappierend deutlich, wie anregend die Ausführungen über Kirche und Christsein am Anfang unseres Bistums auch für heutige Fragestellungen sind. Manche Aussagen – ich nehme als Beispiel die Gründung von Pfarreien vor tausend Jahren – lassen aktuelle Fragen wie die nach Größe, Zuordnung und Gemeinschaft von Pfarreien in einem Licht erscheinen, das auch für heute notwendige Entscheidungen erhellend sein kann.

Münster, 24. Februar 1998,
am Fest des Apostels Matthias,
dem 25. Jahrestag der Bischofsweihe
unseres Bischofs Reinhard Lettmann

Bistumsgeschichte Münster

Der Herausgeber und die Autorengruppe legen in fünf Einzelbänden erstmals eine zusammenhängende Darstellung der fast 1200jährigen Geschichte des Bistums Münster vor. Dabei wird der Versuch unternommen, in der Bistumsgeschichtsschreibung neue Wege zu gehen. Im Hintergrund stehen Aufbrüche, welche die Kirchengeschichte als akademische Disziplin insgesamt umzuprägen beginnen: das verstärkte Gespräch mit der modernen Sozial- und Mentalitätengeschichte, mit der historischen Anthropologie, teils auch mit dem Hineinwirken der Ethnologie in historische Fragestellungen. Gerade die Bistumsgeschichtsschreibung bietet solchen Ansätzen ein exemplarisches Studienfeld: Gemessen an anderen menschlichen Gemeinschaften kann die Diözese Münster auf eine außerordentlich lange Geschichte zurückblicken, ist aber zugleich tiefgreifenden Wandlungen unterworfen gewesen. Beides kann gerade mit den neuen Methoden und Verständniszugängen als ein Ineinanderfließen von strukturellen Kontinuitäten, Prozessen der »langen Dauer« und den Ereignissen »an der Oberfläche« sichtbar gemacht werden. Nicht nur Einzelpersonen und Institutionen, sondern historische Räume, soziale und geistliche Gruppen und kulturellreligiöse Muster bilden den Gegenstand einer sich so verstehenden Historiographie. Gleichzeitig untersucht ein solcher Zugang stärker als bislang die Verflechtungen der religiösen Welt mit den Strukturbedingungen von Politik und Gesellschaft.

Von vornherein war es das Ziel von Herausgeber und Autoren, diese Bistumsgeschichte nicht nur Fachwissenschaftlern zu unterbreiten, sondern einem weiten Leserkreis theologisch und historisch Interessierter zugänglich zu machen. Auf Fachvokabular und Spezialdiskussionen wurde darum ebenso verzichtet wie auf enzyklopädische Vollständigkeit.

Historie lebt von Überlieferung. Entsprechend den Verwerfungen der Geschichte ist immer wieder wertvolles Quellenmaterial verloren gegangen. Eine gleichmäßige Darstellungsdichte ist daher mit Blick auf die archivalischen Lücken und die offenen Forschungsfragen weder angestrebt noch möglich; ebenso wenig konnten sich die methodischen Zugänge zu den jeweiligen Epochen in allem gleichen. Insofern lebt das Gesamtwerk von einer einheitlichen Idee; allen Autoren aber blieb die Freiheit einer eigenständigen Umsetzung.

Der Verfasser des vorliegenden Bandes dankt seinen Mitarbeitern/innen für kluge und ausdauernde Mithilfe: Andreas Daniel, Thomas Flammer, Ines Gora, Georg Henkel, Tobias Kampmann, Regine Krause und Sabine Schratz, nicht zuletzt auch den Kollegen Manfred Balzer und Lutz von Padberg für die kritische Durchsicht des Manuskripts.

Münster, im Februar 1998 *Der Herausgeber und die Autoren*

Inhalt

Erster Teil
**Der Niederrhein
in Spätantike und Frühmittelalter**

KAPITEL I
Antike

Der Rhein zur Zeitenwende 17
    Zwischen Kelten und Germanen 17
    Romanisierung 18
Die Germanen 23
    Ethnogenese 23
    Gegen und für das Imperium 23
Die Religion 26
    Provinzialromanen 26
    Germanische Religion 29
Das Christentum 32
    Sein Profil 32
    Im Rheinland 37
Das Christentum in der CUT-Xanten 40
    Gedenksteine 40
    Doppelgrab und Grab des Enthaupteten 42
    Xanten – Bischofssitz? 54

KAPITEL II
Frühmittelalter

Die Merowinger-Zeit 59
    Francia Rinensis 59
    Mallosus in Birten und Victor in Xanten 62
    Troia oder auch Xantum 66
    Bischof Kunibert von Köln und Utrecht 67

Die Angelsachsen auf dem Kontinent 68
  Peregrinatio 69
  Erzbischofsamt 71
  Rom-Orientierung 72
  Kathedralklöster und ›reine Hände‹ 73
  Skriptorium 75
  Grabbeigaben 77
  Sklaverei 78
  Gebetsverbrüderungen 79
Der Niederrhein als missionarisches Vorland 80
  Mission in Friesland 80
  Willibrord in Rindern 83
  Die Ewalde im westlichen Münsterland 85
  Suidbert bei den Brukterern 86
Die Epoche Karls des Großen 87
  Kirchenreform 87
  Stift Xanten 89
  Chorbischof in Xanten? 92
Die Ottonen-Zeit 93
  Normannische Raubzüge 93
  Xanten 93
  Thebäer-Legende 94
Die Pfarrkirchen 96
  Gründung 96
  Eigenkirchen 99
  Patrozinien 100
  Rechts des Rheins 102
Die Klöster 104
  Emmerich 105
  Elten 105
  Zyfflich 109

Zweiter Teil
Das frühe Christentum Westfalens

Die Sachsen 117
  Herkunft und innere Struktur 117
  Verhältnis zu den Franken 123

Karls des Großen »eiserne Zunge« 123
   Zwangsmission 123
   Taufe Widukinds und Patenschaft Karls 126
   Deutung und Bewältigung 128
Die Christianisierung 131
   Kirchenorganisation 131
   Taufe und Bekehrung 135
   Klöster 136
   Soziale Folgen 138
   Reliquien-Translationen 140
Das Münsterland 143
   Siedlung und Bevölkerung 143
   Erste Mission 146
Liudger 148
   Lebensdaten 148
   Liudgeriden 148
   Als Peregrinus 150
Bischofssitz Münster 154
   Kathedralkloster 154
   Monasterium – Münster 156
   Bücher und Bibliotheken 162
Bischöfe bis 1000 163
Pfarreien 164
   Kirchen im Münsterland 164
   Sonderfall Herzfeld 166
Klöster 169
   Nottuln 169
   Vreden 169
   Freckenhorst 172
   Liesborn 174
   Metelen 175
   Borghorst 175
   Warum Frauen-Stifte? 176
Oldenburger Land 177
   Missionsstation Visbek 177
   Stift Wildeshausen 178
Rückblick und Ausblick: Mission bis Millennium 179

Erster Teil

Der Niederrhein
in Spätantike und Frühmittelalter

KAPITEL I

Antike

Der Niederrhein wurde 1821 von der alten Erzdiözese Köln abgetrennt und Münster zugeschlagen. Damit führt die Geschichte des westfälischen Bistums bis in die spätantiken Anfänge des Christentums auf deutschem Boden zurück. Doch damals in der Spätantike gab es weder Deutschland noch Frankreich, nicht Rheinland noch Westfalen, sondern das Imperium Romanum mit seiner Grenze am Rhein. Seit der Mitte des 3. Jahrhunderts wurde diese Grenze von Germanen berannt, am Niederrhein von den Franken und am Oberrhein von den Alemannen. Genau zu dieser Zeit hat auch das Christentum den Rhein erreicht. Um dieses Vordringen des Christentums und überhaupt die Spätantike zu verstehen, sind drei Faktoren näher zu betrachten: das Imperium Romanum, die Germanen und das Christentum.

Der Rhein zur Zeitenwende

Zwischen Kelten und Germanen

Am Niederrhein glaubt die Forschung für die Zeit um Christi Geburt »Völker zwischen Germanen und Kelten« ausmachen zu können, deren ethnischer Charakter »blaß und unklar« sei.[1] Am Oberrhein dominierten die Kelten, die »an der Schwelle der Hochkultur«[2] standen; am Niederrhein hingegen lebten Völkerschaften, die von dieser Hochkultur nur ausläuferhaft erfaßt waren und ein »barbarisches Randgebiet«[3] darstellten. Zu verabschieden ist darum die immer noch verbreitete Ansicht, der Niederrhein sei germanisch, ja deutsch gewesen, habe eine römische Fremdherrschaft erdulden müssen, an deren Ende dann die jungen und unverbrauchten Germanen das Christentum angenommen hätten. Wohl ist richtig, daß die Germanen, ausgegangen von Südskandinavien und der norddeutschen Tiefebene, damals das linke Rheinufer erreichten, sich dort mit einheimischen Völkerschaften überlagerten bzw. sich darin verloren.[4] »Die letzten Kelten dieses Raumes waren dort auch die ersten Germanen«.[5] Sobald dann die Römer den Rhein zur Grenze machten, wirkte dieser wie eine Staumauer, die den germanischen Angleichungsprozeß im Linksrheinischen stoppte. Im süddeutschen Raum ging die germanische Angleichung weiter, indem die Elbgermanen das dortige Keltentum überlagerten bzw. in sich aufnahmen und dann als Alemannen bis zu Rhein und Donau vorstießen.[6]

Romanisierung

Caesar hat dem römischen Imperium, nachdem es schon das ganze Mittelmeer umfaßte, zwischen 58 und 51 v. Chr. Gallien hinzuerobert.[7] Der in den anschließenden Jahrzehnten unternommene Versuch, bis zur Elbe vorzustoßen, scheiterte. Doch suchte man das rechte Rheinufer unter Kontrolle zu halten. Dabei wurden 39/38 v. Chr. die im Neuwieder Becken ansässigen Ubier ins Linksrheinische verpflanzt und um Köln, um die neu geschaffene ›Ara Ubiorum‹, angesiedelt. Unmittelbar vor der Varus-Niederlage (9 n. Chr.) waren auch die zwischen Linz und Lippe siedelnden Sugambrer zur Übersiedlung gezwungen worden, wobei die Quellen von 40000 sprechen; diese, nunmehr Cugerner[8] bzw. Bätasier geheißen, erhielten ihren Siedlungsraum um das heutige Xanten.[9]

Land und Menschen wurden ruckartig in eine Hochzivilisation befördert, so daß sich wie mit einem Schlage alles veränderte. Schon die Armee mußte sich auf beträchtlicher Zahlenstärke halten. »Am Rhein stand damals etwa ein Viertel des gesamten römischen Heeres.«[10] Die niedergermanischen Legionen umfaßten im 1. nachchristlichen Jahrhundert 22000 Mann und anfangs noch zusätzlich 20000 Mann Hilfstruppen. Für ihre Kampfbereitschaft schufen sie sich die bestmöglichen Voraussetzungen. Zur Beweglichkeit mußten Straßen und zur Unterbringung Lager gebaut werden. Das auf dem Xantener Fürstenberg gegenüber der Lippe-Mündung für zwei Legionen errichtete ›Vetera‹ bildete die Basis für die Feldzüge nach Innergermanien, bis die Varus-Niederlage die Rheingrenze endgültig machte. Das daraufhin in Stein neugebaute Vetera war so komfortabel wie imposant. Es maß 620 mal 900 Meter, umfaßte 56 Hektar, konnte 10000 Menschen aufnehmen, hatte ein Amphitheater, sogar ein Lazarett und überhaupt den zivilisatorischen Komfort der römischen Stadtkultur.[11]

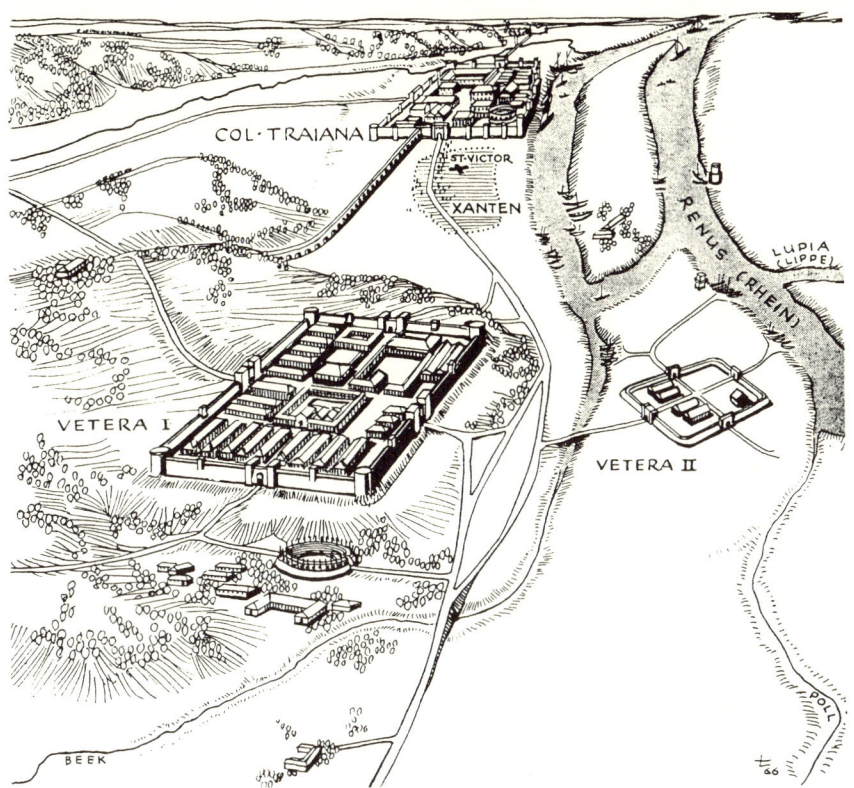

Blick auf die römischen Militärlager und die Colonia Ulpia Traiana

Auf die Einheimischen mußte eine solche Anlage einen starken Eindruck machen: »Die klare Planung des Ganzen, die breiten Straßen, die prächtigen Bauten an der Hauptstraße wie das Forum, die Paläste der Legionskommandeure und die stattlichen Häuser der ritterlichen Offiziere, die mächtigen, von Arbeit und Vorräten strotzenden Wirtschaftsbauten und das Lazarett mit seinen hygienischen Einrichtungen waren ein Widerglanz der fernen Welt Roms, der allen loyalen Reichsangehörigen eine bessere Zukunft versprach.«[12]

Dieses stolze Lager legten nach Neros Tod († 68) die Bataver[13], die als Hilfstruppen unter Führung eines ihrer römisch ausgebildeten Offiziere namens Civilis rebellierten, in Schutt und Asche. Nach der Niederwerfung verblieb nur eine Legion und erhielt ein neues Lager am Fuße des Fürstenberges (Vetera II), während die zweite ins Bataver-Land nach Nimwegen abzog. Wie sehr das römische Leben bereits überzeugte, zeigte sich insofern, als die Bataver sowohl die rechts- wie die linksrheinischen Germanen zu mobilisieren versuchten und dennoch keine volklich geschlossene Parteinahme erreichten: »Die Romanisierung war in den Jahren um 70 n. Chr. ... nicht mehr rückgängig zu machen«[14]; die Eroberten empfanden die neue Situation nicht länger als Zwang, sondern »als einen Vorzug«.[15]

Die Provinz Niedergermanien bildete zunächst nur einen schmalen Streifen links des Rheins, der von seiner Sonderstellung herrührte, daß nämlich der Okkupationsstatus fortdauerte und der jeweilige Oberkommandierende – oft ein Angehöriger des Kaiserhauses – zugleich die Provinzialverwaltung führte. Den Armeeangehörigen ermöglichte das den Aufstieg sowohl zu Verwaltungs- und Gerichtsaufgaben wie auch zu technischen Dienstleistungen, etwa im Städte-, Straßen- und Brückenbau, was »ein Vorbild höherer Zivilisation« und »Wertmaßstäbe für die Wirtschaft« abgab.[16] Ausgenommen von der Militärverwaltung waren nur solche Siedlungen, die den Status eines Municipiums (wie Nimwegen) oder einer Colonia (wie Köln und Xanten) erlangten. Hier herrschte antikes Leben. Man sprach Latein und verstand zumeist auch Griechisch. Doch erhielt sich daneben oder darunter auch Einheimisches sowohl in Sprache, Lebensgewohnheit wie Religion. Im ganzen war es eine Mischbevölkerung, zunächst schon infolge des aus verschiedenen Provinzen rekrutierten Militärs und der nachrückenden Familienangehörigen, aber auch der sich ansiedelnden Händler und Handwerker, wie noch der Einheimischen.

Münzbildnis Kaiser Trajans

Das zweite Jahrhundert muß »als die Blütezeit der römischen Rheinprovinzen«[17] bezeichnet werden. In Niedergermanien verlieh Trajan, nachdem schon Köln als größte Stadt 50 n. Chr. zur Colonia Claudia Ara Agrippinensium (CCAA) erhoben war[18], auch der Siedlung nördlich von Vetera diesen bevorzugten Status als ›Colonia Ulpia Traiana‹ (CUT). Die Soldaten erhielten nach ihrem langen Dienst eine Geldabfindung, gegebenenfalls Landeigentum und das römische Bürgerrecht.[19] Die Kolonien boten dafür den Rahmen: rechtliche Garantie für freies Bürgerleben, dazu demokratische Mitbestimmung durch Wahl der »Bürgermeister« und der »leitenden Beamten«. Vorbild und Rechtsnorm blieb Rom, sichtbar schon am nachgebauten Kapitol und der städtischen Senatskurie. Für die CUT-Xanten mit ihren 83 Hektar Stadtfläche darf auf eine Gesamtbevölkerung von 20 000 geschlossen werden. Die zivilisatorischen Leistungen sind noch für heutige Maßstäbe beeindruckend: feste Häuser, Wasserleitung, Kanalisation und Heizung; allein die Therme nahm eine ganze »insula« (Wohnblock) von hundert Metern im Quadrat ein; kam für Köln das Wasser aus der Eifel, so für die CUT-Xanten von den Sonsbecker Höhen. An dem Komfort hatten auch weniger begüterte Kreise Anteil. Indes besaßen die Städte keine Krankenhäuser, etwa nach Art der Lazarette in den Militärlägern. Wohl erbaute man Amphitheater für Gladiatorenkämpfe und Tierhetzen, in der CUT-Xanten für 10 000 Zuschauer.

Hafenansicht der Colonia Ulpia Traiana

Wirtschaft, Industrie und Handel blühten. Eine »Schlüsselstellung«[20] nahm in Niedergermanien das Schmiedehandwerk ein. Die Produkte, neben Luxusgerät und -beschlägen vor allem Werkzeuge, ermöglichten technische Fortschritte: in der Bautechnik beim Steinabbau und Behauen, in der Holzbearbeitung beim Sägen, Bohren und Hobeln, in der Landwirtschaft beim Pflügen mit eiserner Pflugschar und noch fürs Reisen die Wagen und das Beschlagen der Pferde. Alltags- wie Luxusware aus Ton, Kalk oder Glas lieferten die Brennöfen. Für gallische Produktionsstätten haben sich Jahreskapazitäten von 200 000 Stück und mehr errechnen lassen. Als Tagessoll eines Ziegelstreichers galt im Rheinland 220 Stück.[21] Die Monatsproduktion der in Iversheim (Kreis Düren) ausgegrabenen Kalkfabrik belief sich auf 200 Tonnen.[22] »Spitzenleistungen«[23] erbrachte die Glasherstellung, die »den Exportartikel Niedergermaniens schlechthin« lieferte[24], zumal die kölnische mit ihren ausgesprochenen Luxuserzeugnissen, etwa den berühmten Diatret-Gläsern.

Soviel Geschäftigkeit verlangte ein besonderes handwerkliches und unternehmerisches Geschick, dem ohne Schulen die Voraussetzungen gefehlt hätten. Mindestens die unterste Stufe des Elementarunterrichts war zu absolvieren, denn in »der römischen Gesellschaft mußte man lesen und schreiben können«.[25] Diese Schulen waren indes nicht öffentlich und verlangten Bezahlung. Für Köln und Xanten wird man weiterführende Grammatikschulen annehmen dürfen, ob auch Rhetorenschulen, bleibt ungewiß.

Insgesamt ist der Entwicklungssprung evident: Trotz der einstmaligen »zivilisatorischen Rückständigkeit des Niederrheins«[26] und der bleibenden Bedrohung von rechtsrheinischer Seite her wurden schon am Ende des ersten nachchristlichen Jahrhunderts die alten Verhältnisse »von dem tragenden Gefühl verdeckt, daß es in allen Lebensbereichen vorwärts ging«[27]; im 2. nachchristlichen Jahrhundert hat sich »die Romanisierung ... zu einer echten zivilisatorischen Kraft« entwickelt, und die Lebensverhältnisse stiegen auf »ihren höchsten Stand«.[28]

Die Germanen

Ethnogenese

Die deutsche Nationalgeschichtsschreibung sah es als wissenschaftlich erwiesen an, daß die Germanen aus gemeinsamer Volkswurzel entsprossen seien, infolgedessen rassisch verifizierbare Eigen- und Besonderheiten besäßen, wie sie ja auch eine gemeinsame Sprache sprächen. Heute indes stellt sich der Prozeß der Ethnogenese erheblich anders dar. Neu sich bildende Ethnien können recht verschiedene Gruppen aufnehmen; denn sie entstehen weniger durch Ausbreitung einer bestimmten Völkerschaft bei Verdrängung anderer, sondern als ein fremde Gruppen überlagernder und einbeziehender Kulturwandel. Die auf diese Weise sich neu formierenden Ethnien vereinen folglich verschiedenartige Substrate, schaffen sich aber eine gemeinsame Kultur und nehmen auch eine gemeinsame Sprache an. Nach eigenem Verständnis sind sie freilich immer blutsverwandt und führen sich auf einen einzigen Stammvater zurück. Wissenschaftlich ist indes unhaltbar, »das Germanentum müsse sich auf einen einzigen Ursprungskern zurückführen lassen«; im Gegenteil, es ist »aus verschiedenen, ... ethnischen Komplexen erwachsen«.[29]

Gegen und für das Imperium

Der an Rhein und Donau erzeugte Stau erhöhte den Druck auf die Reichsgrenze. Schon »der wachsende Wohlstand der römischen Rheinseite [machte] die germanischen Stämme immer begehrlicher«.[30] Zuerst berannten die in Böhmen siedelnden Markomannen die Donau. Am Oberrhein begannen die Alemannen unruhig zu werden[31], am Niederrhein die nördlichen Germanengruppen, von denen sich die gegenüber Köln, Xanten und Nimwegen siedelnden Stämme zum Frankenbund zusammenschlossen: die Brukterer im Kölner Vorland[32], die Chattuarier an der unteren Ruhr und Lippe[33], die Chamaven an Issel und Vecht[34], sodann die rückwärtig siedelnden Amsivarier (an der Ems)[35] und die weiter nördlich ansässigen Salier.[36] Vereint gewannen sie erhöhte Schlagkraft; schon ihr Name »Franken« ist als ›wild‹, ›kampfbegierig‹, ›verwegen‹ zu deuten.[37] Die ›Tabula Peutingeriana‹ (die hoch-

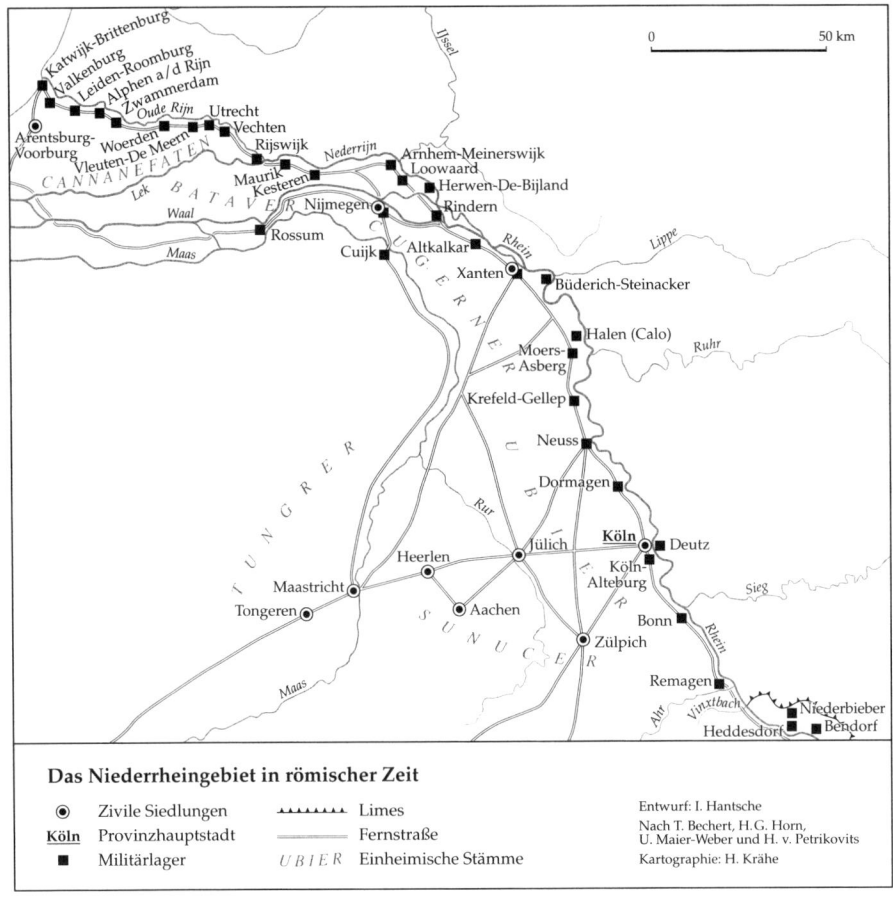

Das Niederrheingebiet in römischer Zeit

- ◉ Zivile Siedlungen
- **Köln** Provinzhauptstadt
- ■ Militärlager
- ⏣⏣⏣⏣ Limes
- ——— Fernstraße
- U B I E R Einheimische Stämme

Entwurf: I. Hantsche
Nach T. Bechert, H. G. Horn, U. Maier-Weber und H. v. Petrikovits
Kartographie: H. Krähe

mittelalterliche Kopie einer antiken Straßenkarte) verzeichnet den Namen »Francia« gegenüber Vetera, Colonia Traiana, Burginatium, Harenatium, Noviomagus, Castra Herculis (Druten?) und Carvone (Herwen?).[38] Im Jahre 256/57 gelang der große Durchbruch. Im Kastell Gelduba (Krefeld-Gellep) fand man Gruben voller Leichen.[39] Da römische Truppen nur an der Rheinlinie standen, konnten die Eindringlinge ungehindert im Hinterland plündern und gelangten sogar bis Nordspanien. Fortan war nichts mehr wie zuvor. Die militärischen Erfordernisse bestimmten alles: Die Kaiser mußten »erfolgreiche Haudegen sein«[40]; vom Militär wurden sie ausgerufen, was vielfach zu aufreibenden und rivalisierenden Kämpfen führte. Vor allem auch mußten sie in der Nähe der Grenze weilen, weswegen 293 die Tetrarchie (Vierer-Herrschaft) eingerichtet und Trier zu einer Residenz erhoben wurde. Die immer drückenderen Steuern und Rekrutierungen wirkten erpressend und waren von den Beamten bei persönlicher Haftung einzutreiben. Um eine Berufs- und Steuerflucht zu verhindern, wurden die Tätigkeiten und Zahlungen erbmäßig vom Vater auf den Sohn fortgeschrieben.

Obwohl durchaus militärische Erfolge erzielt wurden, konnte dennoch Sicherheit nicht wiederhergestellt werden. Die Städte im Hinterland und selbst auch Bauernhöfe mußten sich, um zu überleben, befestigen. Die Grenze erhielt zusätzliche Wehranlagen, zum Beispiel die ob ihres breiten Grabens neuartige Festung Quadriburgium (Qualburg bei Kleve). Für zwei Jahrhunderte – solange konnte die Rheingrenze noch gehalten werden – verliefen die Militäraktionen nach gleichbleibendem Schema: Vertreibung und Verfolgung der Eingedrungenen, Rachefeldzüge in deren rechtsrheinischen Basisgebieten mit Tötung von Mensch und Vieh sowie Einäscherung von Behausungen und Erntevorräten, aber dann doch wieder Verträge, oft sogar mit verlockenden Geldzahlungen, um die ehemaligen Feinde als »Foederaten« (Verbündete) mit ihren eigenen (Klein-)Königen als Kommandeuren für die Reichsverteidigung anzuheuern, ferner die Ansiedlung der Gefangenen als »Laeten«, ebenfalls mit der Verpflichtung zum Waffendienst und zur Getreidelieferung. Sie alle dienten – aus nationalgeschichtlicher Sichtweise gewiß überraschend – »gerade auch gegen ihre eigenen Stammesgenossen sehr zuverlässig der Sache des Kaisers und des Römerreichs«.[41] Die Kampfmethoden schreckten vor nichts mehr zurück: Niedermetzeln oder Verschleppen und Versklaven, Quälereien und Vergewaltigungen auch der Zivilbevölkerung.[42] Am Ende mußte es möglichst noch der unverhohlene Triumph sein; im Trierer Amphitheater ließ Kaiser Konstantin Frankenfürsten mit Tieren sich zu Tode kämpfen.[43] Immerhin konnte erreicht werden, daß der Rhein mit seiner dichten Kette von Militärstationen für zwei Jahrhunderte die Grenze blieb. Noch unter Julian, dem zum Heidentum zurückgekehrten Konstantiniden († 371), werden ausdrücklich Castra Herculis (wohl Druten an der Waal) Quadriburgium (Qualburg), Tricensimae (Xanten), Novaesium (Neuss), Bonna (Bonn), Antunacum (Andernach) und Vingo (Bingen) als wiederhergestellt und funktionstüchtig erwähnt.[44]

Gleichwohl schritt die Germanisierung und dabei auch die Entzivilisierung des linksrheinischen Hinterlandes fort. Die Eindringlinge suchten zuerst Beute, aber bald auch besiedelbares Land[45], ohne indes den technischen Apparat voll weiterführen zu können. Neu war, daß um die Mitte des 4. Jahrhunderts die Salier in Toxandrien (im heutigen Brabant) angesiedelt wurden und relative Autonomie erhielten; aus ihnen sollte später das merowingische Königsgeschlecht hervorgehen. Eine »Mischzivilisation« entstand, die freilich für die Germanen immer noch eine »Akkulturation« bedeutete.[46] Auf militärischem Gebiet brachten sie es sogar zur Meisterschaft, sind doch Germanenfürsten bis zu höchsten Rängen aufgestiegen.[47]

Die CUT-Xanten, die zweitgrößte Stadt in Niedergermanien, hat von Anfang an schwere Schädigungen hinnehmen müssen und ist zuletzt untergegangen. Bei dem Einfall zur Mitte des 3. Jahrhunderts erlitt sie bereits eine Plünderung. Offenbar unter Konstantin († 337) wurde innerhalb des Stadtareals eine verkleinerte und mit Doppelgraben gesicherte »Großfestung« angelegt, die nach Ausweis der Münzfunde aber schon 351/52 wieder unterging.[48] Die wissenschaftliche Auseinandersetzung darüber, wo das unter Julian erwähnte »Tricensimae« gesucht werden muß, steht weiterhin offen und ist derzeit der »Sport in der Xanten-Forschung«.[49]

Die Religion

Provinzialromanen

Für Niedergermanien sind inschriftlich an die 250 Götter und Göttinnen bezeugt.[50] Obenan standen die römischen, zumal in den nach römischem Recht lebenden Kolonie-Städten. »Weitaus die meisten Weihungen sind dem Hauptgott der Römer gesetzt worden: Iupiter Optimus Maximus.«[51] Es folgten dessen Gemahlin Iuno und dann Minerva, eben die kapitolinische Trias, und weiter noch die traditionellen Gottheiten. Wegen der Emotionslosigkeit des römischen Götterhimmels hatten sich orientalische Kulte ausgebreitet, die eine persönliche Erlösung und ewiges Leben versprachen. Für Niedergermanien sind ägyptische Kulte am stärksten in Köln bezeugt.[52] Die Soldaten verehrten gerne den persischen Lichtgott Mithras, der einen Blutkult forderte und nur männliche Verehrer zuließ; aus Obergermanien gibt es ein halbes Hundert Mithras-Inschriften, aus Niedergermanien gerade ein Dutzend. Im verhältnismäßig kleinen Kastell Gelduba ist ein 13 mal 6,5 Meter großes Holz-Flechtwerk-Gebäude ausgegraben worden, das als Mithraeum gedeutet wird.⁵³ Eine große Rolle spielten einheimische Kulte, besonders die der Matronen.⁵⁴ Von letzteren künden fast 1.200 Inschriften; sie konzentrieren sich räumlich auf das Ubier-Gebiet und zeitlich auf das Jahrhundert zwischen 150 und 250/60. Dargestellt erscheinen die Matronen zumeist als Dreiheit, dürften als Schutz- und Fruchtbarkeitsgottheiten verehrt worden sein und spezifizierten sich, wie ihre Namen ausweisen, nach Orts-, Volks- und Flußnamen; so gab es zum Beispiel die ›matronae Nersihenae‹, die »Niers-Matronen«.⁵⁵ Rein lokale Gottheiten lassen sich in Hunderten von Zeugnissen nachweisen, so die Göttin Nehalennia, von der 1970/71 über 200 Altäre aus der Oosterschelde gefischt wurden; ihr Name ist vorgermanisch und möglicherweise noch vorkeltisch; verehrt wurde sie als »Führerin« oder »Geleiterin«.⁵⁶ Insgesamt war es wirklich »ein sehr buntes Gemisch von allerhand Religionen«.⁵⁷

Stein zu Ehren der Niers-Matronen

Die Kultbauten der niedergermanischen Provinz bestanden »vorwiegend aus gallo-römischen Umgangstempeln; zwei sind Capitolia, zwei römische Podiumstempel, sechs Mithraeen, einer ist ein Kultkeller«.[58] Die Capitolia standen in CCAA-Köln und CUT-Xanten, desgleichen noch je ein Podiumstempel und Umgangstempel; von den Mithräen befanden sich drei in Köln und weitere in Bonn, Dormagen und Gellep. Während die Capitolia und Podiumstempel römische Vorbilder imitierten, besaßen die Umgangstempel einen »ganz unklassischen Grundriß«[59], konzentrierten sich in den gallisch-germanischen Provinzen und bildeten im Aufbau eine Cella mit einem überdachten Säulengang. Die CUT-Xanten besaß alle drei Formen: das Kapitol in der Mitte, am Hafentor einen Podiumstempel und im Nordosten einen wohl den aufanischen Matronen geweihten Umgangstempel.

Podiumstempel in der Colonia Ulpia Traiana

Über die Frömmigkeitspraxis geben vor allem Inschriften und archäologische Funde Auskunft, zumal die große Zahl der Weihesteine und Altäre. Wo immer solche standen, wurde auch geopfert. Im eigenen Haus vollzog man regelmäßig Wein- und Weihrauchopfer, in den öffentlichen Tempelanlagen zumeist Tieropfer. Bei großen Anlässen oder seitens vermögender Leute waren es Schweine, Schafe, Ziegen und sogar auch Stiere, von seiten der kleinen Leute meist Geflügel.[60] Im Altbachtal bei Trier, einem der größten uns bekannten Tempelbezirke, fanden sich Opfergruben voll Knochen von Schweinen, Ziegen und Hühnern.[61] Zu erinnern ist daran, »daß Schlachten in der Antike zumindest generell eine religiöse Angelegenheit war«.[62] Zeuge dafür ist nicht zuletzt Paulus, der die Christen von Korinth dazu ermutigte, die heidnische Schlachtung als für religiös bedeutungslos anzusehen.[63] Weiter wurden, zumal bei heiligen Quellen, Devotionalien geopfert, etwa Terracotta-Statuetten der verehrten Gottheiten oder auch Münzen.[64] Ihr Ende fanden all diese Heiligtümer mit dem Christentum, wurden aber noch »bis zur Mitte des 4. Jahrhunderts ... von Anhängern der alten Götter aufgesucht.«[65]

Endlich ist verzeichnenswert, daß Frauen nach Ausweis der Stifternamen auf Weihealtären wenig beteiligt waren; sie blieben von manchen Kulten wie dem des Mithras, der Pferdegöttin Epona und der Schiffahrtsgöttin Nehalennia überhaupt ausgeschlossen und erreichten nur bei orientalischen Gottheiten, zumal der Magna Mater (die sich mit einheimischen Kulten verband), etwa die Hälfte. Die genauen Prozentzahlen lauten in Niedergermanien: für römische Gottheiten vier Prozent Frauen, für gallo-römische 35 Prozent, für einheimische 18 und für orientalische 43.[66]

Germanische Religion

Die Religion der Germanen betrachtete man lange Zeit als Ausweis von deren bleibender Volksart. Die ausführlichen Angaben der skandinavischen Quellen des Hochmittelalters glaubte man auch für die Frühzeit voraussetzen zu können. Aber nicht anders als die Ethnogenese zeigt auch die germanische Religion Wandlungen und Fremdeinwirkungen. Sie soll sogar, wie neuerdings gesagt wird, »anfangs vorwiegend von keltischen Einflüssen bestimmt« gewesen sein.[67] Weiter gilt als »wichtiges Zeugnis«[68] die Übernahme der römischen Wochentagsnamen, avancierte damit doch die hellenistische Sieben-Tage-Woche mit ihren Planetengöttern zum germanischen Religions- und Zeitmodell.[69] Die einzelnen Wochentagsnamen wurden mit dem germanischen Götterhimmel korreliert.

> Die Entsprechungen lauten: *dies solis* – Sonntag, *dies lunae* – Montag, *dies Martis* – Dienstag (abgeleitet von *Mars Thinxus*, was sich auf den germanischen Gott Tyr/ Ziu bezieht und noch im Englischen als Tues-day weiterlebt); *dies Mercurii* – Mittwoch (der aber nach Ausweis des niederländischen Woensdag eigentlich auf Wodan zu beziehen ist); *dies Iovis* – Donnerstag (hinter dem Donar zu erkennen ist); *dies Veneris* – Freitag (Tag der Frigga); *dies Saturni* – Samstag (was im niederländischen und niederdeutschen Saterdag weiterlebt). Der Wochenbeginn mit dem Sonntag verweist auf die Kulte des Sol invictus (des unbesiegten Sonnengottes) und des Mithras; obendrein zeigt die ohne Übersetzung vorgenommene

Übernahme des Saturn-Tages, daß man die eigene Götterwelt nicht nur anhand der römischen interpretierte, sondern auch noch ergänzte.[70]

Sprechend sind weiter die schon seit langem bekannten und neuerdings in Südskandinavien zahlreich aufgefundenen Goldbrakteaten, münzengroße Preßbleche mit figuralen Darstellungen; hinzukommen die meist nur wenig größeren und längsrechteckig gestalteten Goldblechfiguren, von denen jüngst eine Fundstelle auf Bornholm allein über 3.000 Exemplare hergab. Die Brakteaten wie die Goldbleche haben zunächst römische Münzen mit Kaiserbildnissen imitiert und sich dann um eigene Religionsvorstellungen ergänzt, am häufigsten mit Pferden und Vögeln. Als Deutung ist vorgeschlagen worden, »daß nämlich die Brakteatenbilder eine Umdeutung des römischen Kaisers zu einem idealen germanischen König darstellen. Die Vollkommenheit dieses germanischen Königs besteht in seiner Kenntnis der Vogelsprache, seiner Fähigkeit, die heiligen Pferde zu verstehen, und seiner Beherrschung der Runen«.[71] Der Münsteraner Historiker Karl Hauck, der sich am intensivsten mit den Brakteaten befaßt hat, sieht »den Gott mit dem Kaiserdiadem ... als machtvollen Weltherrscher und/oder Götter-König«[72]; die Gottesabbreviatur mit Pferd deutet er als Heilungsritus, den Vogel als göttlichen Helfer, freilich auch in negativer Version als »Wal- und Leichenvogel«.[73] Die Brakteaten wurden als Amulette besonders auch von Frauen getragen und fügten sich in die magischen Praktiken der spätantiken Religionswelt ein.

An der Spitze der Götter stand Wodan, der Kriegs- und Siegesgott; sein Name drückt »Wut« aus, wie es noch Adam von Bremen, der Chronist des 11. Jahrhunderts, wußte: »Wodan id est furor«/Wodan, das ist Wut.[74] Im Nordischen hieß er Odin, und dort ist sein Wesen Unruhe und Fahrt, sowohl als zerstörerische wie schöpferische Grenzüberschreitung: »In Krieg, Rechtsbruch, männerbündischer Rügeaktion, Ekstase, Zauber, Dichtkunst bricht er immer wieder das starre Gefüge der Normalität nieder, schafft zugleich Raum für Neues, Unerhörtes, Ungewohntes, für Bewegung, Wandel.«[75] Dabei verhält sich Odin »a-moralisch (besser: trans-moralisch): er stachelt Freunde und Verwandte gegeneinander auf – damit es zu Krieg und Fehde kommt«.[76] Auch wurden ihm Menschen geopfert. Ebenso war Tiwaz (daraus Tyr/Ziu) ein Gott des Krieges, aber mehr noch des Things; bei den Sachsen hieß er Saxnot. Er schützte den Eid, »wie denn ja bei den Germanen der Eid eine der wenigen Möglichkeiten bot, zwischen Sippenfremden stabile soziale Bindungen zu knüpfen«.[77] Donar (nord. Thor) war der Donnerer, eigentlich ein »jähzorniger Polterer, gewaltiger Biertrinker, enormer Esser, scharfer Haudegen«.[78] Die Bedeutung der Göttin Frija als Geliebte muß hauptsächlich aus der parallelisierten Venus erschlossen werden. In nordischer Überlieferung trat sie mit ihrem Bruder Freyr (Herr) auf. Zuletzt ist noch Nerthus als »Mutter Erde« zu nennen. Die ganze germanische Götterwelt war zwar nicht dem Ethos unterworfen, wohl aber dem Schicksal als einer unpersönlichen und alles beherrschenden Macht.

> Der schon erwähnte Adam von Bremen beschreibt den Tempel von Upsala als Sitz der Hauptgötter: »Als mächtigster hat in der Mitte des Raumes Thor seinen Thronsitz. Den Platz rechts und links von ihm nehmen Wodan und Frikko (Freyr) ein. Man gibt ihnen folgende Deutung: ›Thor‹, so heißt es, ›herrscht in der Luft; er gebietet Donner und Blitzen, Wind und Regen, Sonnenschein und Frucht. Der zweite, Wodan, die Wut, führt Kriege und verleiht dem Menschen Kraft gegen seine Feinde. Frikko, der dritte, schenkt den Menschen Frieden und Lust‹. Daher versehen sie sein Bild auch mit einem ungeheuren männlichen Gliede. Wodan dagegen stellen sie bewaffnet dar, wie wir den Mars. Thor endlich gleicht durch sein Szepter offensichtlich dem Jupiter.«[79]

Über den Kult haben wir kaum detaillierte Kenntnisse. Zur Praxis gehörten »Feste, Riten von zum Teil großer Grausamkeit, Magie- und Orakelwesen, Matronenkult, Priester und Priesterinnen, Kultverbände mit politischem Einfluß sowie Heilsvorstellungen, die sich besonders auf den Herrscher bezogen«.[80] Bezeugt sind literarisch und vor allem archäologisch die Opfer: Gegenstände waren Waffen und Werkzeuge (die man oft als »Depotfunde« entdeckt hat[81]), weiter auch Tiere und dabei vor allem Pferde[82], bei bestimmten Gelegenheiten auch Menschen. Auf frühmittelalterlichen Friedhöfen Skandinaviens fanden sich Frauenopfer als Totenfolge bei hochrangigen männlichen Toten; ebenso mußten oft Mundschenk und Marschall mit ihrem adeligen Herrn ins Grab gehen.[83] Weiter noch »kennen wir Säuglingsopfer als Bauopfer« und »Menschenopfer in der Form der sog. Moorleichen«.[84]

Am besten sind uns solche Kultfeiern zugänglich, die archäologisch faßbar werden, an erster Stelle die Bestattungen, denn »kein Ereignis im Lebenslauf ist archäologisch so häufig und vielfältig greifbar wie der Tod«.[85] Aufschluß geben insbesondere die Beigaben, wobei für die Spätantike noch hinzukommt, daß offenbar nur Germanen, nicht aber römische Soldaten, ihren Toten Waffen ins Grab legten.[86] Schon aus früher Zeit kennen wir »Fürstengräber« mit reichen Beigaben, wobei die Forschung heute vorrangig die Ranghöhe der bestatteten Persönlichkeiten und die in Grabanlage und Ausstattung sich andeutende Repräsentation behandelt.[87] Bestimmend war indes »die Vorstellung ..., der Tote lebe im Grab«; dabei hängt »das nachtodliche Ergehen auch von der materiellen Ausstattung des Verstorbenen durch die Hinterbliebenen« ab und »nicht vom moralisch-religiösen Verhalten zu Lebzeiten«.[88] Daß man »signifikante Unterschiede in der Beigabenausstattung der Toten«[89] machte und speziell den Männern Waffen mitgab, zeigt eigentlich an, »daß die Germanen im Totenreich keine egalitäre Gesellschaft erwarteten«.[90] Wenn zudem als Beigaben sogar Reitpferde, Schiff oder Wagen angetroffen werden, läßt das obendrein erkennen, »wie man sich die Reise ins Jenseits vorstellte«[91], und weiter noch, wie man sich das Jenseits selbst vorstellte, nämlich als Walhall der Helden. Dort setzten sich Kampf und Gelage fort, und deswegen wurden »dem Krieger, der in Walhall einzieht, ... seine Waffen und das Trinkhorn mitgegeben.«[92] Nach nordischer Auffassung gelangte »nach Odins Walhall nur, wer durch Waffe und Wunde starb«; ein »›Strohtod‹, der Tod im Bett, galt als schmählich«.[93]

Das Christentum

Sein Profil

Das Christentum ist als eine der orientalischen Religionen in den Westen gekommen. Wegen seiner allgemeinen Annahme bzw. Durchsetzung und der daraus folgenden welthistorischen Folgen gebietet sich der Aufweis seines spezifischen Religionsprofils. An erster Stelle ist der geradezu extreme Personalismus im Gottesverhältnis anzuführen, was schon in der Antike aufgefallen ist.[94] Ob nämlich das höchste Wesen Person oder nur mehr eine göttliche Macht sei, hatte die griechische Philosophie zunächst offengelassen, nicht indes die allgemein praktizierte Religiosität und ebenso wenig die spekulativen Systeme der Spätantike mit ihrem Verlangen nach göttlich-mystischen Offenbarungen. Weiter präsentierte sich das Christentum als streng ethische Religion. Nicht ein rituelles »know how« bot es an, verlangte vielmehr strikte Sittlichkeit, nämlich »vollkommen zu sein, wie es auch euer himmlischer Vater ist« (Mt 5,47), und deswegen von Herzen her Gutes zu tun. Nun gehört es zweifellos zu den welthistorischen Leistungen der Antike – man denke nur an die Stoa –, eine elaborierte Ethik hervorgebracht zu haben, und diese drang in Vulgärform auch bis in die Allgemeinheit vor. Indes sei, so Peter Brown, die erstaunlich rasche Propagierung »einer philosophischen Gegenkultur der Elite durch die Sprecher der christlichen Kirche ... der tiefste revolutionäre Einschnitt in spätklassischer Zeit«.[95]

Auffallen muß in der Antike das Fehlen der Armenfürsorge, denn »grundsätzlich gehörte ... das ›Selig sind die Armen‹ nicht in die griechisch-römische Vorstellungswelt«.[96] Bei aller antiken Humanität verblieb eine »fehlende Würdigung der Hingabe zugunsten des Nächsten«.[97] Der Euergetismus (Wohltätigkeit) spendierte »den Mitbürgern Bauwerke oder Vergnügungen ..., statt den Armen Almosen zu geben«.[98] Weder der Staat hellenistischer noch römischer Tradition hat eine spezielle Armenfürsorge gekannt. Insofern ist es bezeichnend, daß die antiken Städte – und so auch die CUT-Xanten – Amphitheater besaßen, nicht aber Krankenhäuser, obwohl man doch, wie die Militär-Lazarette zeigen, über entsprechende technisch-medizinische Kenntnisse verfügte. Wer sich zudem vergegenwärtigt, daß zum Beispiel im römischen Kolosseum zur Zeit Trajans jedes Jahr an über 100 Tagen Kämpfe mit insgesamt 10000 Gladiatoren stattfanden[99], wird die Christenforderung verstehen: statt Arenen und Gladiatorenkasernen Armenhäuser und Hospitäler.

Ein wichtiger Grund für die Hervorhebung der Gottes- und Nächstenliebe lag in der Umwandlung des Opfers in ein rein geistiges, wie es sowohl die israelitischen Propheten als auch die griechischen Philosophen bis zur Hingabe des eigenen Lebens postuliert hatten, letztere als Durchsetzung der geistigen Erkenntnis, erstere als Befolgen des Gotteswortes und als Dienst am Nächsten. Tier- und Blutopfer waren damit abgelehnt; Sachgaben wurden im Christentum nur insoweit als Opfer anerkannt, als sie den Liebesdienst am Nächsten zu realisieren halfen. Diese Umwandlung der Opfervorstellung ist ohne Zweifel eine der großen Veränderungen der Religionsgeschichte überhaupt und bildet ein wichtiges Element im Überstieg zur Hochreligion. Das geistige Opfer – wie es nunmehr hieß – verlangte die Bereitschaft zu einem konsequent gewissenhaften Handeln und beförderte die Internalisierung wie die Individualisierung. Für das Christentum bedeutete das: »Begründungen für das Handeln werden ... in das Innere des Menschen, in das Gewissen verlegt«, und dieser Prozeß »wird durch das Christentum für alle Schichten der Bevölkerung wirksam«.[100] Überhaupt ist diese Verinnerlichung »vielleicht nicht der geringste Grund für die Ausbreitung des Christentums, daß die römische Gesellschaft angesichts der Veränderungen seit dem 2. Jh. zunehmend der christlichen Angebote bedurfte«.[101]

Ganz rigoros zeigte sich das Christentum in der Ehe. Zwar stand diese in der Wertskala nicht obenan – das war die Ehelosigkeit um Christi willen –, hatte gleichwohl einen hohen Wert als Weg des Heiles, erforderte lebenslange Treue und Partnerschaft sowie das Bekenntnis zum Kind. Ganz unzutreffend sei die Vorstellung, so der französische Althistoriker Paul Veyne, »in erotischen Belangen hätten im Altertum repressionsfreie Verhältnisse wie im Paradies geherrscht, und erst das Christentum habe den Gewissenswurm der Sünde in die verbotene Frucht transplantiert.«[102]

Der christliche Ansatz, Gott zu lieben »mit ganzem Herzen und ganzer Seele, mit all deinen Gedanken und all deiner Kraft« (Mk 12,30; vgl. Dtn 6,4f), erforderte Freiwilligkeit für die Religionsbetätigung, weil eben Liebe nie erzwungen werden kann. Das betraf schon die Taufe, den Eintritt ins Christentum.[103] Nur nach mehrjährigem Katechumenat, einer Probe- und Schulungszeit, wurde getauft. Dabei war das Glaubensbekenntnis zu lernen und zu verstehen, weiter die christliche Lebensweise bis zur Sozialpraxis einzuüben. Unmittelbar vor der Eintauchung wurde gefragt: »Willst du getauft werden?« Das entscheidende Wort war das vom Täufling selbst gesprochene »ich glaube«, nicht das erst seit dem 8. Jahrhundert übliche »ich taufe dich« des vollziehenden Klerikers.[104] Nur in der Freiheit des Herzens konnte diese persönliche Entscheidung erfüllt werden. Darum brach das Christentum mit aller Kollektivität und betrieb eine Freisetzung des Individuums. Infolgedessen entstand die religiös gespaltene Familie, etwa beim Heiligen Augustinus, wo der Vater heidnisch, die Mutter christlich, der Sohn zeitweilig wechselte und viele Jahre Manichäer war. Als religionssoziologische Konsequenz ergab sich daraus: »Mit dem Sieg des Christentums ging die Familie als Kulteinheit überhaupt unter«.[105]

Endlich gehörte zum Christentum sein Sendungsbewußtsein: »Geht zu allen Völkern« (Mt 28,19). Immer schon hat die rasche Ausbreitung Erstaunen erregt, daß – wie Adolf von Harnack meinte – »sich für keine andere Religion ... auch nur annähernd etwas Ähnliches zusammenstellen läßt«.[106] Ganz verwunderlich ist dabei, daß keine besonderen Missionare ausgebildet oder spezielle Institutionen gegründet wurden. Die Ausbreitung geschah wie von selbst. Und mehr noch mag die Konzeption erstaunen: Der Missionsauftrag gelte den Völkern, und das erfordere, aus jedem Volk Christen zu gewinnen, wobei aber die Bekehrung der einzelnen ein unabgeschlossener Prozeß bleibe; entscheidend sei, eine Kirche mit Vertretern aller Völker zu bilden.[107]

Von größter Folgewirkung war die Tatsache der Buchreligion. Nur Buchreligionen, so ist gesagt worden, könnten missionarisch werden, seien aber auch der Gefahr der Buchstäblichkeit ausgesetzt; einerseits vermöchten sie sich stets ihres Fundamentes zu vergewissern und das Wesentliche durchzuhalten, andererseits könnten sie sich im Auslegungsstreit zerspalten.[108] Tatsächlich stellt das Buch hohe kulturelle Anforderungen: Lesenkönnen und Schulen, Buchproduktion und Auslegung, was alles nicht in agrarischen, sondern nur in städtischen Gesellschaften mit ihrer Arbeitsteilung und höherer Geistesbildung gewährleistet ist. Zu Recht wird »bis zu Constantin hin das Christentum wesentlich [als] eine städtische Religion« eingeschätzt.[109] Über Bücher und Schulen hinaus mußten auch noch Reisemöglichkeiten für den innerkirchlichen Austausch und die Konzilien möglich sein. Indem zusätzlich das Christentum einen »geistigen Gottesdienst« postulierte und eine hohe Ethik verlangte, präsentierte es sich als Hochreligion und erforderte dafür auch bestimmte anthropologische Vorbedingungen: Gewissenhaftigkeit und Literaturfähigkeit, Selbstreflexion und asketische Disziplin.

Was aber mußte geschehen – so wird man weiterfragen müssen –, wenn das Christentum auf Kulturen stieß, wo solche Vorgegebenheiten fehlten. Die Möglichkeiten sind abzusehen: entweder mußte es sich in solchen Kulturen seine notwendigen Vorbedingungen aufbauen, oder, sofern das nicht gelang, mußte es eine Wesensminderung an sich selbst erfahren. Im Mittelalter ist beides geschehen: Die spezifisch mittelalterliche Kultur als europaweites Phänomen ist erst vom Christentum geschaffen worden. Die Missionierung sei es gewesen, so H.-D. Kahl, »in deren Verlauf sich die Fundamentierung und Konstituierung von ›Abendland‹ als ... historischer Wesenheit ... ereignete«.[110] Doch in der Begegnung mit der germanischen Welt fehlte weitgehend eine gemeinsame Austauschebene, weil die Religionsvorstellungen zu weit differierten. Denn wie sollte das Christentum, das zum Beispiel die Friedensstifter selig pries, auf Gottesvorstellungen antworten, die vorwiegend kriegerisch waren, wie bei Wodan und Donar? Freilich hatten sich schon in der christlichen Spätantike Anpassungen vollzogen, die es zum Beispiel Konstantin bei der Schlacht an der Milvischen Brücke (312) ermöglichten, das Kreuz zum militärischen Siegeszeichen umzudeuten und Christus als Sieghelfer zu feiern. Die Bekehrungen der Germanenkönige erfolgten in der Regel unter dem Eindruck des »stärkeren

Gottes«, der in der Schlacht den Sieg verlieh.[111] Und so lassen sich viele konvergierende Punkte aufzählen. Beispielsweise war die germanische Welt »adelig«, das heißt: bestimmte Menschen hatten aufgrund von Blut und Geburt die Befähigung zur Herrschaft. Christlicherseits war das ganz und gar inakzeptabel, denn alle Menschen stammten von Adam und Eva ab, hatten darum dasselbe Blut, und so konnte es keine herrschaftlichen Geblütsvorrechte geben. Ins Amt sollte derjenige gelangen, der sich in christlicher Lebensweise hervortat, dabei für die Amtserfordernisse eine besondere Geeignetheit aufwies und in allem Beispielhaftigkeit vorzuleben bereit war. Aber schon in der Spätantike gewannen bestimmte Familien auch in der Kirche ein angeborenes Herrschaftsrecht, so daß etwa Bischof Gregor von Tours († 594), der für die Merowinger-Zeit so wichtige Chronist, nicht ohne Stolz auf sechs Amtsvorgänger aus seiner eigenen Familie hinweisen konnte.[112] Die mittelalterliche Kirche wird zu Recht eine Adelskirche genannt, denn wie selbstverständlich mußten Bischöfe von adeliger Geburt sein[113], und selbst noch die als Heilige Verehrten wie auch die offiziell Heiliggesprochenen waren überwiegend adeliger Abkunft.[114]

Eine Veränderung in Richtung auf allgemein religiöse Vorstellungen sind auch bei den Verstorbenen, vor allem bei Leichnam und Grab, zu beobachten. Für Paulus war der irdische Leib der Verwesung anheimgegeben, und für die Auferstehung postulierte er einen geistigen Leib (corpus spiritale). Das widersprach einer in vielen Religionen und Kulturen verbreiteten Auffassung, der zufolge der Tote irgendwie in seinem Grab weiterexistierte und für die Nachwelt erreichbar blieb. Christlicherseits aber hatten die Toten ihre Heimat im Himmel, wo ihnen viele Wohnungen bereitet waren, und darum bestritt man ihnen die Fortexistenz im Grabe; sogar die Beerdigungsorte herausragender Christen wie der Gottesmutter Maria oder des Erstmärtyrers Stephanus erfuhren keine Ehrung und fielen der Vergessenheit anheim. Erst nach der Mitte des 2. Jahrhunderts vollzog sich eine Aufwertung von Leib und Grab, weil nunmehr gegen die alle Materialität abwertende Gnosis der irdische Leib als Substrat des Auferstehungsleibes herausgestellt wurde, dabei aber die sterblichen Überreste auf die Seele im Himmel bezogen blieben und infolgedessen das Aufsuchen des Leibes im Grab eine Verbindung zur Seele im Himmel herstellte. Für die Heiligen- und Reliquienverehrung erwuchs daraus die Grundlage eines geradezu exorbitanten Kultes im Mittelalter.

Auch der dem Christentum eigentümliche freie Glaubensentscheid wurde im Mittelalter vielfach beeinträchtigt. Daß der Eintritt in die Glaubensgemeinschaft, also die Taufe, nicht erzwungen werden dürfte, behielt zwar theoretisch in dem »immer wieder ausgesprochenen Verzicht auf gewaltsame Bekehrung«[115] Gültigkeit; überhaupt blieb der Sakramentenempfang, so der Münchener Rechtshistoriker Peter Landau, »unter dem Gesichtspunkt der Freiheit ... für die mittelalterliche Gesellschaft von größter Bedeutung«.[116] Gleichwohl geschah die frühmittelalterliche Bekehrung »kollektiv«, denn die »starke Gebundenheit des Einzelnen in den Stammes- und Familienverbänden wird schwerlich Spielraum gelassen haben, den heimatlichen Kult in Frage zu stellen, ohne dabei in soziale Isolierung zu geraten«.[117]

Als Fazit ist festzustellen, daß sowohl Christentum wie frühmittelalterliche Welt aufeinander hin konvergierten und sich dabei auf einem irgendwie mittleren Niveau zusammenfanden.

Im Rheinland

Die frühesten Aussagen über Christentum bei den Barbaren und Germanen erklären sich von der altchristlichen Missionsidee her, daß nämlich der Glaube schon bei allen Völkern sei. Für das Rheinland bietet Irenaeus von Lyon († vor 200) eine Aussage, die sich indes primär auf die Glaubenseinheit der überall und auch in »den Germanien« (den beiden Provinzen Ober- und Niedergermanien) verbreiteten Gemeinden bezog: »Die Kirchen, die es in Germanien gibt, glauben und überliefern nicht anders, auch die in Iberien (sc. Spanien) und die bei den Kelten (in Gallien) nicht, ebenso die im Orient und die in Ägypten, in Libyen und in der Mitte der Welt [gegründeten Gemeinden].«[118] Daß Irenaeus in Lyon über gute Informationen verfügte, zeigt schon sein »verwaltungstechnisch richtiger Ausdruck für die beiden Rheinprovinzen«, und so hält v. Petrikovits seine Nachricht für »glaubhaft«.[119] Skeptischer bleibt E. Dassmann: »Es ... lassen sich mehr oder weniger begründete Vermutungen anstellen, nachprüfbare Angaben jedoch gibt es nicht.«[120] Besonders siegerfüllt gab sich Tertullian († um 220), der ausrief: »Kein Volk mehr ohne Christus«[121], und dafür als Beispiel die verschiedenen Völkerschaften Galliens und zuletzt auch »die Germanen« anführte[122]; doch ging es gerade ihm »in erster Linie um rhetorische Wirkung«.[123] Tatsächlich dürfte »im 2. Jahrhundert und in der 1. Hälfte des 3. Jahrhunderts ... die Zahl der Christen in den beiden germanischen Provinzen gering gewesen sein.«[124] Ausführlicher, aber erst im 5. Jahrhundert abgefaßt, äußert sich die Kirchengeschichte des Sozomenos:

»Schon bekannten die Stämme zu beiden Seiten des Rheins das Christentum. Ebenso hatten die Kelten und die an den äußersten Grenzen, am Ozean, wohnenden Gallier, auch die Goten und ihre früheren Nachbarn an der Donau, die seit langem am christlichen Glauben Anteil hatten, sich zu milderer und verständigerer Lebensauffassung gewandt. Übrigens hatten fast alle Barbaren Gelegenheit, zum Christentum überzutreten durch die Kriege, die die Römer mit fremden Völkern führten, zur Zeit des Gallienus [260–268] und seiner Nachfolger. Denn da zu jener Zeit eine unzählbare Menge von Barbaren aus den verschiedensten Stämmen von Thrazien nach Kleinasien herübergekommen war ... und andere Barbaren anderswo auf gleiche Weise die ihnen benachbarten Römer angegriffen hatten, haben viele Priester als Gefangene der Barbaren bei ihnen geweilt. Indem diese ihre Kranken heilten, die Besessenen von den bösen Geistern reinigten, ... führten sie ein heiliges und über allen Tadel erhabenes Leben und besiegten so durch ihre Tugend jede Anklage. Die Barbaren bewunderten das Leben und die wunderbaren Werke dieser Männer und sagten sich, daß es klug sei und daß Gott gnädig sein werde, wenn sie jene Besseren nachahmten und gleich ihnen den vollkommenen Gottesdienst übten. So nahmen sie diese zu Führern ihres Wandels, ließen sich unterrichten und taufen und wurden der Kirche einverleibt«.[125]

Als erster Kölner Bischof ist aus konstantinischer Zeit Maternus überliefert, wobei zur selben Zeit gleichnamige Bischöfe für Trier und Tongern überliefert sind.[126] Der Streit darüber, ob dabei eine oder mehrere Personen anzunehmen sind, kann hier beiseite gelassen werden, da ein Bischof Maternus für Köln eindeutig bezeugt ist. In ihm haben wir »den ersten unumstößlichen Hinweis auf eine christliche Gemeinde«[127] und zusätzlich auf diejenige Metropole, die für anderthalb Jahrtausende den Niederrhein bestimmen sollte. Der Kölner Maternus muß bei Kaiser Konstantin in höchstem Ansehen gestanden haben, beauftragte dieser ihn doch, zusammen mit Ricticius von Autun und Marinus von Arles, in Rom unter Vorsitz von Papst Miltiades und zusammen mit weiteren 15 italischen Bischöfen über den nordafrikanischen Donatisten-Streit zu befinden. Die für den 2. Oktober 313 anberaumte Versammlung tagte als Bischofsgericht, fand indes bei den Donatisten keine Anerkennung, so daß eine zum 1. August 314 nach Arles einberufene »Reichssynode«[128] mit einem Legaten des Papstes Silvester erneut Beschluß fassen mußte, was Bischof »Maternus und Diakon Magrinus aus der Civitas Köln« mitunterschrieben.[129] Die Beziehung des Kölner Bischofs auf höchster Reichs- und Kirchenebene läßt sich nur aus einem besonderen Verhältnis zum Kaiser erklären, der tatsächlich auch die drei gallischen Bischöfe »umfassend und erheblich eher als [Papst] Miltiades informiert« haben muß.¹³⁰ Fragen wir indessen nach möglichen Rückschlüssen auf die Kölner Kirche, ihre Stellung und Stärke, gehen wir leer aus. Immerhin, mit der Konstantinischen Wende amtierte in Köln ein Bischof, der für fähig befunden wurde, auf oberster Ebene mitzuentscheiden.

Das Christentum in der CUT-Xanten

Gedenksteine

Über das Christentum nördlich von Köln existieren keine literarisch-chronikalischen Nachrichten. Daß dort gleichwohl Christen gelebt haben, hat die Archäologie erwiesen. An erster Stelle ist Xanten zu nennen. Hier sind zwei Steine von eindeutig christlichem Charakter erhalten, als solche übrigens »die einzigen am Niederrhein«.[131] Der ältere ist eine seit dem 16. Jahrhundert bekannte Steinplatte, die wohl aus der zweiten Hälfte des 4. Jahrhunderts stammt und das Christogramm mit ☧ mit eingehängtem A und Ω zeigt.[132] Sprechender noch gibt sich der 1953 im Dom aufgefundene Gedenkstein des Batimodus, der um 400 datiert wird.[133] Es ist eine gut 60 Zentimeter im Quadrat messende Platte, auf der dreimal die Crux monogrammatica, das Einbuchstaben-Kreuz ☧, eingeritzt ist und worüber die folgende Inschrift steht: IN PACE HIC RE/CEPTUS EST BATI/MODUS QVI/VIXIT ANNOS/QVINQVAGIN/TA ET RE-

Xantener Steinscheibe mit Christus-Zeichen aus der 2. Hälfte des 4. Jahrhunderts

cessit – In Frieden ist hier aufgenommen Batimodus, der fünfzig Jahre lang gelebt hat und von hinnen gegangen ist.¹³⁴ Wie schon die Kreuz-Zeichen so ist weiter der Inschrifttext eindeutig christlich. Darüber hinaus läßt sich der Name Batimodus informativ ausdeuten. Er ist germanisch und besteht, wenn man die Latinisierung abstreicht, aus zwei Gliedern, aus ›bat‹ und ›mut‹. Das Letztglied ›mut‹ kommt gemeingermanisch vor, und seine »Bedeutung ist in den westgermanischen Einzelsprachen recht einheitlich ›Verstand, Herz, Sinn, Gemüt‹«.¹³⁵ In Personennamen wird das Wort des öfteren verwendet, beispielsweise in der Kombination des uns noch geläufigen Hartmut. Das Erstglied enthält das Wort ›bat‹, das »in dem Wortfeld ›vorteilhaft, heilsam, gut‹ gesucht werden kann«¹³⁶, das aber auch in dem Stammesnamen der Bataver steckt

Der Batimodus-Stein, gefunden unter dem Xantener Dom, um 400

und weiter noch in dem mittelniederdeutschen Verb ›baten‹ mit der Bedeutung ›nützen‹/›helfen‹. Für Batimodus wäre demnach zunächst auf ›Gutmut‹ zu schließen; doch könnte, weil eben das Grundwort ›bat‹ auch im Stammesnamen der Bataver vorkommt, ebenso an »eine Deutung wie ›jemand, der das Herz/den Mut eines Batavers hat‹« zu denken sein.[137]

Im Blick auf die Geschichte des spätantiken Christentums am Niederrhein liefert der Batimodus-Stein einen durchaus erheblichen Befund: Wenn wir der offenbar zuverlässigen Datierung »um 400« folgen, ergibt sich als erste Aussage, daß auch nach dem für 351/52 anzusetzenden Untergang der »Großfestung« Colonia Ulpia Traiana weiterhin Christen im Xantener Gebiet lebten und ihre Toten noch mit einigem Aufwand beerdigen konnten; zudem setzten Grab und Gedenkstein Menschen voraus, die diesem Gedenken nachkommen konnten, also Angehörige und bei Christen eine Gemeinde. Der zweite Befund ist nicht minder bemerkenswert: der germanische Charakter des Namens. Folglich gehörten auch Menschen germanischer Herkunft dem Christentum an und lebten in der Xantener Gemeinde, mit freilich – wie die Latinisierung des Namens zeigt – lateinischer Sprache. Nimmt man hinzu, daß selbst die zu höchsten Militärrängen aufgestiegenen Frankenführer keineswegs alle zum Christentum übertraten, erscheint der christliche Batimodus umso bemerkenswerter.

Doppelgrab und Grab des Enthaupteten

Eine Sensation bedeutete es, als Walter Bader (nachdem er zuvor die christliche Toten-Memoria unter dem Bonner Münster ausgegraben hatte) im Jahre 1933 mitten unter dem Xantener Dom das Doppelgrab zweier Erschlagener auffinden konnte. Das von Bonner Medizin-Professoren am 19. Februar 1934 erstellte Gutachten faßt zusammen:

»Es handelt sich mit Sicherheit um die Skelette von zwei Männern im Alter von 30–40 Jahren, die nebeneinander zu gleicher Zeit an der jetzigen Stelle begraben worden sind. Der südlich Liegende hatte bei der Bestattung eine Impressionsfraktur an der rechten Schläfengegend und einen Bruch des linken Unterkiefers. Es ist sehr wohl möglich, daß noch andere Knochenverletzungen damals vorhanden waren. Der nördlich Liegende hatte bei der Bestattung zahlreiche Rippenbrüche und eine Luxation des rechten Oberschenkels. Es ist sehr wohl möglich, daß noch andere Knochenverletzungen damals vorhanden waren. Die gefundenen Verletzungen sind geeignet, einen gewaltsamen Tod zu erklären.«[138]

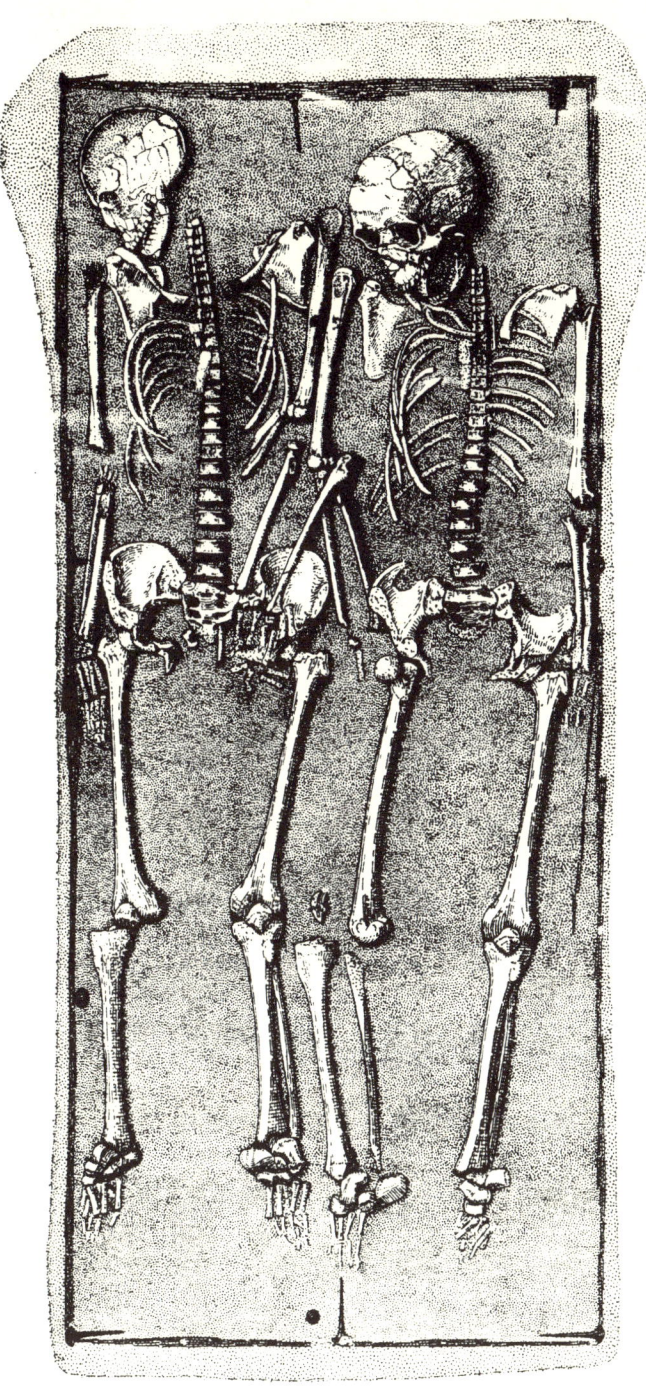

Die Skelette der beiden Erschlagenen im Doppelgrab unter dem Xantener Dom

Aufgrund von Münzfunden gibt Bader die Zeitpunkte »nach 346–350 und »vor 383–88«[139] an und folgert weiter: »Wenn nicht alles trügt, also zwei Märtyrer der julianischen Zeit«.[140] Indes ist, was auch Bader weiß, »in Gallien und Germanien überhaupt kein sicheres, julianisches Martyrium überliefert«[141]; vielmehr sei an Christentötung durch Ausschreitungen zu denken, und tatsächlich bewiesen die Körperverletzungen der Märtyrer »nicht Tötung durch blanke Waffe«, vielmehr sähen so »Tote nach Zusammenrottungen« aus.[142] Die Deutung der beiden Erschlagenen als christliche Märtyrer erfordert ganz spezielle Indizien, und solche glaubt Bader aus der nachfolgenden Verehrung des Grabes ableiten zu können, die er wie folgt zusammenfaßt: Die Getöteten »wurden auf dem heidnischen Grabfeld vor der Stadt Tricensima begraben. Von ihrem Grab ... ging anscheinend das christliche Grabfeld aus«.[143] Sofort auch fanden Totenmahle statt, und bald errichtete man »eine Cella Memoriae [Gedenkzelle] über dem Märtyrergrab mit einem

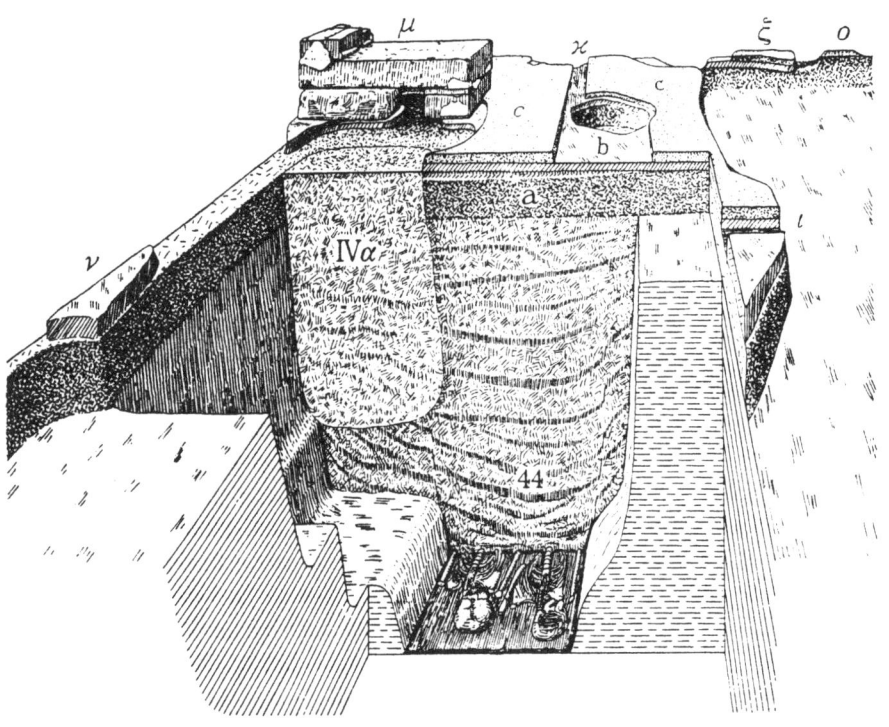

Der archäologische Befund des Doppelgrabes

Vorplatz, nachdem die umgebenden Gräber eingeebnet sind: daraus folgt, daß die Verehrung der Märtyrer öffentlich war«.[144] Um ganz genau zu sein: nicht die Gedenkzelle und noch weniger die dort abgehaltenen Totenmähler sind spezifisch christlich, sie sind vielmehr gemeinantik. Auf Christlichkeit können nur zwei, indes recht bezeichnende Phänomene verweisen: zum einen das Doppelgrab als Beginn eines christlichen Friedhofs, erklärbar aus dem spätantiken Verlangen nach einem Grab bei Märtyrern, zum anderen der um dieses Grab angelegte Platz für eine (gemeinde-)öffentliche und nicht bloß für familiäre Verehrung. Damit wären Hinweise auf Märtyrer erbracht wie auch noch auf »eine gleichzeitige Christengemeinde«.[145] Aber vergessen wir nicht: in Xanten sind diese für eine Christengeschichte erforderlichen Kriterien und Resultate nicht aufgrund von Berichten oder Inschriften, sondern allein aufgrund der »stummen« Archäologie gewonnen.

Rekonstruktion des Doppelgrabes und der Doppelcella

Im einzelnen verzeichnet Baders Grabungsbericht folgende Befunde: Von den über dem Doppelgrab sofort schon abgehaltenen Totenmählern fanden sich Knochenreste von Schwein, Schaf, Rind, Huhn und Fisch. Das war Brauch der ganzen Antike, der christlicherseits durch eine Eucharistie ergänzt und zuletzt ersetzt wurde.[146] Gegen 390 errichtete man eine Memorialcella in der Größe von gut vier mal knapp drei Metern, die innen ausgemalt und mittig geteilt war mit zwei je an die Nord- bzw. Südseite angelehnten tischähnlichen Steinblöcken als Mensen, also »eine Doppelcella mit vermutlich zwei Mensae für die zwei Märtyrer«.[147] Die Bauzeit »kurz nach 383–88« erklärt sich aus zehn Münzen, die sich in einem Beutel als »Bau- oder Totenopfer« unter dem Estrich fanden.[148] Dieser ersten Zelle, die Anfang des 5. Jahrhunderts niederbrannte, folgte ein offener Holzpfostenbau in denselben Ausmaßen und mit wiederum zwei Memorialtischen. Zuletzt entstand ein gegen acht mal sechs Meter messender Steinbau mit nur einer Mensa, wobei die Datierung »schwer festzustellen«[149] ist, aber nach Bader in die Mitte des 5. Jahrhunderts fällt, wohingegen andere ihn um 100 Jahre später ansetzen wollen (worauf noch zurückzukommen ist).

Hugo Borger, der die Domgrabungen nach dem Krieg fortsetzte, hat in einem nach Beendigung publizierten Vorbericht gerade die kultgeschichtlich wichtigen Punkte bestätigt. In Kenntnis des ganzen ergrabenen Dom-Areals betont er: »Nicht mehr zu bestreiten [ist] von jetzt an die Häufung der Gräber in der Umgebung des Doppelgrabes«.[150] Das Doppelgrab habe eine besondere Verehrung erfahren, »zog ... andere Gräber an« und »ist ein christliches Begräbnis«.[151]

Borger will ausdrücklich dabei bleiben, daß die Einebnung benachbarter Gräber schon kurz nach deren Entstehung kaum anders erklärt werden könne als dadurch, daß »Mitglieder einer christlichen Gemeinde der Colonia Traiana hier um die Gedächtniskapelle einen Versammlungsplatz für die offenbar zahlreiche Gruppe derer schufen, die an der Feier der Totenmahle teilnahmen ... Auf einem ausschließlich noch heidnischen Gräberfeld wäre ein solcher Vorgang unmöglich gewesen ...; die starke Beteiligung an den Totenmahlen für die beiden Männer ... [ist] auch ein Beleg dafür, daß beide, wie auch die in ihrer Nähe Begrabenen, Christen waren.«[152]

Darüber hinaus gelang Borger westlich des Doppelgrabes ein sensationeller Neufund: die Memoria eines Enthaupteten von offenbar vornehmem Rang aus der Zeit Valentinians I. (364–375). Schon das Mauerwerk der Cella ist »im Vergleich mit dem der übrigen Memorien offensichtlich das beste.«[153] Der innere Grabbefund war »völlig ungestört«.[154] Im Sarkophag fand sich ein die ganze Höhlung ausfüllendes Skelett, aber ohne den Schädel, für den der Platz auch nicht mehr gereicht hätte. Das medizinische Gutachten hält eine Enthauptung für sicher: »Es handelt sich ... um eine scharfe Durchtrennung der Halswirbel im Bereich des 4. Wirbels durch einen nicht ganz horizontalen Hieb ...«; daraus sei zu erschließen, »daß es sich um die Bestattung des Rumpfes eines Dekapitierten gehandelt haben dürfte.«[155] Die in Resten erhaltene Kleidung – es war offenbar eine Tunika aus kostbarem Stoff mit Borten[156] – erlaubt den Schluß, »daß sie von einer Person aus vornehmem Stand getragen worden ist«[157], ja einem Mann »von senatorischem Rang vorbehalten«

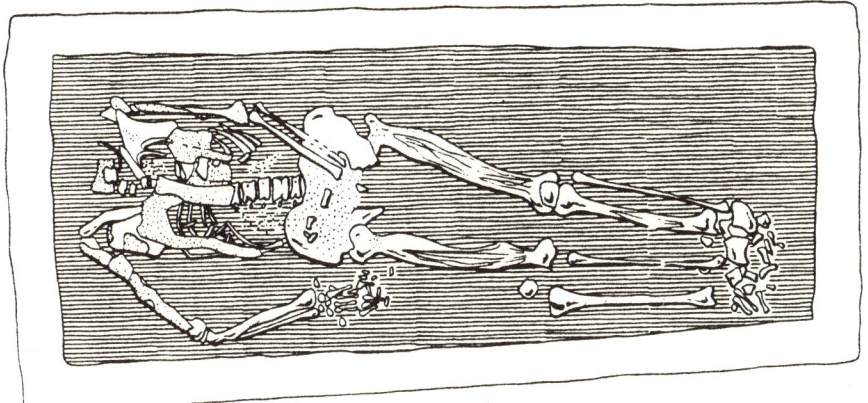

Sarkophag mit Skelett des Enthaupteten im Westteil des Xantener Domes

war[158]. Nicht nur das »ehrenvolle Begräbnis« hebt Borger hervor, sondern betont auch »die Beisetzung in der Nähe des Doppelgrabes« und kommt zu dem Schluß: »Mit einiger Sicherheit war der unter der Memoria II K begrabene Mann ein Christ.«[159] Und so faßt Borger zusammen: »Den Anfang dieses Gräberfeldteiles bildet ein Doppelgrab mit der Beisetzung zweier gewaltsam getöteter Männer, begraben nach 346 und ziemlich sicher vor 363. Von der frühchristlichen Gemeinde der Tricensimae wurde dieses Grab verehrt, während der nach 364/378 enthauptete Mann zwar, wahrscheinlich als Mitglied der christlichen Gemeinde, hier begraben, aber nicht herausgehoben verehrt wurde.«[160]

Kritik an der Bader-Borgerschen Deutung hat Clive Bridger geübt, der die Deutung als sogenanntes Märtyrergrab »mit dem vermeintlich ›wahren‹ Victor« verdächtigt.[161]

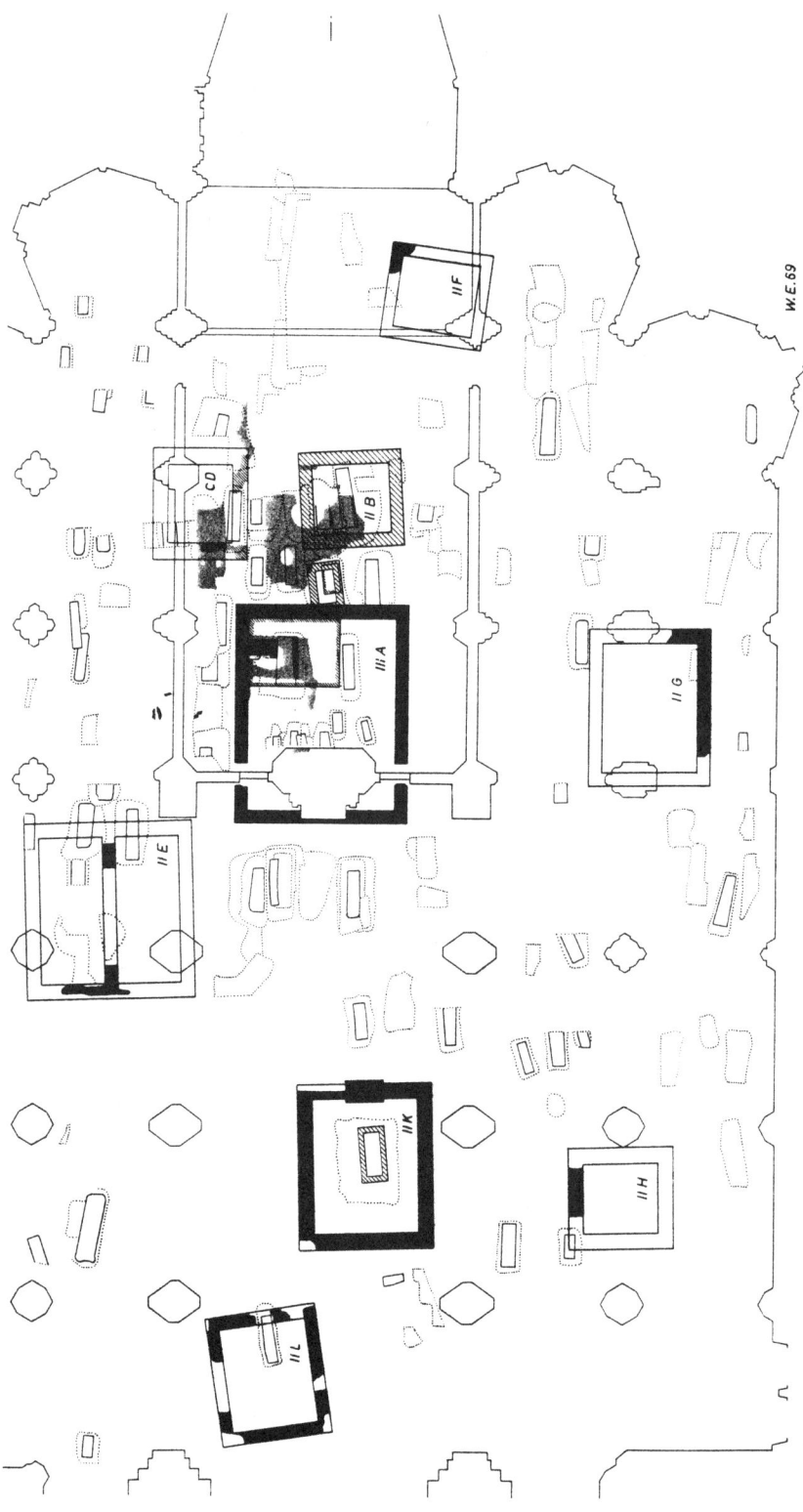

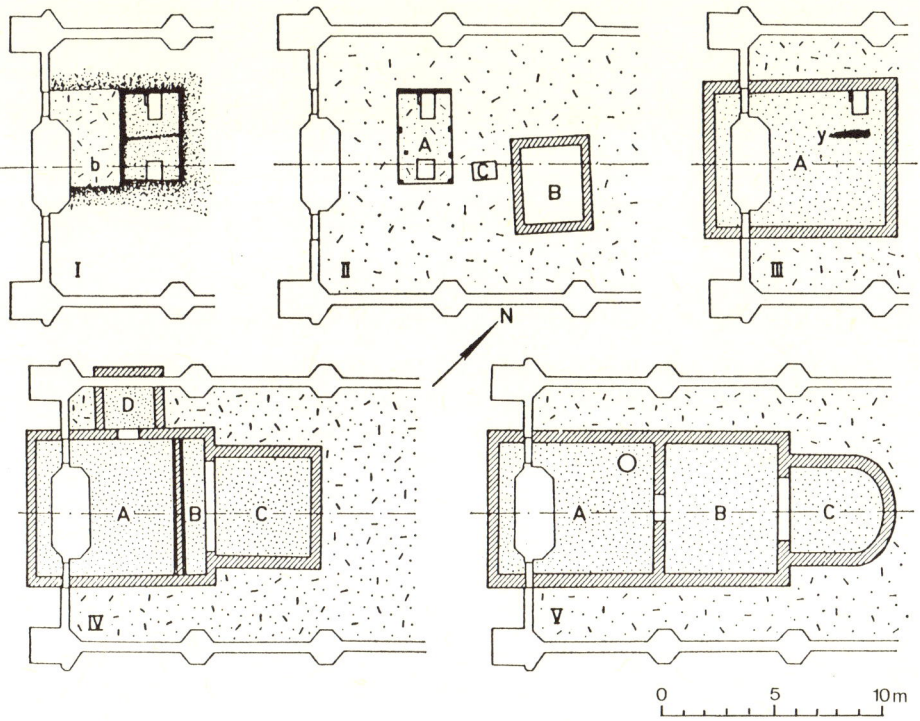

Die Grundrisse der verschiedenen Gedenkzellen über dem Grab der beiden Erschlagenen vom Erstbau bis zur ersten karolingischen Erweiterung

Links: Das Gräberfeld unter dem Xantener Dom um 400. Die Gedenkcella III A ist die der beiden Erschlagenen, die Cella II K die des Enthaupteten

Grab der beiden Erschlagenen im heutigen Zustand

Antike | 51

Sarkophag des Enthaupteten bei der Auffindung und nach der Öffnung

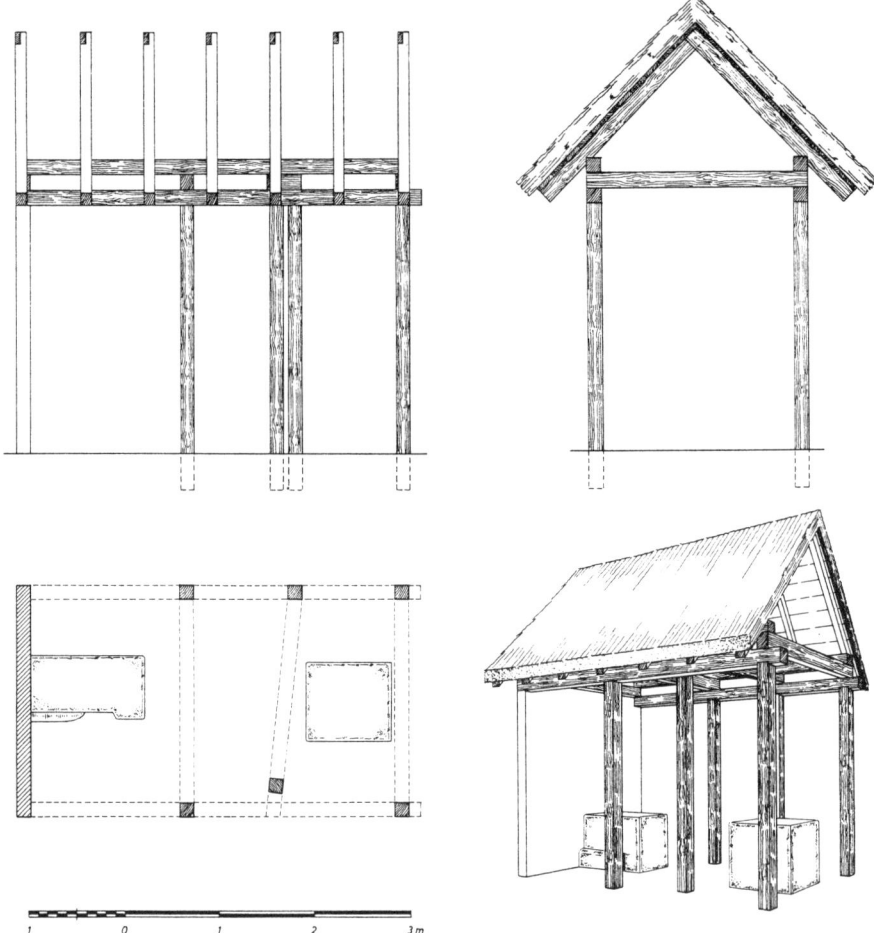

Rekonstruktion der zweiten Doppelcella

Im Blick darauf, daß »an einem zentral gelegenen Doppelgrab die ganze Tradition einer christlichen Kontinuität hängt«, steht für ihn aufgrund einer neuen Befundüberprüfung[162] »bereits fest, daß das sogenannte Märtyrergrab bei weitem nicht das erste Grab dieses Platzes darstellt«.[163] Unterstellt wird, daß »das Christliche ... offenbar größtenteils auf der Deutung des Doppelgrabes als angeblich julianisches Märtyrergrab« beruhe[164]; realistischer sei eine »kriegerische Erklärung des Grabes in den 350er Jahren«.[165] Genau diese Deutung, nämlich irgendwann in den Wirren des ausgehenden 4. Jahrhunderts getötet worden zu sein, hatten aber auch Bader für die Erschlagenen des Doppelgrabes und Borger für den Enthaupteten der Memoria II K vorgebracht; daß Borger den Enthaupteten, wie Bridger sagt, nicht als Märtyrer ansehe, sei »etwas merkwürdig«.[166] Mit Vehemenz wird auch »eine Kontinuität des Friedhofs im Dom als Märtyrerstätte«[167] negiert; erst mit dem im späteren 6. Jahrhundert errichteten Memorialbau »kann von einer kontinuierlichen Verehrungsstätte in Xanten glaubhaft gesprochen werden.«[168]

Gehen wir darum den Befund noch einmal kritisch durch. Um die zeitgenössische Deutung zu erkennen, sind wir beim Fehlen schriftlicher Quellen ganz auf martyriumstypische Hinweise der Archäologie angewiesen, nämlich ob und wie das Grab verehrt worden ist. Ein erstrangiges Kriterium ist das Überbautwerden mit einer christlichen Kirche, wie es etwa Konstantin mit seiner Basilika in Rom über dem Petrusgrab tat[169], ein weiteres das »Beerdigtwerden bei den Märtyrern«[170], wie es beispielsweise ein in der Kölner Gereonskirche aufgefundener Stein des 4./5. Jahrhunderts bezeugt: sociata m(artyris) s(epulcro) – beigesellt dem Grab des Märtyrers; damit bestätigt diese Inschrift »eine Märtyrerverehrung oder ein Märtyrergrab an Ort und Stelle«.[171] Rufen wir sodann in Erinnerung, was v. Petrikovits für das Rheinland des öfteren festgestellt hat, daß nämlich »das Memorialgrab zum Ausgangspunkt einer kontinuierlichen Kirchenentwicklung« wurde.[172] Für die Charakterisierung speziell des Xantener Doppelgrabes ist kaum an eine direkte Christenverfolgung zu denken, und man sollte überhaupt eine Bezugnahme auf Julians erwiesenermaßen martyriumslose Kirchenpolitik vermeiden. Es konnten auch infolge anderer, etwa kriegerischer Ereignisse Martyrien geschehen, weswegen mit v. Petrikovits zu bezweifeln ist, »daß die beiden Männer, deren Memorie der Entwicklungskern des Xantener Domes ist, durch eine ›Christenverfolgung‹ starben«; wohl aber könnten die zwischen 348 und 383/88 Bestatteten etwa bei einem »Frankeneinbruch ums Leben gekommen und deswegen als Märtyrer verehrt worden sein.«[173] Borger schließt sich an und gibt für die beiden Erschlagenen die Deutung: »Die christliche Gemeinde bewahrte ihr Andenken, später verehrte sie die Toten«; weiter »kann jener vornehme Mann, der in der Zeit ab Valentinian II sein Leben verlor und der wie jene anderen beiden auf dem spätrömischen Gräberfeld des Domhügels von Xanten beigesetzt wurde, während einer kriegerischen Auseinandersetzung gefallen sein. Das sind bloße Möglichkeiten; mehr wird man wohl nie wissen.«[174] Das verlangt, sich von der Schulvorstellung freizumachen, die Märtyrer »seien alle regulär hingerichtet worden«.[175] Daneben bleibt eben die Möglichkeit, daß sich ein Glaubenstod bei Kriegsaktionen ereignen konnte, wofür etwa der bei einem Überfall in Mainz getötete und dann als Märtyrer verehrte Presbyter Alban zu nennen wäre.[176]

Für Xanten gebietet sich ein genaues Hinsehen auf den archäologischen Befund. Wenn das Doppelgrab sich wirklich als Anfang weiterer Bestattungen erweist, so fassen wir damit seinen Mittelpunktcharakter, daß nämlich andere Gräber seine Nähe suchten. Wenn dann nach dem für die 2. Hälfte des 5. Jahrhunderts zu beobachtenden Kontinuitätsbruch allein das Doppelgrab, nicht aber das Grab des Enthaupteten weiterbestand und (in freilich bescheidener, ja zögerlicher Weise) auch für die Franken den Mittelpunkt ihrer Gräber bildete, wenn weiter spätestens im 6. Jahrhundert ein Steinbau in spätantiker Mauertechnik entstand, scheint sich eine anhaltende Verehrung mindestens anzudeuten. So hält denn auch v. Petrikovits dafür: »Die Tradition auch kleiner Grabkapellen wie der von Xanten, Bonn und Mainz war zwar verdunkelt, aber nicht ganz abgerissen.«[177] Folglich hätte sich mehr als nur eine »Kontinuität der Ruinen«[178] fortgesetzt, nämlich eine solche von religiöser Praxis, die offenbar Romanen wie dann auch Franken zur Verehrung nötigte. Ob dabei aber noch primär an christliche Glaubenszeugen oder nicht eher an die Numinosität heiliger Gräber gedacht worden ist, bleibe dahingestellt.

Xanten – Bischofssitz?

Zu fragen ist endlich noch, ob Xanten – wie die übrigen gallischen Civitates des 5. Jahrhunderts – einen Bischof erhielt, wurde doch Gallien »im 4. Jahrhundert ... mit Bischofssitzen übersät«.[179] In konstantinischer Zeit waren es wahrscheinlich 25 oder auch 28 Sitze[180] und auf der Synode von Serdika (346) schon 34; während der zweiten Jahrhunderthälfte »schossen sie fast überall geradezu aus dem Boden«[181], und »um 400 ... hatten anscheinend fast alle 115 Civitates von Gallien ... einen Bischof«.[182] Aber – so ist zu fragen –, hat das auch für die CUT-Xanten zu gelten? Ernst Dassmann rechnet mit einer »großen Wahrscheinlichkeit«.[183] Zu bedenken ist die Situation der reduzierten Stadt Tricensima und ihre für uns derzeit nicht greifbare Fortexistenz im späteren 4. Jahrhundert. Immerhin zeugen die vor dem Jahrhundertende erbauten Memorialbauten wie ebenso der um 400 geschaffene Batimodus-Stein von einer gewissen Wohlhabenheit der Gemeinde. So bleibt das Urteil notwendig schwankend: Solange die Stadt noch als funktionierende Civitas – und sie ist damals noch so genannt worden – weiterbestand, ist auch ein Bischof wahrscheinlich. Darum grenzt v. Petrikovits ein: »Vielleicht war also

Xanten nur etwa ein oder zwei Jahrzehnte lang Bischofssitz«.[184] Für eine solche Begrenztheit spricht vor allem auch das Fehlen der Stadt in der ›Notitia Galliarum‹[185], welche um 400 oder auch schon früher abgefaßt ist und die sieben gallischen Provinzen mit ihren 115 Civitates aufzählt, ebenso in der ›Notitia Dignitatum‹, die gleichfalls um 400 bzw. in den Abänderungen nicht nach 422 entstanden ist und alle vom Kaiser in Heer und Ziviladministration zu besetzende Posten aufführt.[186]

Ein Bischofssitz muß auch »eine Bischofskirche besessen haben«.[187] Doch tappen wir bei der Suche nach der (Gemeinde-)Kirche gänzlich im Dunkeln. Überraschenderweise hält v. Petrikovits einen »frühchristlichen Versammlungsraum in einem Vomitorium [Ausgang] des Amphitheaters ... für möglich«.[188] Das wäre dann aber eher die Notkirche einer versprengten Gemeinde gewesen.

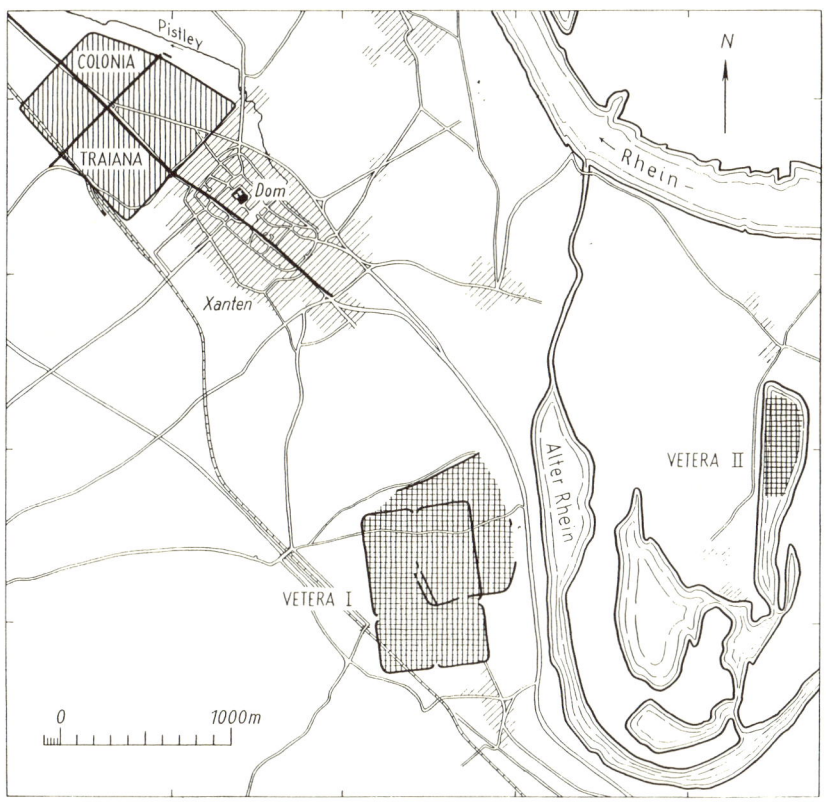

Das mittelalterliche Xanten zwischen den Militärlagern und der Colonia Traiana

Anmerkungen

1 Hachmann – Kossak – Kuhn, Germanen und Kelten, S. 11.
2 Ament, Ethnogenese, S. 39.
3 Hachmann – Kossak – Kuhn, Germanen und Kelten, S. 36.
4 Von Petrikovits, Germani cisrhenani.
5 Ament, Ethnogenese, S. 46.
6 Geuenich, Alemannen, S. 9–27.
7 Caesars Konfrontation mit Germanien in Gallien (AQDGMA 1a,1), S. 273–361.
8 Neumann, G., Art. Cuberni, Cugerni, in: RGA 5 (1984), S. 103f.
9 Hinz, Colonia Ulpia Traiana, S. 826–836; Zieling, Vorcoloniaforschung, S. 69–76; Tuijl, Vorcoloniazeitliche Besiedlung.
10 Kunow, Militärgeschichte, S. 44.
11 Hanel, Vetera I, S. 59–68.
12 Von Petrikovits, Altertum, S. 76; Der Bataveraufstand (AQDGMA 1a,2(, S. 170–261.
13 Callies, H.-G. Neumann, Art. Bataver, in: RGA 2 (1976), S. 90f.
14 Von Petrikovits, Altertum, S. 77.
15 Ebd., S. 46.
16 Ebd., S. 112.
17 Ebd., S. 81.
18 Doppelfeld, Köln, S. 715–782; Brühl, Civitas, S. 1–40.
19 Hinz, Colonia Ulpia Traiana, S. 836–866.
20 Horn, Leben, S. 167.
21 Ebd., S. 175
22 Ebd., S. 174.
23 Von Petrikovits, Altertum, S. 136.
24 Horn, Leben, S. 192.
25 Ebd., S. 221.
26 Von Petrikovits, Altertum, S. 61.
27 Ebd., S. 96.
28 Ebd., S. 167.
29 Ament, Ethnogenese, S. 44.
30 Von Petrikovits, Altertum, S. 65.
31 Geuenich, Alemannen, S. 28–69.
32 Neumann, G. – Harald von Petrikovits – R. von Uslar, Art. Brukterer, in: RGA 3 (1978), S. 581–586.
33 Neumann, G.- Harald von Petrikovits, Art. Chattwarier, in: RGA 4 (1981), S. 391–393.
34 Dies., Art. Chamaver, in: RGA 4 (1981), S. 368–370.
35 Wenskus, Reinhard, Art. Amsivarier, in: RGA 1 (1973), S. 257f.
36 Ewig, Merowinger, S. 9.
37 Ament, H. u. a., Art. Franken, Frankenreich, in: LMA 4 (1989), Sp. 689–728; Beck H. u. a., Art. Franken, in: RGA 9 (1995), S. 373–461.
38 Reichmann, Frühe Franken, S. 55–65.
39 Pirling, Römer und Franken, S. 34f.
40 Von Petrikovits, Altertum, S. 175.
41 Heinen, Trier, S. 323.
42 Von Petrikovits, Altertum, S. 184.
43 Ebd., S. 181, 183.
44 Ebd., S. 196–202.
45 Ebd., S. 237.
46 Böhme, Söldner, S. 93, 101.
47 Ewig, Merowinger, S. 11.
48 Rüger, Spätrömische Großfestung.
49 Bridger, Betrachtungen, S. 181.
50 Stolte, Niedergermanien, S. 597–606.
51 Ebd., S. 630.
52 Schwertheim, Religionen, S. 794–813.
53 Pirling, Römer und Franken, S. 32f; Abb. S. 36.
54 Matronen (mit umfassenden Beiträgen).
55 Inschrift Nr. 7883 (CIL 13, II,2), S. 523.
56 Stolte, Niedergermanien, S. 614–621.

57 Ebd., S. 596.
58 Follmann-Schulz, Tempelanlagen, S. 676.
59 Ebd., S. 674.
60 Ristow, Götterhimmel, S. 12 ff; Oldenstein, Opferplätze, S. 174–184.
61 Ebd., S. 182.
62 Himmelmann, Tieropfer, S. 73.
63 Ebd.
64 Oldenstein, Opferplätze, S. 182–184.
65 Von Petrikovits, Germania, Sp. 611.
66 Spickermann, Mulieres, S. 310–369, 408–412.
67 Wirth, Gerhard, Art. Germanen I (Geschichte), in: LMA 4 (1989), Sp. 1338–1339, Sp. 1338.
68 Ebenbauer, Germanische Religion, S. 512.
69 Wenskus, Religion abârtadie, S. 227–232.
70 Strutynsky, Germanic Divinities, S. 363–384.
71 Seebold, Münzbilder, S. 304.
72 Hauck, Brakteatenforschung, S. 24.
73 Ebd., S. 34.
74 Adam von Bremen, Gesta Hammaburgensis ecclesiae pontificum IV,26 (AQDGMA 11), S. 470f.
75 Hasenfratz, Germanen, S. 96.
76 Ebd., S. 95.
77 Ebd., S. 97.
78 Ebd., S. 98.
79 Adam von Bremen, Gesta Hammaburgensis ecclesiae pontificum IV,26 (AQDGMA 11), S. 470.
80 Wirth, Gerhard, Art. Germanen I (Geschichte), in: LMA 4 (1989), Sp. 1338–1339, Sp. 1339.
81 Willroth, Opferhorte; Hagberg, Opferhorte; Harck, Gefäßopfer; Müller-Wille, Wikingerzeit.
82 Müller-Wille, Pferdegrab; Oexle, Pferdebestattungen.
83 Fisch, Jenseitsglaube.
84 Ellmers, Quellen, S. 100.
85 Ebd., S. 114.
86 Böhme, Söldner, S. 92.
87 Steuer, Heiko, Art. Fürstengräber, in: RCA 10 (1996), S. 168–216, S. 168–175.
88 Hasenfratz, Germanen, S. 72, 75.
89 Ellmers, Quellen, S. 98.
90 Ebd.
91 Ebd., S. 99.
92 Steuer, Sozialstrukturen, S. 81.
93 Hasenfratz, Germanen, S. 45.
94 Dihle, Vorstellung vom Willen, S. 9–30.
95 Brown, Spätantike, S. 242.
96 Finley, Wirtschaft, S. 34.
97 Dihle, Ethik, Sp. 686.
98 Veyne, Brot und Spiele, S. 42.
99 Weismann, Gladiator, Sp. 26.
100 Martin, Spätantike, S. 78.
101 Ebd., S. 84.
102 Veyne, Das Römische Reich, S. 198.
103 Angenendt, Taufritus.
104 Ratzinger, Taufe.
105 Martin, Spätantike, S. 78.
106 Von Harnack, Mission, S. 552.
107 Brox, Mission in der Spätantike.
108 Goody, Logik und Schrift, S. 77–88.
109 Martin, Spätantike, S. 200.
110 Kahl, Mittelalter, S. 37.
111 Angenendt, Kaiserherrschaft, S. 60 f.
112 Heinzelmann, Gregor von Tours, S. 10–26.
113 Reinhardt, Rudolf, Art. Adel und Kirche, in: LThK 1 (^{3}1993), Sp. 146–150; Bosl, Karl, Art. Adel und deutsche Kirche, in: LThK 1 (^{2}1957), Sp. 137–140.
114 Angenendt, Heilige und Reliquien, S. 99–101.
115 Schreiner, Toleranz, S. 462.
116 Landau, Frei und Unfrei, S. 177.
117 Schäferdiek, Germanenmission, Sp. 497.
118 Irenäus von Lyon, Adversus Haereses I,10, 2 (FC 8,1), S. 200^{12}.
119 Von Petrikovits, Germania, Sp. 576 f.
120 Dassmann, Kirche in Deutschland, S. 17; Maiburg, Ausbreitung, S. 47–49.

121 Tertullian, Ad nationes I,8,9, (CChr.SL 1), S. 22²³.
122 Ders., Adversus iudaos 7,4 (ed. Tränkle), S. 14³.
123 Maiburg, Ausbreitung, S. 50.
124 Von Petrikovits, Germania, Sp. 582.
125 Sozomenos, Kirchengeschichte II,6 (ed. Festugiére), S. 254–258; Üb. Neuss, Anfänge, S. 8.
126 Dassmann, Kirche in Deutschland, S. 108–111.
127 Ebd., S. 108.
128 Scholz, Rolle der Bischöfe, S. 21.
129 Concilium Arelatense a. 314 (CChr.SL 148), S. 18³².
130 Scholz, Rolle der Bischöfe, S. 8.
131 Bader, Sanctos, S. 316.
132 Ebd., S. 478–481.
133 Ebd., S. 481 f.
134 Üb. nach Tiefenbach, Batimodus-Stein, S. 26.
135 Tiefenbach, Batimodus-Stein, S. 30.
136 Ebd., S. 40.
137 Ebd., S. 44.
138 Bader, Sanctos, S. 312 f.
139 Ebd., S. 313.
140 Ebd., S. 316.
141 Ebd., S. 314.
142 Ebd., S. 315 f.
143 Ebd., S. 375.
144 Ebd.
145 Ebd.
146 Ebd., S. 354–359.
147 Ebd., S. 375.
148 Ebd., S. 352 f.
149 Ebd., S. 408.
150 Borger, Frühgeschichte, S. 8.
151 Ders., Abbilder des Himmels, S. 154, 158.
152 Ders., Frühgeschichte, S. 10.
153 Ebd., S. 28.
154 Ebd., S. 18.
155 Ebd., S. 24.
156 Ebd.
157 Ebd., S. 26.
158 Ders., Abbilder des Himmels, S. 161.
159 Ders., Frühgeschichte, S. 27.
160 Ders., Abbilder des Himmels, S. 163.
161 Bridger, Betrachtungen, S. 184.
162 Ders. – Siegmund, Stiftsimmunität.
163 Bridger, Betrachtungen, S. 185.
164 Ebd., S. 187.
165 Ebd., S. 188.
166 Ebd., S. 185.
167 Ebd., S. 189.
168 Ebd., S. 188.
169 Baumeister, Heiligenverehrung, Sp. 105–109.
170 Ebd., Sp. 128–132.
171 Von Petrikovits, Germania, Sp. 583.
172 Ebd., Sp. 585.
173 Ebd., Sp. 634.
174 Ebd.
175 Borger, Abbilder des Himmels, S. 152 f.
176 Von Petrikovits, Germania, Sp. 624.
177 Ebd., Sp. 626.
178 Ebd., Sp. 615.
179 Demougeot, Gallia, Sp, 899.
180 Ebd., Sp. 900.
181 Ebd., Sp. 901.
182 Ebd., Sp. 908.
183 Dassmann, Kirche in Deutschland, S. 156.
184 Von Patrikovits, Germania, Sp. 602.
185 Demougest, Gallà, Sp. 902.
186 Ebd., Sp. 864 f.
187 Borger, Abbilder des Himmels, S. 145.
188 Von Patrikovits, Germania, Sp. 638; Ders., Rheinland, S. 101, Anm. 178.

Kapitel II

Frühmittelalter

Die Merowinger-Zeit

Francia Rinensis

Als zur Jahreswende 406/07 Alanen, Vandalen, Burgunder und Sueven die Mainzer Rheinbrücke überschritten und damit die »Völkerwanderung« auslösten, gingen auch die fränkischen Völkerschaften der Brukterer, Chatuarier, Amsivarier und Chamaven über den Rhein. Doch blieben ihre Namen weiter an den ursprünglichen rechtsrheinischen Siedlungsgebieten haften: bei den Brukterern der frühmittelalterliche Gau ›Boractra‹ südlich der Lippe, bei den Chamaven das Hamaland an der Issel, bei den Chatuariern der Gau ›Hatterun‹ an der Ruhr, bei ihnen aber auch deren linksrheinisches Gebiet ›Hattuarien‹ um Xanten. Die südlich sich anschließenden Ripuarier (wohl von lat. ›ripa‹-[Rhein-]Ufer) weisen einen neuen Namen auf und nahmen das alte Ubiergebiet ein. Man hat in all diesen Völkerschaften »Teilverbände der rheinischen Franken unter jeweils eigenen Gaukönigen zu sehen.«[1] Zusammengenommen erscheinen sie alle als ›Francia Rinensis‹ (rheinisches Frankenreich).[2] Noch bis zur Mitte des 5. Jahrhunderts hielten sie das Bündnis mit Rom aufrecht. Dann begann der Aufstieg des salfränkischen Königsgeschlechtes, der Merowinger, die sich verselbständigten und alle anderen Kleinkönige beseitigten, zuletzt auch die von Köln (von denen Gräber unter dem Dom aufgefunden wurden). Die Taufe Chlodwigs zu Reims im Jahre 498/99 wurde der Beginn der ganz Gallien umfassenden Francia.

Wiewohl die »Keimzelle der ›Francia Rinensis‹ ... die römische Provinz Niedergermanien« war[3], wissen wir über Xanten und seine Geschichte fast nichts. Gerade die Spanne zwischen etwa 440 und 500 gehört zu den dunkelsten Jahrzehnten. Vor allem ist unbekannt, wie und wo Franken in oder um Xanten gesiedelt haben.

Mit welchen Möglichkeiten zu rechnen ist, zeigt ein Blick auf Gelduba (heute Krefeld-Gellep), ein schon beim Batavar-Aufstand erwähntes und dann unter Diokletian neu ausgebautes Kastell. Ausgrabungen, die in den 30er Jahren begonnen wurden und bis heute andauern, haben zwei Beerdigungsareale mit über 6.000 Gräbern aus der Zeit vom 1. bis 8. Jahrhundert aufgedeckt. Es ist »ein für das Rheinland einmaliger Fall, daß von einem römischen Militärlager die zugehörigen Nekropolen nahezu vollständig aufgedeckt werden konnten und daß diese sich ohne jede Unterbrechung in die fränkische Zeit hinein fortsetzten.«[4] Die »eigentliche Blütezeit Gelleps«[5] repräsentieren Gräber der ersten Hälfte des 4. Jahrhunderts, der Zeit also des erneuerten Kastells. Die gut 200

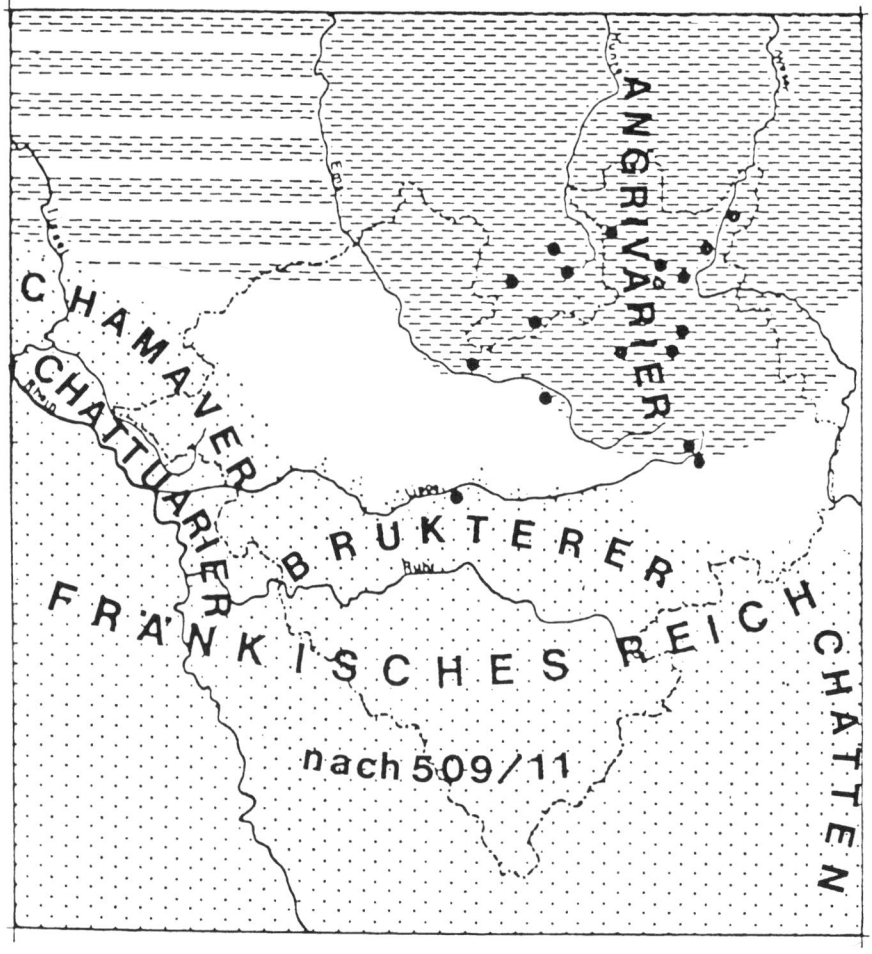

Nachantike Völkerschaften am Niederrhein und in Westfalen

Frühmittelalter | 61

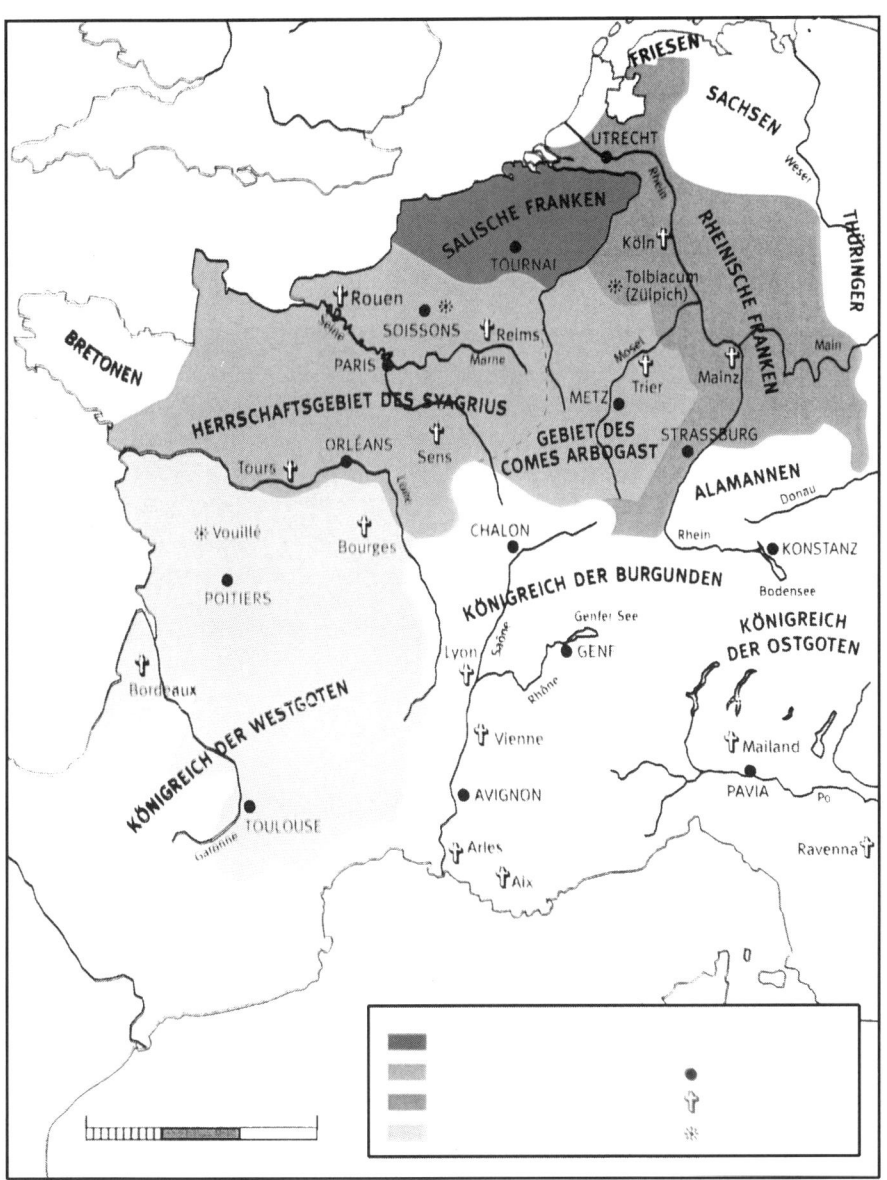

Die Entstehung des Frankenreiches

jüngst aufgedeckten Gräber der zweiten Hälfte des 4. Jahrhunderts verdienen dabei besondere Aufmerksamkeit, denn »fast alle waren westöstlich ausgerichtet; mehr als zwei Drittel davon beigabenlos«.[6] Weil demgegenüber die Gräber der ersten Hälfte des 4. Jahrhunderts nordsüdlich ausgerichtet waren, ist ein »deutlicher Wandel«[7] zu registrieren, und die Archäologen zögern nicht, diese Gegebenheiten (obwohl sie als Allgemeinregel umstritten sind) als Anzeichen von Christlichkeit zu deuten: »Damit fassen wir sicher erste Anzeichen des Christentums«[8], und die langjährige Ausgräberin Renate Pirling bestätigt: »Zweifellos wurden hier Einflüsse des Christentums wirksam«.[9] Zugleich erscheinen in anderen Gräbern, die ebenfalls der zweiten Hälfte des 4. Jahrhunderts angehören, Beigaben, »die kein Römer ins Grab gelegt hätte, zum Beispiel in den Männergräbern Waffen«.[10] Im 5. Jahrhundert und noch bis zum Ende der Bestattungen im ausgehenden 7. Jahrhundert blieb das Nebeneinander von Gräbern mit und ohne Beigaben. Als Folgerung liegt nahe: »Nach dem Abzug der regulären römischen Truppen vom Rhein am Beginn des 5. Jahrhunderts siedelten sich offenbar in steigendem Maße Gruppen von [fränkischen] Neuankömmlingen in Gellep an, die ihre Toten auf denselben Gräberfeldern wie die einheimische, romanisierte Bevölkerung bestattete. Für das 5. Jahrhundert ist in Gellep jedenfalls mit einer ganz erheblichen Bevölkerungszahl zu rechnen«[11], und der Ort blieb »noch bis in das 7. Jahrhundert hinein bewohnt«.[12] Dann hört der Friedhof auf; die Bestattungen sind offenbar an eine Kirche verlegt worden, deren Stelle allerdings bis heute nicht ausgemacht werden konnte. Der Name Gelduba behielt überörtliche Bedeutung und ging in den frühmittelalterlichen Gaunamen »Gildegavia« ein.[13]

Mallosus in Birten und Victor in Xanten

Endlich steht uns nun auch ein schriftliches Zeugnis zur Verfügung: der Bericht des Chronisten, Hagiographen und Bischofs Gregor von Tours († 594); er berichtet über den Kölner Bischof Ebergisel (um 590), daß derselbe zu Birten den Märtyrer Mallosus erhoben habe.

> »Über den Märtyrer Mallosus. Von diesem Bischof [Ebergisel] nämlich ist der Leichnam des Heiligen Märtyrers Mallosus auf folgende Weise entdeckt worden: Wiewohl die Kunde überlieferte, daß derselbe bei der Bertunensischen Stadt (Bertunensim oppidum) das Martyrium erlitten habe, war es den Menschen unbekannt, an welcher Stelle er ruhe; doch stand dort ein Oratorium, wo man seinen Namen anrief. Der oben erwähnte Bischof erbaute zu seiner [des Heiligen] Ehre

eine Basilika, damit er, wenn er eine Vision über den Märtyrer erhielte, dorthin die seligen Gebeine auf Gottes Geheiß übertrage. Darauf wölbte er einen Bogen in jener Seite der Basilika, das ist: in der Wand, die zum Oratorium hin stand, und bezog so das Oratorium als Apsis ein. Zugleich wartete er auf Gottes Barmherzigkeit, was sie über die Entdeckung des Märtyrers veranlasse. Daraufhin wurde ein Metzer Diakon, durch ein Gesicht geführt, darüber belehrt, wo der Märtyrer ruhe. Nach kurzer Zeit schon kam er zum Bischof und wiederholte die Hinweise, die er im Gesicht geschaut hatte, und wiewohl er nie zuvor dort gewesen war, sagte er dem Bischof: ›Hier grabe, und du wirst den Leichnam des Heiligen finden‹; und das ist mitten in der Apsis. Als dieser dann gegen sieben Fuß tief gegraben hatte, berührte seine Nase ein Geruch von unermeßlichem Duft und er sagte: ›Ich glaube bei Christus, daß er mir seinen Märtyrer zeigt, wo mich solche Süße umgeben hat‹. Und weitergrabend fand er den heiligen Leichnam unverletzt, und rief mit lauter Stimme: ›Ehre sei Gott in der Höhe‹, und ließ auch seinen Klerus einstimmen. Nach beendigtem Hymnus übertrug er den heiligen Leichnam in die Basilika und beerdigte ihn mit dem gebührenden Lob. Die Leute überliefern, dort sei auch der Märtyrer Victor beerdigt, aber bis jetzt haben wir nicht davon gehört, daß er offenbart worden ist«.[14]

Als erste schriftliche Nachricht über Christlichkeit und Kirche am Niederrhein und als erste Nachricht über Märtyrer in Xanten bzw. seiner Umgebung ist dieses Kapitel von besonderer Kostbarkeit. Das »Bertunense oppidum« bezieht die Forschung gemeinhin auf Birten, das später als »Beurtina« (nach 638?) oder »Biorzuna« (zwischen 882/87) bezeugt ist[15]; doch wird es neuerdings auch wieder auf Xanten bezogen.[16] Daß der Turoner Bischof Kenntnis über Vorgänge am Niederrhein haben konnte, ist durch seine Kontakte mit dem Kölner Amtsbruder Ebergisel gesichert.[17] Wir erfahren, daß die Leute in Birten einer nicht näher begründbaren Tradition zufolge von einem Märtyrer Mallosus wußten und daß dort ein Oratorium stand. Bischof Ebergisel, der zweite Kölner Oberhirte nach einer mehr als 100jährigen Lücke in der Bischofsliste, tat nun, was seines Amtes Pflicht war, nämlich den Kult zu überprüfen.

Schon dem heiligen Martinus ist nachgerühmt worden, ein falsches Märtyrergrab aufgedeckt und die Leute von dessen Verehrung abgehalten zu haben; angesichts eines vorgeblich von früheren Bischöfen errichteten Grabaltares schenkte Martin »aber nicht leichthin unerwiesenen Behauptungen Glauben«, vielmehr »beunruhigten ihn ernste Bedenken, da keine übereinstimmende Überlieferung aus alter Zeit zuverlässige Bürgschaft bot«; darum »trat er ... nicht für die Volksmeinung ein«, betete vielmehr mit mehreren Brüdern am Grab, bis der Tote als schmutziger Schatten erschien und gestand, ein rechtens hingerichteter Verbrecher zu sein, woraufhin Martin den Altar beseitigte; »auf diese Weise befreite er das Volk von jener irrigen, abergläubischen Verehrung«.[18] Daß das Volk gerade einen Hingerichteten verehrte, ist religionsgeschichtlich nicht selten, wirkte doch vergossenes Blut als heilkräftig.

Gregor von Tours berichtet des öfteren von Graböffnungen: Dafür gaben himmlische Zeichen die Erlaubnis, forderten auch zur augenscheinlichen Überprüfung auf und legitimierten die weitere Verehrung. Entsprechend handelte Ebergisel; dem Bericht zufolge wandte er sich an Gottes Barmherzigkeit, ja provozierte diese sogar durch die Oratoriumserweiterung und wartete dann ab, bis endlich der Diakon die klärende Vision erhielt. Im Grunde handelt es sich um die kirchlich-offizielle Gutheißung des Kultes, also um eine Art Heiligsprechung, die freilich von Gott selbst bekundet werden mußte und noch nicht, wie seit dem Hochmittelalter, in einem kanonistischen Prozeß vollzogen wurde. Gregors Bericht enthält also keineswegs nur eine Episode, sondern eine bischöfliche Amtshandlung mit sogar himmlischer Legitimation. Zu den höheren Zeichen gehörten neben der Vision des Metzer Diakons weiter noch der himmlische Wohlgeruch und der unversehrte Leichnam – Anzeichen, die beide uralte und auch in der Antike weitverbreitete Religionsphänomene waren: der Wohlgeruch als geradezu alltägliches Kultmittel in der gesamten antiken Religiosität, die Unversehrtheit als selteneres, aber zum Beispiel tragendes Postulat in der ägyptischen Religion mit ihren Mumifizierungen. Gregor kennt insgesamt neun Beispiele für erhaltene Leiber.[19]

Noch in weiterer Hinsicht verdient die Graböffnung eine Erläuterung: sie war ein Phänomen der gallikanischen Liturgie. Erstmals hatte Ambrosius von Mailand († 397) am 17. Juni 386 die Gebeine der Märtyrer Gervasius und Protasius erhoben und sie unter einem Kirchenaltar neu bestattet. Der Grund für dieses Tun war die himmlisch-irdische Entsprechung: wie die Märtyrer am Fuße des himmlischen Altares ihren Ort hatten (vgl. Offb 6,9), so sollten entsprechend die Leiber am Fuße der irdischen Altäre ruhen.[20] Im Bereich der gallikanischen Liturgie, die Italien, Gallien und Spanien umfaßte, erfolgten, wie schon Gregor von Tours immer wieder berichtet, zahlreiche Erhebungen. Daraus entwickelte sich weiter der Brauch, Reliquien in jeden Altar zu legen, was bei deren Vielzahl in der Regel nur Partikel oder gar Berührungsreliquien sein konnten, die in einem zumeist in die Altarplatte eingelassenen

›Grab‹, dem sogenannten Sepulchrum, ihren Ort hatten. Die römische Liturgie hielt indes an dem alten Grundsatz der Unberührbarkeit der Gräber fest, erlaubte darum keine Öffnung und erst recht keine Entnahme der Gebeine, was noch Gregor der Große († 604) als sakrilegisch bezeichnete.[21]

Die Abklärung des Berichtes Gregors von Tours über das Mallosus-Grab läßt nun auch den letzten Satz über den Märtyrer Victor in seinem wahren Aussagegehalt erkennen. Gregor teilt mit: So weit er wisse, sei Victor noch »nicht geoffenbart worden« (non revelatum), das heißt: noch nicht durch himmlische Offenbarung legitimiert. Die heute in der Forschung favorisierten Deutungen für Mallosus und Victor divergieren. Die einen plädieren für zwei Gedenkorte, für Birten und Xanten; andere lokalisieren beide Märtyrer in Xanten und bringen den Gregor-Bericht mit dem im 6. Jahrhundert über dem Doppelgrab neu errichteten Memorialbau in Verbindung, müssen dann aber eine Abwanderung des Namens »Bertunense oppidum« vom spätantiken Xanten in das mittelalterliche Birten in Kauf nehmen.[22] Doch bleibt festzuhalten: Gregor weiß von zwei Traditionen, berichten doch die Leute (ferunt) über Victor genau so wie über Mallosus (fama ferret). Folglich ist klarzustellen: Zur Zeit des Bischofs Ebergisel wußte man von zwei Märtyrern: von Mallosus im »Bertunense oppidum« und »dort« (ibidem) weiter noch von Victor. Hätten sich aber beide Traditionen auf genau denselben Ort, ja auf dasselbe Oratorium bezogen, ob nun in Birten oder Xanten gelegen, dann hätte Ebergisel doch wohl beide erhoben. Aber es blieb Victor noch »nicht geoffenbart«. Daraus ist zu erschließen, daß sein Gedächtnis an einem anderen, freilich benachbarten Ort haftete.

Unlösbar bleibt indes für alle Interpreten, daß der Name Mallosus aus der Birtener wie Xantener Überlieferung gänzlich verschwindet und von karolingischer Zeit an in Köln und Bonn erscheint.[23] Daß sich noch in merowingischer Zeit die Kulttradition eines Märtyrers hätte verlieren können, ist geradezu befremdlich, muß aber aufgrund des gegebenen Quellenmaterials hingenommen werden.

Doch noch einmal: wenn das »Bertunense oppidum«, wie allgemein angenommen, auf Birten – oder weniger wahrscheinlich – auf Xanten zu beziehen ist, bleibt als wichtiges Ergebnis, daß gegen Ende des 6. Jahrhunderts in Xanten bzw. seiner Umgebung die Erinnerung an zwei Märtyrer lebendig war. Fragt man weiter nach der historischen Zuverlässigkeit, ob diese Verehrung sich vom Ende des 4. Jahrhunderts an hat durchhalten können, wird sich eine Antwort nur aufgrund von

Wahrscheinlichkeitsabwägungen geben lassen. Eingerechnet die Möglichkeit eines falschen Volksglaubens, bleibt immerhin das Faktum, daß Märtyrer-Traditionen lebendig waren, daß noch der nach 750 zur Aufdeckung des Doppelgrabes angesetzte Suchstollen unter dem Dom nicht ohne »eine genaue Überlieferung«[24] erklärbar ist und die Archäologie tatsächlich auch besondere Gräber hat aufdecken können.

Troia oder auch Xantum

Der Name der Colonia Ulpia Traiana hatte im Frühmittelalter eine Nachgeschichte, knüpfte sich doch daran die fränkische Troja-Sage.[25] Im 7. Jahrhundert berichtet die Chronik des sogenannten Fredegar, die Franken stammten vom Geschlecht des Priamus ab, des von Homer geschilderten Helden der Trojaner. Es handelt sich um eine sog. Abstammungssage, wie sie immer wieder anzutreffen ist und der zufolge jedes Volk sich auf berühmte Stammväter zurückführt. Dadurch deutete man zum einen das eigene Selbstverständnis und zum anderen, mit welchen Völkern man sich verwandt sah. Die fränkische Troja-Saga brachte »sowohl die Partnerschaft der Franken mit dem Imperium wie die Symbiose von Franken und Romanen ... zum Ausdruck«.[26]

> Unter Bezug auf ältere Quellen heißt es bei Fredegar über die Franken: »Ihr erster König sei Priamus gewesen; als Troja durch die List des Odysseus erobert wurde, seien sie von dort fortgezogen und hätten dann Friga als ihren König gehabt; [nach mehreren Teilungen und langen Irrfahrten sei] ... die Hälfte von ihnen mit ihrem König Francio nach Europa gezogen. Sie durchwanderten Europa und besetzten mit ihren Frauen und Kindern das Ufer des Rheins; nicht weit vom Rhein versuchten sie, eine Stadt zu erbauen, die sie nach Troja benannten. Dieses Werk wurde zwar begonnen, aber nicht vollendet«.[27] Eine andere Version bietet der ›Liber Historiae Francorum‹ aus dem 8. Jahrhundert: »Den Anfang, die Herkunft und die Taten der Frankenkönige und ihrer Völker will ich erzählen. In Asien liegt eine Stadt der Trojaner, diese Stadt heißt Ilium und dort herrschte Äneas. Da erhoben sich die Könige der Griechen mit einem großen Heer gegen Äneas und kämpften gegen ihn in einer schrecklichen Schlacht ... [Es] floh der Tyrann Äneas und siedelte seine Leute in Italien an ... Andere Fürsten, wie etwa Priamus und Antenor, verluden das restliche 12.000 Mann starke Heer der Trojaner auf Schiffe und fuhren bis zu den Ufern des Dons. Dann zogen sie durch die Asowschen Sümpfe, in deren Nähe sie schließlich nach Panonien kamen ... [Nach Kämpfen mit den Römern] kamen sie zu den am äußersten Rhein gelegenen Städten Germaniens und ließen sich dort mit ihren Anführern Marchomir,

dem Sohne des Priamus, und Sunno, dem Sohne des Antenors, nieder; sie wohnten viele Jahre hier.«[28]

Die Troja-Sage hielt sich durch das ganze Mittelalter und ging im 10. Jahrhundert auch in die Viktor-Legende ein: »Jene Kohorte, die den heiligen Victor begleitete, ... gelangte zur Stadt der Franken, die sie nach den Wohnorten ihrer Vorfahren Troiam oder auch Xantum nannten«.[29]

Bischof Kunibert von Köln und Utrecht

Die zwei Punkte, die uns vom Kölner Bischof Ebergisel, der aufgrund seines Namens als Franke und damit wohl auch als Adeliger anzusehen ist, überliefert sind, nämlich Tätigkeit sowohl im weiteren Bistumsbereich wie auch im Dienst des Königs (für den er in Poitiers tätig wurde), scheinen erstmals ein Muster anzudeuten, das deutlich dann beim bedeutendsten merowingerzeitlichen Kölner Bischof hervortritt, bei Kunibert (623– um 650).[30]

> Wohl herkünftig von grundbesitzendem Adel des Trierer Landes, ist er in der Metzer Palastschule ausgebildet und in Trier zum Archidiakon erhoben worden, fungierte als Berater des zunächst in Austrasien und dann im Gesamtreich regierenden Dagobert I. sowie als Erzieher von dessen Sohn Sigibert. Im Jahre 626/27 nahm er am letzten gesamtmerowingischen Konzil zu Clichy (bei Paris) teil, zeigte sich offen auch für Impulse aus dem von dem Iren Columban begründeten irofränkischen Mönchtum. Weiter hielt er zu Ansegisel und Pippin dem Älteren, den Stammvätern der Karolinger, Beziehung. Mit Kunibert sei die Kölner Kirche mittelalterlich geworden, hat man gesagt,[31] und tatsächlich steht er als erster in einer langen Reihe von Hofbischöfen, königlichen Beratern und Erziehern.

Eine wichtige Nachricht betrifft indirekt auch den Niederrhein. Daß Bonifatius später beklagte, die von König Dagobert zu Utrecht gegründete Kirche hätten die Kölner Bischöfe nicht zur Friesenmission genutzt,[32] läßt an Kunibert als Gründer denken, wobei allerdings kaum diesem die Erfolglosigkeit anzulasten sein dürfte als vielmehr den expansiven Friesen. Kuniberts Ausgriff korrespondiert mit der bei allen am Rhein gelegenen Bischofssitzen feststellbaren Expansion, die bei den mittel- und oberrheinischen Diözesen ins Rechtsrheinische ging, bei Köln auch in den Norden. Für den Niederrhein ist zu registrieren, daß ein Bischof, der bis Utrecht auslangte, den davor liegenden Landstrich nicht übergehen konnte.[33]

Die Angelsachsen auf dem Kontinent

Die Teilungen Chlodwigs zugunsten seiner Söhne hatten Teilreiche entstehen lassen: im alten Frankengebiet des nördlichen Gallien Neustrien (Westreich) und Austr(as)ien (Ostreich), im Süden Burgund und Aquitanien. Nach der Mitte des 7. Jahrhunderts führten die Merowingerkönige nur noch ein Schattenregiment, und ihre Hausmeier – eigentlich die obersten Bediensteten – bestimmten die Politik. Pippin dem Mittleren († 714) gelang die Vereinigung der Hausmeierschaft von Austrasien und Neustrien und damit die Wiedervereinigung der ursprünglichen nordgallischen Francia. Zugleich wandte er sich gegen die Friesen, die bis über Rhein und Waal vorgestoßen waren und dabei das antike Kastell Traiectum/Utrecht, wo die vom Kölner Bischof Kunibert errichtete Martinskirche stand, zu ihrem Königssitz gemacht hatten.

Zu eben dieser Zeit meldeten sich angelsächsische Missionare in Friesland. Die nach Britannien eingedrungenen Germanen, neben Jüten und Angeln mehrheitlich Sachsen, waren dank einer Missionsinitiative Papst Gregors des Großen († 604) christianisiert worden,[34] blieben deswegen Rom-verbunden, erinnerten sich zugleich ihrer heidnischen Vorfahren auf dem Kontinent, die sie nun für den neuen Glauben gewinnen wollten. Ihre Aktivitäten eröffneten – so hoch muß man es ansetzen – eine neue Ära auf dem Kontinent: vorab die Zusammenarbeit mit den aufstrebenden Pippiniden/Karolingern, dann die Mission nördlich bzw. östlich des Rheins und endlich die Reform der fränkischen Kirche. Zu nennen sind allen voran Willibrord († 739) und Bonifatius († 754).[35] Ihre modernen Betitelungen als »Apostel der Niederlande« und als »Apostel Deutschlands« spiegeln mehr das Nationalbewußtsein des 19. Jahrhunderts als ihre tatsächlichen Wirkungskreise, denn zunächst wollten sie die noch heidnischen Vorfahren auf dem Kontinent bekehren, wobei Willibrord sich den Friesen zuwandte, Bonifatius indes an den Grenzen Sachsens scheiterte, dafür aber die Reform der fränkischen Kirche herbeiführte. Insgesamt sind die Wirkungen, welche die Angelsachsen auf dem Kontinent herbeiführten, von so tiefreichender Bedeutung, daß hierzu weiter ausgeholt werden muß.

Peregrinatio

Die Mission der Angelsachsen nährte sich wesentlich vom Gedanken der Peregrinatio, vom »Leben in der Fremde«. Dieses Ideal war schon in der alten Christenheit verbreitet, bezeichnete aber eher die spirituelle Weltdistanz als Unterwegssein.[36] Die Mönche Irlands gaben der Peregrinatio eine neue Dimension: nämlich lebenslang für Christus in der Fremde zu leben. Schon das altirische Recht hatte für schwere Vergehen die Vertreibung von der Insel vorgesehen, weil Übeltäter Land und Leute befleckten und mit Unheil infizierten. Die Bußstrafen, welche die in Irland neugeschaffenen Bußbücher für schwere Vergehen benannten, wollten den heidnischen Strafen nicht nachstehen, und so verlangten sie zum Beispiel für Mord ebenfalls die Verbannung als Leben in der Fremde.[37] Die irischen Mönche übernahmen nun diese Verbannungsstrafe als freiwillige Buße und gingen um Christi willen in die Fremde: auf abgelegene Inseln, nach England oder auf den Kontinent.[38] Nicht daß sie immerzu – wie es allzu oft dargestellt worden ist – als »Wandermönche« ruhelos umherzogen; vielmehr gründeten sie Klöster und nahmen in Gallien auch Einheimische auf. Auf diese Weise entstand dort das irofränkische Mönchtum, das sich im Norden Galliens auch missionarisch betätigte.[39]

Spirituell begründet wurde die asketische Peregrinatio von Bibelworten her.[40] Zuvörderst war es die Aufforderung Jahwes an Abraham: »Zieh weg aus deinem Land, von deiner Verwandtschaft und aus deinem Vaterhaus in das Land, das ich dir zeigen werde« (Gen 12,1). Hinzu nahm man neutestamentliche Nachfolge-Worte, die zum Verlassen von Familie und Verwandtschaft aufriefen: »Jeder, der um meines Namens willen Häuser oder Brüder, Schwestern, Vater, Mutter, Kinder oder Äcker verlassen hat, wird dafür das Hundertfache erhalten und das ewige Leben gewinnen« (Mt 19,29). Ein wahrer Peregrinus trennte sich von Eltern, Heimat und Besitz und kehrte nie wieder zurück. Die Lebenslänglichkeit sah man in dem Wort begründet, daß »keiner, der die Hand an den Pflug gelegt hat und nochmals zurückblickt, für das Reich Gottes taugt« (Lk 9,62). Auf eine Kurzformel gebracht – und so ist es oft in den Quellen anzutreffen –, hieß das: »patriam parentesque relinquere« – Heimat und Eltern verlassen[41].

Um sich das Risiko vorzustellen, das eine solche Fremde damals bedeutete, muß an die Struktur vorstaatlicher Gesellschaften erinnert werden, in denen, wie im

Frühmittelalter, noch keine für alle garantierte öffentliche Sicherheit bestand, sondern ein jeder zunächst auf den Schutz angewiesen war, den ihm seine Familie, sein Clan oder Stamm bot. Hauptsächlich für diese Situation hat auch die »Erbbiologie«, wie neuerdings gesagt worden ist, den Menschen vorprogrammiert: In den frühen, ›archaischen‹ Gesellschaften herrscht eine »ingroup/outgroup-Moral«, und »es ist gewiß kein Zufall, daß Menschen in allen Kulturen die genealogische Verwandtschaft zum zentralen Gerüst ihrer Beziehungen machen ... Die enge Bindung und Begünstigung naher Verwandter ... [schafft] ein hierarchisch abgestuftes Differenzierungsgefälle von der eigenen Familie über den eigenen Stamm, das eigene Volk, die eigene Rasse usw. ...«[42] Demgegenüber sind die Fremden »wie eindringende ›Keime‹ oder ›Parasiten‹ und von der ›Norm‹ Abweichende«[43] und darum abzuwehren oder gar zu vernichten. Ja, volles Menschsein verwirklicht sich überhaupt nur bei den eigenen Blutsverwandten und in der eigenen Sippschaft, allenfalls im eigenen Volk. Die Menschen anderer Völkerschaften sind nicht im vollen Sinne Mensch. Darum bleibt es oft auch nicht bloß bei Fremdheit; wo die Stammesbereiche aneinanderstießen, herrschte eine »natürliche Feindschaft«, wie es der französische Historiker Georges Duby formuliert hat: »Fremde wurden in der Tat als Beute betrachtet«.[44]

Die im 7. Jahrhundert bekehrten Angelsachsen übernahmen das Ideal der irischen Peregrinatio, setzten dabei aber eigene Akzente. Zuerst schon praktizierten sie die seit der Spätantike geübte Wallfahrt zu heiligen Gräbern, besonders nach Rom zum Petrus-Grab.[45] Während manche wieder in ihre Heimat zurückkehrten, blieben andere für ihr Leben in Rom, wo die heutige Kirche »Santo Spirito in Sassia« in der Nähe von St. Peter noch an die alte »Sachsenkolonie« erinnert.[46] Viel folgenträchtiger wurde, daß die Angelsachsen, wie teilweise auch schon die Iren, das Peregrinatio-Ideal mit einem besonderen Eifer zur Mission auffüllten; wie im Evangelium geboten, wollten sie »zu allen Völkern« gehen (vgl. Mt 28,19).[47] Auf diese Weise kamen Willibrord[48] und Bonifatius[49], aber auch andere wie Suidbert und die Ewalde als ›peregrini‹ auf das Festland. Für Willibrord ist die Peregrinatio-Spiritualität darin bezeugt, daß er – wie seine Lebensbeschreibung weiß – bei seinem Aufbruch nach Irland »aus Liebe zum himmlischen Vaterland Haus, Heimat und Verwandtschaft verlassen« habe.[50] Die Trennung vom Heimatland mußte rigoros vollzogen werden; dennoch blieb eine Verbundenheit mit der Familie, von der Mitglieder oft genug in die Peregrinatio nachkamen, zuweilen über Generationen hinweg. In dem von Willibrord gegründeten Echternach stammte noch der dritte Abt Beornrad († 797) aus der Nachfahrenschaft des Stifters; als »Erbe« trat er in die Klosterleitung ein, übernahm obendrein noch Missionsaufgaben in Sachsen und wurde zuletzt Erzbischof von Sens.[51] Beim Suidbert-Kloster, dem heutigen Kaiserswerth, spricht der zeitgenössische Angelsachsen-Historiker Beda ausdrücklich von »Erben«.[52] Auch Bonifatius erhielt Zuzug aus der Verwandtschaft, sogar von Frauen wie Lioba († 782).[53] Besonders auffallend sind die Brüder Willibald und Wunibald; ersterer war Bischof von Eichstätt und letzterer gründete das Kloster Heidenheim, wo dann, weil die Sippe keinen männlichen geistlichen Erben aufzubieten hatte, eine Nonne aus der Familie die Nachfolge antrat.[54]

Erzbischofsamt

Daß Pippin der Mittlere Willibrord zur (Erz-)Bischofsweihe nach Rom schickte, begründet der englische Historiker M. Wallace-Hadrill mit dem Desiderat: »Was Pippin vom Papst wollte, war ein Erzbischof«.[55] Tatsächlich mußte man sich für einen Erzbischof wegen seines nur vom Papst zu verleihenden Amtszeichens, des Palliums (ein über Brust und Rücken herunterhängendes Wollband), nach Rom wenden. Die Päpste waren dabei von dem Bestreben geleitet, jeder Provinz bzw. jedem Volk einen solchen Pallienträger zu geben, diesen aber möglichst an sich zu binden. Die Pallieneinholung in Rom hatte erstmals Gregor der Große bei der Angelsachsen-Mission gefordert; nur nach Entgegennahme dieser Insignie sollte der Erzbischof den Synoden präsidieren und Bischöfe weihen dürfen.[56] Vergegenwärtigen wir uns zunächst die damit vollzogene Wandlung des alten Metropolitenamtes zum Erzbischofsamt. Dem spätantiken Metropoliten oblag der Vorsitz bei den Bischofssynoden wie auch die Weihe neuer Bischöfe. Aufgrund dieser seiner Aufgaben aber konkurrierte er mit den frühmittelalterlichen Landesherren, die sowohl das Synodalrecht wie auch die Ernennung der Bischöfe für sich beanspruchten.[57] Denn regelmäßig ist zu beobachten, daß die Herrscher, um sich die Kirchenhoheit zu sichern, einem bestimmten Bischof eine bevorzugte Stellung gaben; dieser sollte die Synoden leiten und Bischofsweihen vollziehen, dabei selbst aber ganz in herrscherlicher Abhängigkeit verbleiben. Im Westen hat das westgotische Spanien dieses System mit dem Primas in Toledo zur Perfektion gebracht.[58] Im Osten praktizierte es Byzanz in großem Stile über Jahrhunderte hin; der Patriarch von Konstantinopel war nichts anderes als ein »Hofbischof«.[59] Seit der Angelsachsen-Mission aber war das Erzbischofsamt an Rom gebunden.[60] Offenbar sollte es dadurch aus der Königssphäre herausgelöst werden, erschien aber nunmehr wegen der vom Papst vorzunehmenden Palliumsverleihung als Ausfluß päpstlicher Hoheit, und das unterschied den Erzbischof vom spätantiken Metropoliten.

Trotz, ja wegen der Rombindung haben die Pippiniden und Karolinger die erzbischöfliche Stellung Willibrords wie auch die des Bonifatius für sich zu nutzen gewußt. Die römische Rechtsgepflogenheit, jeder Provinz einen Metropoliten – oder nach der neuen Auffassung: einen erzbischöflichen Pallienträger – zu geben[61], erscheint bei Willibrord in der Weise, daß er seine Weihe nicht für einen bestimmten Sitz, sondern für »das Volk der Friesen« erhielt.[62] Pippin aber hat das offenbar anders aufgefaßt, jedenfalls das Amt sofort für sich genutzt, um nämlich einen Oberbischof für sein Herrschaftsgebiet zu gewinnen. Für die noch im Aufstieg begriffene eigene Machtstellung mochte ihm gerade die Verbindung mit einem vom Papst autorisierten Oberbischof vorteilhaft erscheinen. Tatsächlich sehen wir denn auch Willibrord nicht allein in Friesland wirken, sondern auch im Mainland und in Thüringen, im heutigen Luxemburg und in Brabant, zuletzt noch am Niederrhein. Ein solches Wirken ist eigentlich nur denkbar, wenn der an Pippin gebundene Willibrord das Einverständnis seines Herrn auch für ein Wirken außerhalb Frieslands besaß.[63]

Bonifatius erhielt 731 das Pallium für Germanien. Auch er wurde wiederum der erste Kirchenmann für den Herrschaftsbereich der beiden Martell-Söhne Karlmann und Pippin und mußte sich ihrer Oberhoheit unterstellen. Als solcher von den Hausmeiern abhängiger Erzbischof weihte er 739 die Bischöfe für Bayern; indem er als erster Kirchenmann des Frankenreiches wie zugleich Bayerns fungierte, sicherte er auf diese Weise auch die expansive karolingische Oberhoheit.[64] Der Nachfolger des Bonifatius, Chrodegang von Metz († 766), fungierte erneut als einziger Erzbischof für das ganze Reich, wurde obendrein auch wieder Gefolgsmann König Pippins, den er ausdrücklich seinen ›senior‹ nannte.[65] Und so, wie hier seit Pippin dem Mittleren, ist es bis Karl dem Großen geblieben; immer waren die Karolinger bestrebt, für ihr Land einen Oberbischof zu bestellen, den sie in ihre Gefolgschaft aufnahmen, um so die Kirchendinge in eigener Hand zu behalten.

Rom-Orientierung

Willbrord wurde Erzbischof der Friesen und erhielt seinen Sitz zu Utrecht. Daß dabei ein römischer Kirchensprengel entstand, war etwas grundsätzlich Neues. Wie nämlich Bonifatius später ausführte, entstand hier eine »sedes Romano pontifici subiecta« (ein dem römischen

Bischof unterstellter Bischofssitz).⁶⁶ Dies bedeutete nichts weniger als den Umsturz der bis dahin geltenden abendländischen Kirchenverfassung, die auf ekklesialen Kirchenverbänden beruhte, welche in Disziplin, Liturgie und Mission eigenständig verfuhren. Auch die gallische Kirche war ein solcher Verband, eigenständig vor allem in der Liturgie, der »gallikanischen«. Bei missionarischer Aktivität dehnte sich ein solcher Kirchenverband mit allen seinen Eigenheiten aus, und zweifellos betrachtete die gallische Kirche die Gebiete jenseits von Rhein und Waal als ihr missionarisches Vorland, das mit der Christianisierung in ihren Bereich und ihre Zuständigkeit fallen mußte. Eben das auch reklamierte der Kölner Bischof für sich, als er nach 750 Utrecht vereinnahmen wollte. Bonifatius aber argumentierte mit einem anderen Konzept. Seine eigene wie zuvor schon Willibrords Mission waren »römisch«. Die von ihnen bekehrten Gebiete unterstanden darum nicht der gallischen Kirchenhoheit, sondern direkt dem Papst. Folglich mußten diese neu missionierten Gebiete der römischen Kirche unterstellt bleiben und konnten nicht etwa in die kölnische Provinz eingehen; darum dann die Formel »sedes Romano pontifici subiecta«. In der Konsequenz bedeutete das: Der Papst erhielt in den unter seiner Beauftragung missionierten Gebieten eine unmittelbare Hoheit, wie er sie sonst nur im suburbikarischen Italien innehatte; konkret war das die zusätzliche Hoheit eines Obermetropoliten.⁶⁷ Mit Recht konstatiert W. H. Fritze: »So ist denn Willibrords Schöpfung, das [Erz-]Bistum Utrecht, unzweifelhaft der erste Ansatzpunkt der großen, die Geschichte des abendländischen Mittelalters bestimmenden Roma-zentrischen Kirchenorganisation nördlich der Alpen«.⁶⁸ Diese Rom-Zentrierung wurde durch die Reformtätigkeit des Bonifatius auf die ganze karolingische Kirche ausgedehnt, und nur dadurch erübrigte sich das Problem besonderer »römischer« Kirchengebiete neben solchen gallikanischer Art.

Kathedralkloster und ›reine Hände‹

Prägend wirkten die Angelsachsen auch mit dem Priesterbild, das sie ihrer Mission und Kirchenreform zugrundelegten. Anders als die oft ohne Diözesanbindung operierenden Iren verlangte Bonifatius – bei Willibrord sehen wir weniger klar – eine strikte Bindung an Bischof und Bistum; damit bestärkte er für die weitere Entwicklung die diözesane Bischofshoheit. Nicht minder folgenträchtig war, daß die Angelsachsen eine kultische Betätigung nur »mit reinen Händen«, das heißt: ohne Befleckung durch Sexualität, für möglich hielten; andernfalls sei alles

Wirken nichtig.[69] In Fortsetzung bereits spätantiker Tendenzen sollte der Klerus der erforderlichen Reinheit wegen zusammenleben, und von daher waren in England die Kathedralklöster entstanden: das gemeinschaftliche Zusammenleben von Bischof und Klerus, wie es beispielhaft in Canterbury verwirklicht war.[70] Dieses Modell übertrugen die Missionare auf den Kontinent. Die Utrechter Kirchenanlage hat man wegen ihrer Verbindung von Kathedralkirche und Kloster ein »friesisches Canterbury«[71] genannt. Jeder Kleriker mußte, wenn er wirklich der Heilsvermittler sein wollte, rein leben, und das hieß in der angelsächsischen Kirche: klösterlich leben. Infolgedessen war der Bischof immer auch Abt seiner klösterlich lebenden Kleriker. Die von Karl Martell 723 ausgestellte Urkunde für Utrecht beschreibt genau diesen Zustand: »das Kloster, das in den Mauern Utrechts errichtet ist, wo Willibrord unter der heiligen Lebensweise klösterlicher Ordnung Vorsteher ist«.[72] Willibrord war also Erzbischof in seinem Kloster zu Utrecht; hier wie noch in vielen anderen Kleinklöstern lebte sein Klerus, und er war der Abt.[73] Ebenso hat Bonifatius eine Vielzahl von Klöstern bzw. klösterlichen Niederlassungen betreut und geleitet; in der Mehrzahl waren es Männerkonvente, aber auch Frauenklöster, die seiner »Leitungsgewalt«[74] unterstanden.

Indem der Missions- und Seelsorgsklerus gemeinschaftlich zusammenlebte, entstand eine Mischobservanz, die Kleriker und Mönche in ein und demselben Kloster gemeinschaftlich befolgten.[75] Im Bonifatius-Kreis war ein reines Monasterium nur Fulda, sein »Eigenkloster«.[76] Was dabei noch ungeklärt blieb, war die Frage, wie denn nun die oft schon zu Priestern geweihten Mönche zu den quasi-monastisch lebenden Priestern standen. Gerade unter den Angelsachsen wurde ein ›dritter Weg‹ favorisiert; Alkuin etwa, der Hoftheologe Karls des Großen, propagierte den »tertius gradus«, der Mönchtum und Priestertum ineinander verfließen ließ[77], und so trug zum Beispiel sein Schüler Liudger, der spätere erste Bischof von Münster, ein Mönchsgewand, ohne je die Profeß abgelegt zu haben.[78] Unter Ludwig dem Frommen sollte dann in der sogenannten Aachener Gesetzgebung eine Scheidung in streng klösterlich-benediktinisch lebende Mönche und weniger rigoros verpflichtete Kanoniker erfolgen.[79]

Skriptorium

Zunehmende Aufmerksamkeit hat in der Forschung die Schreibtätigkeit der Angelsachsen gefunden.[80] Für die erste Hälfte des 8. Jahrhunderts bildete das Echternacher Skriptorium eine der bedeutendsten kontinentalen Schriftstätten, in der Buchproduktion gutenteils spezialisiert auf Evangelien-Bücher.[81] Wiederum ist der historische Gesamtrahmen zu beachten. Gallien war in der Spätantike eine der fruchtbarsten Literaturprovinzen gewesen: »Die christliche Literatur überflügelte bereits im 4. Jahrhundert die heidnische und übertrifft an Zahl der Autorennamen und der Werke alle übrigen lateinisch sprechenden Provinzen«.[82] Aber nach Gregor von Tours († 594) und der Chronik des sogenannten Fredegar hörten größere Geschichtswerke auf, wie auch das Rechtsleben sich weithin ohne Schriftlichkeit vollzog.[83] Ab etwa 650 entstanden unter irischem Einfluß in Gallien eine Reihe bedeutender Viten, bis dieser Impuls gegen 700 wieder versiegte.[84] Hervortraten nun die Angelsachsen.[85] Willibrord steht genau an dieser Schnittstelle, wie schon mit seiner Mission so nun auch mit seiner Schreibtätigkeit, wohingegen Fulda, die Gründung des Bonifatius, erst gegen Ende des 8. Jahrhunderts zum Schreiben überging. Einen Codex zu verfertigen erforderte nicht nur geübte Hände, sondern zusätzlich noch teuren Beschreibstoff, das Pergament. Der in Willibrords nordhumbrischer Heimat, in der Doppelabtei Wearmouth-Jarrow geschriebene ›Codex Amiatinus‹, der auf 50 zu 78 Zentimeter großen Blättern die volle Bibel enthält, benötigte 515 Kalbshäute.[86] Die großen Bibeln, die während der ersten Hälfte des 9. Jahrhunderts in Tours, dem damals produktivsten Schreibzentrum, entstanden sind und Blattgrößen von rund 50 zu 35 Zentimetern haben, benötigten immer noch über 200 Häute.[87] Ein hoher wirtschaftlicher Preis war erforderlich, den aber das Christentum als Buchreligion erbringen mußte. Die weiteren Folgen waren epochal. Denn bald schon ging es um mehr als nur die Beschaffung der notwendigen Kultbücher. Entdeckt wurde das Buch als Instrument einer ausgeweiteten und verinnerlichten Kultur, wie sie erstmals seit der Antike wieder in der »Karolingischen Renaissance« hervortrat.

Von den Echternacher Mönchen sind uns einige als Schreiber wichtiger Kodizes namentlich bekannt.[88] Ein Laurentius findet sich am Ende eines in Echternach geschriebenen Exemplars des ›Martyrologium Hieronymianum‹, ferner auch am Ende des sog. »Maihinger Evangeliars« (neuerdings in der Universitätsbibliothek Augsburg). Weiter findet sich

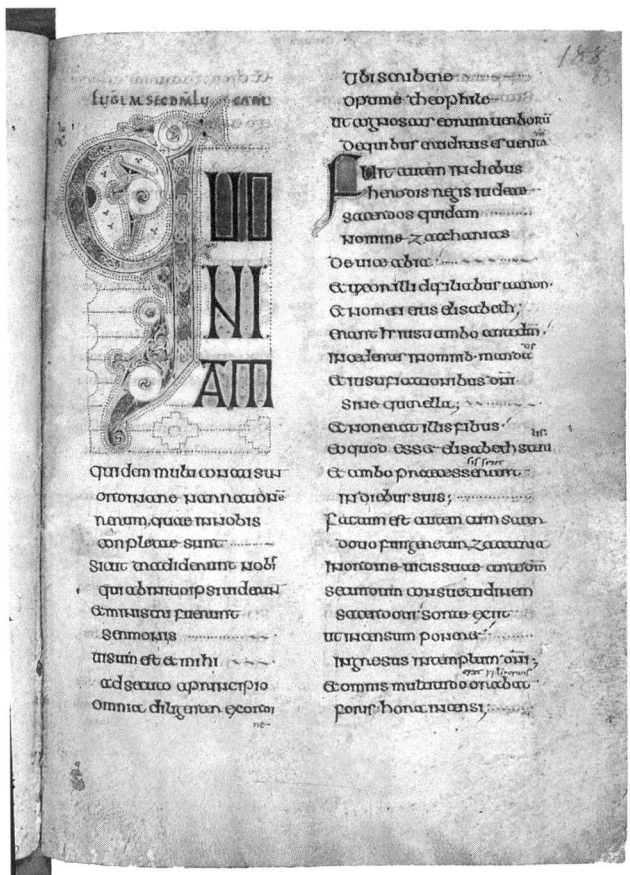

Das erste Wort des Lukas-Evangeliums ›Quoniam‹, geschrieben in Echternach, wohl unter Beteiligung des Schreibers Laurentius

der Name »Virgilius« in einem Kodex mit den alttestamentlichen Propheten (Paris, Bibl. Nat. 92382). Diese Schreiber sind aber zugleich auch unterwegs gewesen, und Laurentius ist bis nach Susteren und Rindern gekommen, firmiert er doch in dort ausgestellten Urkunden als Schreiber mit der Verdemütigungsformel »unwürdiger Priester«.[89] Ebenso hat sich ein Virgilius, gleichfalls Priester, als Urkundenschreiber betätigt.[90] Da in einer regestartig gekürzten Urkunde einmal auch »Laurentius Virgilius« erscheint[91], liegt möglicherweise ein Doppelname vor.

Parallel zum Schreiben ist ein Bemühen um erste Übersetzungen festzustellen, die in den nichtromanischen Gebieten ein neues Erfordernis darstellten. Die Echternacher Kodizes enthalten sowohl altenglische wie altirische wie auch althochdeutsche Glossen; letztere sind die ältesten ihrer Art.[92] Es ging um das Verstehen: im Kloster wenigstens um den Psalter, in den Gemeinden um das Glaubensbekenntnis und Vaterunser. Beda schon hatte daran erinnert, daß ein wirklicher Christ die wichtigsten Glaubenstexte in der eigenen Sprache kennen müsse, und dasselbe forderte auch Bonifatius.[93] Tatsächlich ist festzustellen, daß die angelsächsischen Missionare während des 8. und 9. Jahrhunderts »einen charakteristisch neuen christlichen Wortschatz« schufen; sie vermieden Lehnwörter und suchten heimisches Wortgut christlich umzuprägen[94]; letztlich ging es ihnen um solche Begriffe, »die einer verinnerlichten, vertieften Frömmigkeit entstammen«.[95]

Grabbeigaben

Totenehrung und Grabbräuche scheinen besonders schwer veränderbar zu sein. Nicht von ungefähr stellt das im nachbonifatianischen Missionskreis zusammengestellte »Verzeichnis abergläubischer und heidnischer Bräuche« das pagane Totenbrauchtum an die erste Stelle.[96] Vor welch schwierigen Aufgaben die Missionare standen, kann beispielhaft an den Grabbeigaben veranschaulicht werden. Die von vielen Germanengruppen seit der Spätantike praktizierte Sitte, ihren Toten deren persönlichen Besitz mit ins Grab zu geben – man denke nur an König Raedwalds Schiffsgrab in Sutton Hoo[97] (East Anglia) oder an das Fürstengrab unter dem Kölner Dom[98] oder auch an die Grabkammer des Herrn von Morken[99] – hörte um 700 auf.[100] Allein schon die wirtschaftlichen Folgen hat George Duby als »den unmittelbarsten und wichtigsten Beitrag des Christentums zur ökonomischen Entwicklung« bezeichnet; denn »keine Investition könnte unproduktiver sein als diese und dennoch war sie die einzige, die diese unendlich arme Gesellschaft in großem Umfang betrieb. Die Fortschritte der Christianisierung ließen die Gräber allmählich leerer werden.«[101] Doch wurden die Totengaben nicht ersatzlos abgeschafft. Vielmehr wandelten sie sich unter christlichem Einfluß zu Stiftungen für das Seelenheil, und als solche gingen sie nicht mehr ins Grab, sondern dienten den Lebenden, sehr oft etwa als Armenspeisung. »Die Christianisierung Europas schaffte nicht den Totenkult des Hortens an sich ab, sie veränderte nur radikal seinen Charakter. Was vorher endgültig verloren ... war, wurde nun zeitgebunden und somit fruchtbar«.[102] Des weiteren sollten fortan die Toten bei den Kirchen beerdigt werden, was am Niederrhein sehr deutlich in Gellep zu sehen ist, wo der große Friedhof damals sein Ende fand, ohne daß wir jedoch wissen, wo der neue Kirchhof entstanden ist. Willibrord muß an diesem Prozeß, weil er in seine Zeit fiel, mitbeteiligt gewesen sein.

Bezeugt ist, daß er Schenkungen »für das Seelenheil« (pro remedio animae)[103] annahm, und speziell die vom Grafen Ebroin zu Rindern ausgestellte Schenkungsurkunde spricht, offenbar als erste im Frühmittelalter, auch von den dabei fälligen Gebeten und Meßfeiern.[104]

Sklaverei

Als letzter Punkt, mit dem die Missionare in sozialer Hinsicht befaßt waren, sei die Sklaverei erwähnt. An deren Verschwinden hatten, so Hartmut Hoffmann, die Kirchenleute einen besonderen Anteil: »Zusammenfassend können wir feststellen, daß die Kirche im frühen Mittelalter in mehrfacher Hinsicht bemüht war, das Los der Sklaven zu verbessern. Sie hat sie vor willkürlicher Tötung und Mißhandlung geschützt; sie hat die Sklavenehe anerkannt; sie hat den Verkauf von christlichen Sklaven ins (heidnische) Ausland verboten; und sie hat die Leistungen der Sklaven in ihren Grundherrschaften fixiert und dadurch der willkürlichen Ausbeutung Schranken gesetzt ... Angesichts der neuen Stellung ... scheint es nun nicht mehr angemessen, den ›servus‹ oder das ›mancipium‹ des 9. Jahrhunderts als ›Sklaven‹ zu bezeichnen«.[105] Die Angelsachsen sind in der Sklavenfrage, die schon in ihrem Heimatland ein schweres Problem bildete, mit Sicherheit tätig geworden. So rühmte Bonifatius seinen Mönchen im soeben gegründeten Kloster Fulda nach, sie lebten ohne Sklaven und begnügten sich mit dem Ertrag eigener Arbeit.[106] Echternach hat von Anfang an die besondere Form der zweigeteilten Gutswirtschaft praktiziert[107], daß nämlich das alte Latifundium in einen reduzierten Herrenhof und in nachgeordnete, von Dienstleuten selbständig bewirtschaftete Unterhöfe aufgeteilt wurde, wobei aber der Haupthof des Herrn, der Fronhof, in wöchentlich zwei- oder dreitägiger Arbeit mit bewirtschaftet werden mußte. Die Willibrord-Urkunden zeigen genau diese zweigeteilte Grundherrschaft von Herrenhof und behausten Sklaven (servi casati). Im niederrheinischen Rindern sind es zum Beispiel vier »Behauste« (casati) mit Frauen und Kindern, zu Nütterden drei, wiederum mit Frauen und Kindern.[108] Auch ist in der Umgebung Willibrords von Freilassungen die Rede.[109] Weiter hat er laut Alkuin junge dänische Sklaven gekauft, um sie zu Missionaren für ihr Heimatland zu erziehen.[110] Über Kinder wurde damals verfügt, wie ja auch Willibrord selbst schon in jungen Jahren dem Kloster »geopfert« worden war.[111] Erwachsene Sklaven zu kaufen, auferlegte den Kirchenleuten, ihnen drei Möglichkeiten anzubieten: entweder in die Heimat zurückzukehren oder bei dem freikaufenden Abt,

Missionar oder Bischof zu verbleiben – offenbar als Dienstleute – oder aber, wenn die Freigekauften sich dazu entschließen konnten, Kleriker oder Mönche zu werden.[112] Als später das nordgallische Corbie in Sachsen seinen Ableger Neu-Corbie, das heutige Corvey, gründete, waren unter den Mönchen auch zum Klosterleben konvertierte sächsische Gefangene, welche die Mutterabtei zunächst als Geiseln beherbergt hatte.[113]

Gebetsverbrüderungen

Endlich gaben die Angelsachsen wichtige Impulse für die Gebetsverbrüderungen, bei denen einzelne Personen oder auch geistliche Gemeinschaften sich gegenseitig ihres Gebetes versicherten, zumal für die Zeit des Versterbens und danach. Willibrords berühmtes Kalendar gehört in diesen Zusammenhang.[114] Zwischen 703 und 709 entstanden,

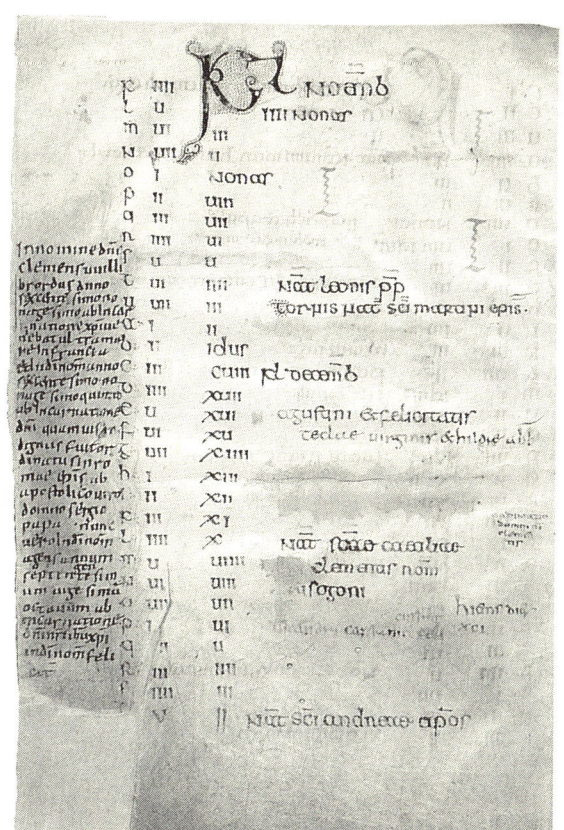

Seite aus dem Kalendar Willibrords mit dem persönlichen Randvermerk

hat er es persönlich benutzt und zum Beispiel seine Bischofsweihe eingetragen: »Im Namen des Herrn. Clemens Willibrordus kam im Jahre 690 nach Christi Geburt herüber in die Francia und wurde in Gottes Namen im Jahre 695 nach der Geburt des Herrn, obwohl unwürdig, in Rom zum Bischof geweiht vom Apostolischen Mann, Herrn Papst Sergius. Jetzt verbringt er im Namen Gottes das Jahr 728 nach der Geburt unseres Herrn Jesus Christus. In Gottes Namen Glück auf!«[115] Zunächst freilich war das Kalendar ein Heiligenkalender, in den jedoch von Anfang an auch Verstorbene mit ihrem Todesdatum eingetragen wurden, deren Zahl sich dann fortlaufend vermehrte. Tatsächlich »liegt im Willibrord-Kalendar das bislang früheste bekannte Zeugnis für nekrologische Gedenkaufzeichnungen im Rahmen kalendarischer Überlieferung vor«.[116] In den Einträgen sowohl der Heiligen wie der Verstorbenen treten Willibrords verschiedene Lebenskreise hervor: Nordhumbrien und Irland, dann das Rhein-Moselgebiet mit Köln, Maastricht und Trier.[117] Auch wissen wir, wie man einen solchen Gedenktag beging; in Echternach wurde der im Kalendar verzeichnete Sterbetag von Willibrords Vater Wilgils[118] mit Gebet und Meßfeier und obendrein noch mit einem Festmahl samt »Minnetrinken« gefeiert.[119] Das Bonifatiuskloster Fulda hat das liturgische Totengedenken, nicht anders als die zeitgenössischen Großabteien, in reichster Form ausgebaut und prakiziert.[120]

Der Niederrhein als missionarisches Vorland

Mission in Friesland

Als erster Missionar wirkte hier der aus Nordhumbrien stammende Yorker Bischof Wilfried. Eigentlich war er auf einer Romreise, mußte aber den Winter 678/79 in Friesland zubringen und erhielt von König Aldgisel die Predigterlaubnis. Wichtiger wurde Willibrord.[121] Zeitweilig war er Wilfrieds Schüler gewesen und hatte anschließend zwölf Jahre in dem ob seiner Studien und Askese gerühmten irischen Kloster Rathmelsigi verbracht. Im Jahre 690 landete er an der Rheinmündung, ging allerdings nicht zum Friesenkönig, sondern ließ sich von Pippin dem Mittleren für die Mission der zurückzuerobernden Friesengebiete gewinnen und wurde sogar dessen Gefolgsmann, indem er den Hausmeier als seinen »Herrn« (senior) anerkannte.[122] Er vollzog damit einen Schritt, der sowohl sein eigenes Leben wie auch noch die Politik Pippins prägen sollte. Einen zweiten nicht minder folgenreichen Schritt vollzog er mit seinen Romreisen, wo er sich 692 den päpstlichen Missionsauftrag und Segen holte, weiter noch 695 die (Erz-)Bischofsweihe erteilen ließ[123]; letzteres geschah, wie Beda berichtet, auf Geheiß Pippins.[124] Mit Recht hat Th. Schieffer die Begegnung Willibrords mit Pippin »ein denkwürdiges Datum [genannt], denn hier reichten sich erstmals jene aktiven politischen und geistigen Kräfte die Hand, die im 8. Jahrhundert die germanisch-lateinische Christenheit zusammenführen sollten«.[125]

In diesen kurzen Nachrichten deutet sich Wesentliches auch der frühmittelalterlichen Mission an.[126] Wie sonst zeigt sich, daß Herrschaft, Volk und Religion eins waren, weswegen ein Religionswechsel niemals Privatangelegenheit sein konnte, sondern als korporativer Akt vollzogen werden mußte. Zudem galt Herrschaft nicht als säkular, sondern verstand sich als abhängig von höheren Mächten, weswegen der Herrscher immer die religiösen Belange mit zu verantworten hatte. Einen Religionswechsel hatte wesentlich er zu entscheiden, freilich unter Mitbestimmung des ihn tragenden (Krieger-)Adels. So war es folgerichtig, daß die Missionare sich an den König wie auch an den Adel wandten. Wenn darum der Friesenkönig Aldgisel den Yorker Bischof Wilfried und dann der Nachfolger Radbod († 719) einen weiteren Angelsachsen namens Wigbert wie noch Winfrid-Bonifatius im Jahre 716 predigen ließen, dürfte daraus abzulesen sein, daß sie sich dem Christentum nicht grundsätzlich versperrten. Zudem war eine Tochter Radbods mit Pippins Sohn Grimoald verheiratet[127] und darum wohl schon Christin, wie obendrein noch ein Sohn zufolge halblegendärer Überlieferung getauft gewesen sein soll.[128] Doch hat offenbar der Adel dem neuen Glauben ablehnend gegenüber gestanden und darum solche aus seinen Reihen, die einem Übertritt zugeneigt waren wie die Vorfahren des ersten münsterschen Bischofs Liudger, außer Landes getrieben.[129] Daß aber Willibrord sich von vornherein auf die Seite Pippins des Mittleren stellte, der das südliche Friesengebiet samt Utrecht, dem friesischen Königssitz Wiltaburg, zurückeroberte, mußte ihn zum fränkischen Emissär machen, gegen den sich die Friesen nur mehr verteidigen konnten. So wurde er denn auch, als nach dem Tode Pippins des Mittleren dessen Schutz für ihn dahinfiel, samt seinen Missionaren vertrieben und die Kirchen niedergebrannt.[130] Erst Karl Martells gänzliche Eroberung Frieslands eröffnete Willibrord ein neues Wirken, über das Bonifatius später gegenüber Papst Stephan II. zusammenfassend schrieb:

»Dieser hat in fünfzigjähriger Predigertätigkeit das genannte Volk der Friesen größtenteils zum Glauben Christi bekehrt, heidnische Tempel und Kultorte zerstört, Kirchen gebaut und einen Bischofssitz mit Kirche zu Ehren des heiligen Erlösers an einem Ort und festen Platz namens Utrecht gegründet. Und an diesem Bischofssitz mit der von ihm erbauten Kirche des heiligen Erlösers hat er bis zu seinem hinfälligen Alter zu predigen fortgefahren.«[131]

Mag heute Willibrord als »Apostel der Niederlande« gelten, so stellt sich dennoch die Frage nach Bekehrungsbemühungen vor ihm, und dabei ist auch der Niederrhein betroffen. Auffällig ist, daß eine Reihe nordgallischer Klöster des 7. Jahrhunderts umfänglichen Besitz am unteren Niederrhein hatten. Es waren fast ausschließlich solche Klöster, die im gallischen Norden die irofränkische Mönchsart vertraten und zudem missionarisch tätig wurden.[132] So drängt sich die Erwägung auf, ob diese Besitzungen nicht irgendwie Vorposten der Christianisierung gewesen sein könnten. Den größten Besitz hatte die Abtei Saint-Vaast zu Arras, die um die Mitte des 7. Jahrhunderts durch den dortigen Bischof Aubert gegründet worden war und deren nördlicher Besitz »in die Zeit vor der Gründung des Bistums Utrecht zurückreicht«.[133]

Die Masse lag zwischen Waal und Rhein: der Haupthof Wolferen mit Ressen, weiter Rossum (an der Waal), Doornik (bei Randwijk), Reet und Aam (bei Elst), Ammerveld sowie Angeren (südöstlich von Huissen), Oosterhout mit Balveren und Baal, Valburg, Hien (bei Dodewaard), endlich auf heute deutschem Gebiet Besitzungen in Emmerich und Zyfflich. Damit hatte Saint-Vaast den mit Abstand »umfangreichsten Besitz am Niederrhein«.[134] Andere anzuführende Klöster verfügten meist nur über Einzelorte bzw. -höfe, so Saint-Amand (Dép. Nord), die Gründung des Belgierapostels Amandus († 676/84), in Herongen, Esserden, Sulen/Praest (bei Emmerich) und Babberich (bei Zevenaar). Saint Bertin/Saint Omer (Dép. Pas-de-Calais) war gleichfalls um die Mitte des 8. Jahrhunderts entstanden, hatte sich aber bei der Kanoniker-Reform von 816/19 gespalten, bei freilich gemeinsamer Besitzverwaltung; neben Gütern im Kölnischen hatte es in den Niederlanden zu Deventer Besitz. Bemerkenswerterweise ist auch das berühmte Corbie (Dép. Somme) vertreten, gegründet gleichfalls nach der Mitte des 7. Jahrhunderts von der Königin Balthilde und dann eine der wichtigsten Reichsabteien der Karolinger. Erst aus dem Spätmittelalter ist dessen Besitz in Huisberden (östl. Kleve) und bei Rees bezeugt, was indes zu der Überlegung verlockt, ob dieser Besitz nicht in karolingischer Zeit als Etappenort auf dem Weg zu Neu-Corbie, zu Corvey an der Weser, gedient haben könnte. Die wiederum um die Mitte des 8. Jahrhunderts entstandene Abtei Saint-Quentin in der Picardie (Dép. Aisne) stand mit ihren Gütern in auffälliger Parallele zu Echternach, nämlich in Rindern, Mehr, Donsbrüggen und Spaldorp (letzteres auf heute niederländischem Gebiet gelegen) sowie in Hüthum (bei Emmerich). Endlich ist an Echternach samt seinem Besitz in und um Rindern zu erinnern.

Willibrord in Rindern

Welcher Art Willibrords Wirken am Niederrhein gewesen ist, ist uns nicht direkt zugänglich. Zudem hatte er hier, weil der Niederrhein zur Diözese Köln gehörte, keine Zuständigkeit, allenfalls als von Pippin favorisierter Erzbischof, der aber doch das jeweilige Diözesanregiment zu respektieren hatte. Am wichtigsten ist die Urkunde des Grafen Ebroin über Rindern. Der Ort selbst dürfte das antike Auxiliar-Kastell Harenatium sein, ist als solcher »ein überaus ergiebiger Fundplatz«; überhaupt findet sich der Übergang zum Mittelalter »nirgendwo so eindringlich dokumentiert und durch urkundliche Überlieferung begleitet wie in Rindern«.[135] Unter dem heutigen Kirchbau kamen römische Reste hervor[136], aber nichts von der Kirche Willibrords noch auch vom römischen Kastell.[137] Die Ebroin-Urkunde ist kirchengeschichtlich von außerordentlicher Bedeutung, bekundet doch der Graf: »in unserer Grundherrschaft Millingen die Kirche (basilica) unserer Patronin Maria, die wir dort gegründet haben, zur Gänze dem heiligen Petrus [zu Rindern] unterstellen zu wollen und es so auch verordnet zu haben«.[138] Mit Recht wird die Übertragung einer (Pfarr-)Kirche an ihresgleichen für ungewöhnlich gehalten und deswegen für Rindern auf ein »Kloster oder Klösterchen«[139] geschlossen. Gestützt wird dieser Schluß durch die reiche Ausstattung Rinderns mit Liegenschaften sowohl im Ort selbst wie weiter in Nütterden, Kleverham, Donsbrüggen und Mehr, was 751/52 noch durch Schenkungen zu Kellen und Viller (an der Niers) vermehrt wurde.[140] Da wenig später benachbarte Schenkungen von Karl dem Großen an Echternach gingen[141], scheint sich hierin das Ende des Klosters anzudeuten.[142]

Aus Rindern stammt ein 1 Meter hoher, 80 Zentimeter breiter und 70 Zentimeter tiefer antiker Weihe-Stein mit der Inschrift, daß Reimser Bürger dem Mars Camulus für das Heil des Kaisers Nero einen Tempel errichtet haben. Die Urheber deutet man als zeitweise in Rindern lagernde Soldaten aus Reims. In unserem Zusammenhang interessiert, daß der Stein heute obenauf Weihekreuze trägt und die für ein Reliquien-Sepulchrum typische Aushöhlung aufweist, was als vorgotische Bearbeitung angesehen wird; folglich müßte der Stein in romanischer

Zeit als Altar gedient haben, wurde indes zu Beginn des 16. Jahrhunderts von humanistisch Interessierten an einem Wegrand aufgefunden, so daß er irgendwann profaniert worden sein muß. Daß aber dieser Stein »von Willibrord als Altar in der neuen Kirche [zu Rindern] aufgestellt und konsekriert wurde«[143], muß Vermutung bleiben.

Der Mars Camulus-Stein aus Rindern

Die Ewalde im westlichen Münsterland

Mehr als über ein Wirken Willibrords am Niederrhein wissen wir über seine Gefährten. Als erste sind die beiden Ewalde anzuführen, die wegen ihrer Hautfärbung der Weiße und der Schwarze hießen und denen Beda in seinen Willibrord-Nachrichten ein eigenes Kapitel widmete: »Wie die Hewalde, seine Gefährten, das Martyrium erlitten«.[144] Ins Gebiet der Altsachsen vorstoßend, baten sie im ersten Dorf den Schulzen, sie mit dem Fürsten, »dem Satrapen«, in Verbindung zu bringen, weil sie eine nützliche Botschaft für ihn hätten. Als aber die Bewohner die beiden wegen ihrer Gebete und ihrer täglichen Meßfeier, wofür sie Sakralgefäße und einen Tragaltar bei sich hatten, als der christlichen Religion zugehörig erkannten, erfolgte ein »Totschlag aus der Heilsangst noch ungebrochener heidnischer Mentalität«.[145]

> Denn die Dorfbewohner »schöpften Verdacht, daß jene, wenn sie zum Fürsten kämen und mit ihm sprächen, diesen von ihren Göttern abbringen und zur neuen Religion des christlichen Glaubens bekehren würden, und so ihr ganzes Land allmählich gezwungen würde, die alte Religion gegen die neue zu tauschen. Daher entführten und töteten sie diese unerwartet, Hewald den Weißen mit einem schnellen Schwertschlag, den Schwarzen aber durch lange Marter und Folter und in schrecklicher Weise durch Ausreißen aller Glieder; die Ermordeten warfen sie in den Rhein. Als dies der Fürst, den sie hatten aufsuchen wollen, hörte, war er sehr zornig, daß den Fremden, die ihn hatten besuchen wollen, dies nicht gestattet worden war, und er ließ alle jene Dorfbewohner töten und brannte das Dorf nieder. Die erwähnten Priester und Diener erlitten den Tod am 3. Oktober.«[146]

Bedas Bericht weist zweifellos typische Elemente eines Märtyrer-Berichtes, einer »Passio«, auf, steht aber zeitlich den Ereignissen noch nahe[147] und enthält nicht wenige ›historische‹ Angaben. So bietet er die früheste Schilderung der altsächsischen Verfassung.[148] Weiter lassen die geographischen Angaben, daß nämlich das Martyrium im Sachsenland stattgefunden habe und dabei die Leichen in den Rhein geworfen worden seien, an einen Ort irgendwo zwischen Arnheim und Wesel denken, »am ehesten im Raum nördlich der unteren Lippe«.[149] Die Leichname selbst, die wegen des Martyriums als heilig galten, konnten geborgen werden; Lichtzeichen machten sie kenntlich, obendrein eine Erscheinung vor einem ihrer Mönchsgefährten namens Tilmon. Wenn deswegen anzunehmen ist, daß »die Hewalde in enger Verbindung zu ihren Mitarbeitern gestanden haben«[150], ist möglicherweise an das Willibrord-Klösterchen Rindern zu denken. Doch erfolgte die endgültige Bestattung weder hier noch auf der direkt links gegenüberliegenden Rheinseite, vielmehr veranlaßten Pippin und Plektrud eine Überführung in die Kölner Kirche St. Kunibert.

Suidbert bei den Brukterern

Die Geschichte des bei Beda weiter noch angeführten Suidbert liefert wiederum nützliche Nachrichten, stellt aber auch unlösbare Probleme. Denn Willibrords Gefährten sollen während dessen erster Romreise Suidbert zur Bischofsweihe nach Britannien geschickt haben, wo ihn, wegen einer Sedisvakanz in Canterbury, der von seinem Yorker Sitz vertriebene Wilfried geweiht habe; der Zurückgekehrte sei zu den Bruktuariern gegangen, habe sich aber nach deren Besiegung durch die Sachsen entfernen müssen und daraufhin an Pippin gewandt,

> »der ihm auf Fürsprache seiner Gemahlin Plectrudis eine Bleibe auf einer Rheininsel gab, die in deren Sprache ›Am Ufer‹ heißt; nachdem er dort ein Kloster errichtet hatte, das seine Erben noch heute besitzen, führte er ziemlich lang ein sehr enthaltsames Leben und beschloß dort den letzten Tag«.[151]

Suidbert muß, da die Brukterer südlich der Lippe saßen, im Gebiet des heutigen Ruhrgebiets und des Bergischen Landes gewirkt haben, bis er sich nach Suidbertswerth (das heutige Kaiserswerth) zurückzog, wo er 713, und zwar am 1. März (wie wir aus Willibrords Kalender wissen), verstarb[152] und wo ihm seine »Erben« nachfolgten.

Für die missionspolitische Situation ergibt sich aus den Nachrichten sowohl über die Ewalde wie über Suidbert, daß die Sachsen dem Christentum aggressiv entgegentraten und schon das Ansinnen einer Bekehrung gewaltsam verhinderten, obwohl doch Pippin die Missionare unterstützte, sie sogar noch in ihrem Tod ehrte. Bonifatius sollte eine Generation später die gleiche Abwehr erfahren, und so blieb ihm sein eigentliches Lebensziel, die Bekehrung der blutsverwandten Sachsen, verwehrt.

Die Epoche Karls des Großen

Kirchenreform

Eine erste »Durchchristianisierung« hat die drei Generationen währende Epoche des karolingischen Großreichs gebracht. Während 714, beim Tode Pippins des Mittleren, gerade nur die Altfrancia wiedervereinigt war, präsentierte sich hundert Jahre später, beim Tode Karls des Großen im Jahre 814, ein Vielvölkerreich von Aachen bis Rom, von Hamburg bis Barcelona, von Bayern bis zur Bretagne. Karls Herrschaftsverständnis beruhte auf dem religionsgeschichtlich fundamentalen »Tun-und-Ergehen-Zusammenhang«, daß nämlich das Wohlergehen des Reiches vom Segen Gottes abhänge und für dessen Erlangung ein richtiger und reicher Kult erforderlich sei, der in Rom sein rechtes und einziges Vorbild habe. Mit der Übernahme der römischen Liturgie mußten entsprechende Bücher beschafft werden, weswegen die vielgerühmte karolingische Bildungsreform, wie deren verdienstvoller Erforscher Josef Fleckenstein sagt, zuerst und »bezeichnenderweise der Liturgie zugute« kam.[153] Denn ihretwegen waren ein Minimum an Lateinkenntnissen und eine allgemeine Verbreitung von richtigen Liturgiebüchern notwendig[154], sodaß sich »die Reform der Kirche in einer Reform der Bildung fortsetzte«.[155] An seinem Aachener Hof ließ Karl Musterkodizes zum Kopieren auslegen.[156] Der Erfolg ist heute noch an Zahlen ablesbar; während aus dem Reich der Merowinger gegen 500 Handschriften und Fragmente erhalten blieben, so aus der Zeit von 790 bis 900 an die 7.000.[157]

Bis in die Dörfer drang der neue Kircheneifer vor. In allen bedeutenderen Siedlungen entstanden Kirchen, die zum Mittelpunkt des religiösen wie auch gemeindlichen Lebens wurden, ja noch – wegen der Beerdigung bei der Kirche – den Toten als Ruheort dienten. Der fortan erhobene Zehnt (jede zehnte Garbe vom Acker und entsprechende Abgaben vom Vieh) schuf genaue Abgrenzungen.[158] Der sonntägliche Kirchgang wurde Pflicht, ebenso die Kenntnis von Vaterunser und Glaubensbekenntnis. Die in Irland entstandene Bußweise der häufigen Beichte begann sich durchzusetzen. Für all das war der Klerus so weit auszubilden, daß er die lateinische Liturgie zu vollziehen wußte und pastoralen Eifer bewies; jährliche Überprüfungen der Amtsführung und eine regelmäßige Instruierung auf Diözesansynoden sollten das sicherstellen.

Der Niederrhein trat dabei in mehrfacher Hinsicht hervor. Schon Bonifatius hatte Erzbischof von Köln werden sollen, und sein erstes programmatisches Reformkonzil – wegen des unbekannten Ortes als »Concilium Germanicum« bezeichnet – bezog sich auf Austrien und hat möglicherweise in Köln stattgefunden.[159] Seit Aachen nach 790 zu Karls fester Residenz aufstieg, trat damit auch die Kölner Kirche hervor. Ihr Oberhirte, Hildebold (787–818)[160], rückte an die Spitze der am Aachener Hof etablierten Reichsverwaltung. Seine »dem kanonischen Recht fremde Sonderstellung eines ›Pfalzerzbischofs‹«[161] ist Ausdruck von Karls oberstem Kirchenregiment, das auf der uralten Religionsvorstellung basierte, derzufolge der König immer auch die priesterlichen Belange mitverwaltete. So stand Hildebold als von Karl berufener Oberpriester der Reichsverwaltung wie der Reichskirche vor, war aber auch Diözesan- und Erzbischof mit einem halben Dutzend Suffraganen, die alle entweder mit Mission zu tun gehabt hatten oder sogar direkt daraus hervorgegangen waren: Lüttich, Utrecht, Münster, Osnabrück, Minden und Bremen. »Der Glanz dieser Stellung strahlt[e] auch auf Köln zurück«.[162] An seinem Sitz errichtete er den »Hildebold-Dom« und begründete die »Dombibliothek«, wo bis heute ein Dutzend von ihm herrührender Handschriften erhalten sind.[163] Indes ist nichts über eine pastorale Tätigkeit überliefert bzw. erhalten geblieben, wie sie etwa in den jetzt einsetzenden »Bischofskapitularien« (bischöfliche Reformbestimmungen) so eindrucksvoll bezeugt ist.

> Beispielsweise verlangte Bischof Ghärbald († 809) im benachbarten Lüttich: Stundengebet der Seelsorgskleriker auf den genauen Glockenschlag, sonntägliche Predigt, Aufteilung des Pfarrzehnt für Kirchbau, Arme, Pfarrpriester (und Bischof), Sorge um Kenntnis von Vaterunser und Glaubensbekenntnis, Gebet für Kaiser und Diözesanbischof, Meßzelebration nur in Kirchen und nicht in Häusern, Einhalten der Taufzeiten bei freilich jederzeitiger Krankentaufe, Verbot von Gebühren für Amtshandlungen, Anwesenheitspflicht der Seelsorger in ihrer Pfarrei, striktes Gebot zur Nüchternheit und deswegen Verbot von Wirtshäusern, ferner Meidung von vertraulichem Umgang mit Frauen, Untersagung von Bürgschaftsübernahme wie von Eidleistung und Waffentragen; endlich bei der Beichte sorgfältige Bußzumessung und bei Sterbefällen die Erteilung von Wegzehrung und Letzter Ölung.[164]

Stift Xanten

Der am unteren Niederrhein wichtigste Ort blieb Xanten, wiederum wegen der Märtyrerverehrung, die nun neue Formen annahm und sowohl die mittelalterliche wie noch moderne Geschichte des Ortes bestimmen sollte. Während der Königszeit Pippins des Jüngeren (751–768), wie eine Münze ausweist, trieb man einen Suchstollen mit erstaunlicher Genauigkeit zu jenem Grab, das heute in der Xantener Krypta als Doppelgrab zu sehen ist, gab indes nur wenige Handbreit über den Gebeinen auf, sodaß 1933 ein unberührter Befund aufgedeckt werden konnte.[165] An anderer Stelle muß man fündig geworden sein, denn auf Reliquienbesitz deuten sowohl Neubauten wie Stiftsgründung hin, sodann der 840 erstmals bezeugte Name ›Sanctos‹ (zu den Heiligen).[166] Zum Jahre

Rekonstruktion des karolingischen Domes mit den westlich vorgelagerten Stiftsbauten

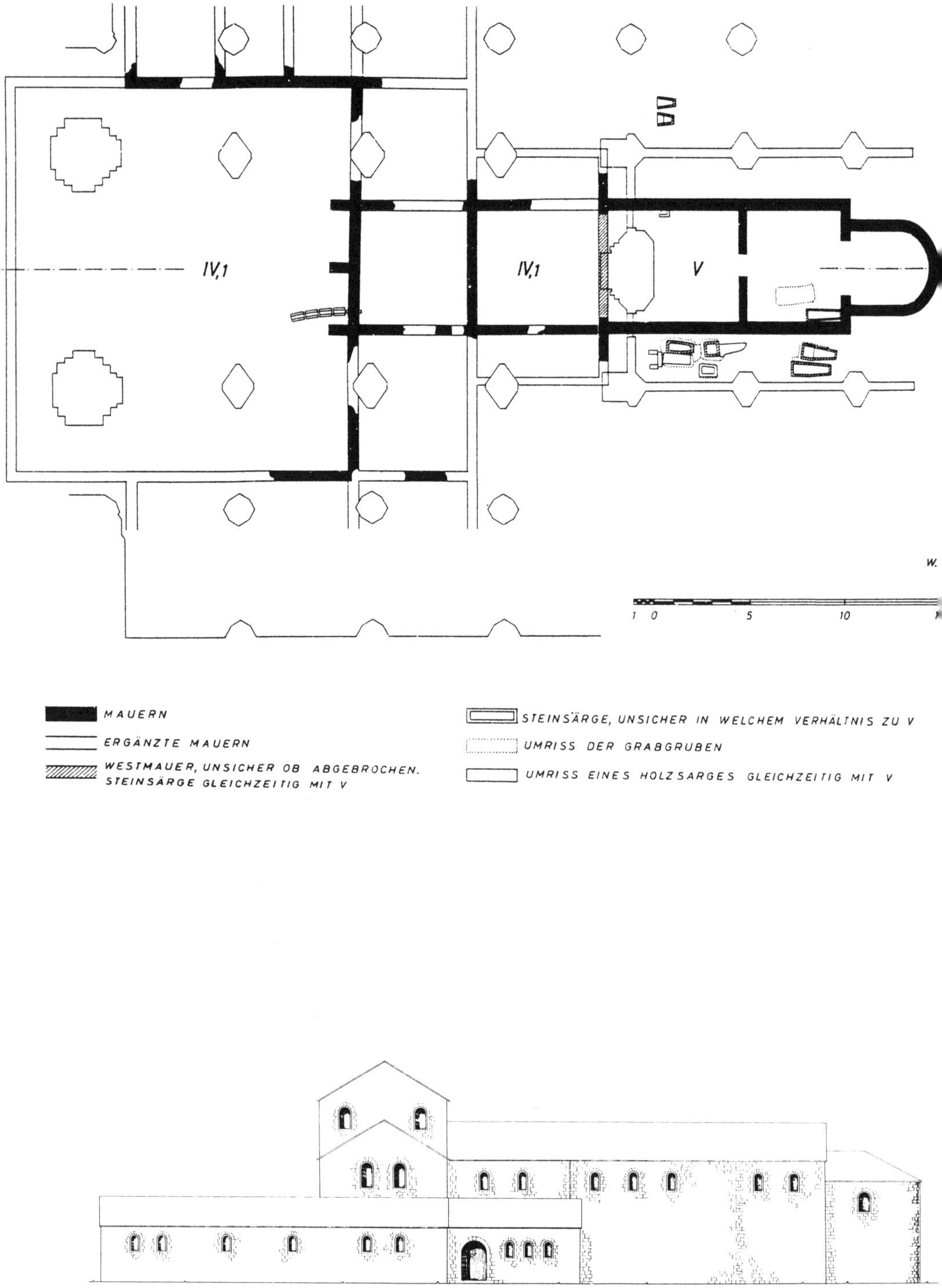

| MAUERN
| ERGÄNZTE MAUERN
| WESTMAUER, UNSICHER OB ABGEBROCHEN. STEINSÄRGE GLEICHZEITIG MIT V

| STEINSÄRGE, UNSICHER IN WELCHEM VERHÄLTNIS ZU V
| UMRISS DER GRABGRUBEN
| UMRISS EINES HOLZSARGES GLEICHZEITIG MIT V

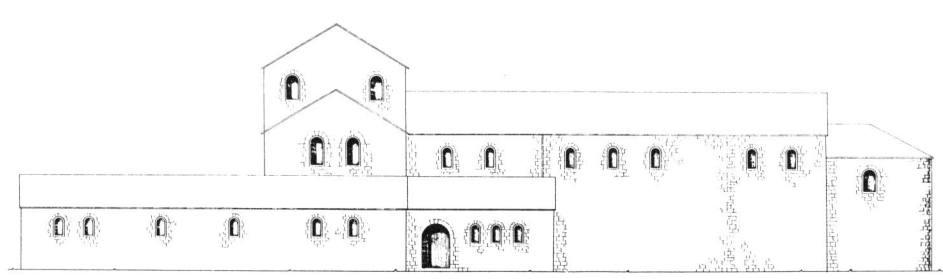

Grabungsbefund und rekonstruierte Seitenansicht der ersten karolingischen Stiftskirche

863 ist anläßlich der Zerstörung der Victorskirche durch die Normannen »der heilige Leib Victors« ausdrücklich erwähnt.[167] Die zur Reliquienerhebung erforderliche Graböffnung haben wir bereits als Brauch der gallikanischen Liturgie kennengelernt und durch Bischof Ebergisel in Birten auch angewandt gesehen. Bei der für 751 erwiesenen Suche ist indes ein inzwischen zusätzlich üblicher Schritt vollzogen worden: die Erhebung zur Ehre der Altäre.[168] Denn die aufgefundenen Gebeine wurden wohl nicht mehr unter dem Altar bestattet, sondern sofort in einen Schrein gelegt, den man in aller Regel hinter dem Altar erhöht aufstellte, und zwar in West-Ost-Richtung, damit der Erhobene mit seinem Gesicht dem von Osten her wiederkommenden Christus entgegensehen konnte; bis heute nimmt der Victor-Schrein diese Position ein. Daß eine solche Einschreinung irgendwann nach 751 vorgenommen worden ist, bestätigt wiederum der nur kurze, aber doch so facettenreiche Annalen-Bericht über die normannische Zerstörung: die Gebeine Victors seien in einem »loculus« (Schrein) gerettet worden.[169]

Der mit der Reliquien-Suche bzw. ihrer Auffindung zu verzeichnende Neubeginn ist hauptsächlich archäologisch auszumachen: zuerst Neubau der Saalkirche auf den alten Fundamenten, dazu nach Osten eine chorartige Erweiterung mit inneren Altarschranken und im Westen eine »nachträglich ... angebaute Klosteranlage«.[170] Zu Beginn des 9. Jahrhunderts erfolgte »der erste große Neubau«, der aber im Vergleich etwa mit Bonn nur erst ein »schwaches Aufleuchten der Kirchenreform« anzeigt.[171] Ungewöhnlich ist die Klosteranlage, bildete sie doch eine nach Westen offene, symmetrisch gegliederte Zwei-Flügel-Anlage. Vor der Mitte des 9. Jahrhunderts muß dann jener »wunderbare Bau« des heiligen Victor errichtet worden sein, der mit seinen Ausmaßen von 58 Metern Länge und 22 Metern Breite »alle folgenden Kirchenbauten festlegte«[172] und über dessen Zerstörung 863 der Chronist der sogenannten Xantener Annalen (die in Wirklichkeit nach Lorsch oder Worms gehören) die bittere Klage ausstieß, daß es alle, die davon gehört und es gesehen hätten, überaus geschmerzt habe.[173] Der nur kurze Bericht enthält gleichwohl genügend Anhaltspunkte für die Dramatik des Geschehens: »Die Geistlichkeit und das ganze Volk entkamen nur knapp ... Den heiligen Leib Victors aber brachte der Propst ..., der ein Pferd bestieg und die Kiste vor sich setzte, mit einem einzigen Priester bei Nacht unter großer Gefahr nach Köln, nur dank der Verdienste des Heiligen.«[174] Selbst die liturgischen Bücher scheinen vernichtet worden zu sein, setzt doch der älteste Bestand des hochmittelalterlichen Totenbuches mit etwa 870 ein.[175] Im Ganzen bietet die Katastrophen-Nachricht Informationen, die den archäologischen Befund bestens bestätigen. Es ist vor allem der schon zitierte »wunderbare Bau« des heiligen Victor, für dessen ergrabene Ausmaße Hugo Borger im Vergleich mit den anderen Stiften der Erzdiözese feststellt, »daß es zu diesem Zeitpunkt der Bauform nach das bedeutendste war, ... unmittelbar hinter der Kölner Domkirche«.[176]

Zuletzt noch erwähnen die sog. Xantener Annalen den Kölner Oberhirten Gunthar, der »in dieser Zeit dort [in Xanten] Leiter und Bischof« war.[177] Die Aussage läßt sich durch einen Rückblick auf Erzbischof Hildebolds Stellung im Bonner Stift präzisieren; derselbe war dort ›rector‹, ›abbas‹ und ›custos‹, also der eigentliche Leiter, der durch einen Propst vor Ort vertreten wurde.[178] Eine solche bischöfliche Oberleitungsgewalt wird man auch für Xanten anzunehmen haben. Doch im Jahre 866 erlangten die Kölner Klöster und Stifte bei ihrem Oberhirten eine Neuregelung. König Lothar II. († 869) bestätigte auf Bitten Gunthars, »daß die Kanoniker im Dom wie in den übrigen Stiften (monasteria) in- und außerhalb der Stadt, die zum Bistum und der Kirche des heiligen Petrus gehören, ohne Mangel zu ewigen Zeiten leben sollen«; genannt sind das Kloster des Christus-Märtyrers Gereon, das Kloster des Christus-Bekenners Severin, das Kloster des heiligen Kunibert, das Kloster der seligen Jungfrauen von St. Ursula, das Kloster der Märtyrer Cassius und Florentius, das Kloster des heiligen Märtyrers Christi Victor sowie die Kirche des heiligen Pantaleon.[179] Für die Stifte und damit auch für Xanten bedeutete das die Unabhängigkeit in besitzlichen und, so weit möglich, auch in geistlichen Angelegenheiten. Der geradezu immense Besitz, den das Xantener Stift im Hochmittelalter innehatte, muß wohl schon in dieser Zeit erworben worden sein, ohne daß wir, wegen der Archivalien-Verluste, darüber noch Kenntnis gewinnen können.[180]

Chorbischof in Xanten?

Die großen Diözesen in Nordgallien und am Rhein bereiteten der geistlichen Administration nicht geringe Schwierigkeiten. Bonifatius hatte die Diözesananbindung neu eingeschärft und dabei die Versammlung des Klerus beim Bischof und andererseits dessen Visitation in den Pfarreien vorgeschrieben. Speziell die bischöfliche Firmspendung, die in der gallikanischen Liturgie von den Taufpriestern vollzogen worden war[181], auferlegte den Bischöfen der Großdiözesen – Köln reichte von Remagen bis vor Utrecht – ein nicht leicht zu bewältigendes Reisepensum. Zur angelsächsischen Kirchenreform gehörten darum »Chorbischöfe« (Landbischöfe), die wir uns als Hilfsbischöfe vorzustellen haben; schon Willibrord hat solche geweiht.[182] Für den Niederrhein stellt sich die Frage, ob Xanten chorbischöflicher Sitz gewesen ist, vergleichbar dem Bonner Stift, wo zumindest ein Propst auch als Chorbischof bezeugt ist.[183] Für Xanten ist uns jedoch kein solches Zeugnis überliefert.[184] Gegen Ende des 9. Jahrhunderts sind dann diese Chorbischöfe zurückgedrängt und ihr Amt zuletzt abgeschafft worden.[185]

Die Ottonen-Zeit

Normannische Raubzüge

Im ganzen ist die Karolingerzeit für das Xantener Stift und den Niederrhein eine aufblühende Periode gewesen. Aber das Ende kam mit einer Katastrophe, mit den Plünderungszügen der Normannen. Den »wundervollen« Victorsbau ließen sie in Flammen aufgehen. Im Jahre 880 erreichten sie Birten, 881/82 setzten sie sich in dem nördlich von Maastricht zu lokalisierenden »Ascloha« fest und unternahmen Raubzüge nach Lüttich, Aachen, Jülich, Köln und Neuß; 883/84 hatten sie ein Lager bei Duisburg.[186] Mag sein, daß sie nicht jede Dorfkirche niederbrannten, wohl aber zerstörten bzw. verunsicherten sie die kirchliche und zivilisatorische »Infrastruktur«. Nach 900 mußte eine gründliche Wiederaufbauarbeit beginnen. Für Köln hat das hauptsächlich Erzbischof Brun (953–965), der Bruder Ottos des Großen, geleistet.

Xanten

Die Quellen sind für die ottonische Zeit weit spärlicher als für die karolingische. Zu vermelden ist Ottos des Großen Sieg über Gieselbert von Lothringen (936), erfochten laut Widukind von Corvey bei Xanten (Xantum)[187], näherhin bei Birten.[188] Diesen Erfolg schreibt Liutprand von Cremona himmlischer Sieghilfe zu[189], und dabei hat man offenbar auch an Victor gedacht. Der Xantener Stiftskirche fiel wohl deswegen die besondere Gunst des Ottonen-Hauses zu; denn es ist »sicher, daß ziemlich bald nach 939 ein neuer [Bau-]Abschnitt begann«, wofür des Kaisers Bruder, Erzbischof Brun von Köln, »der Bauherr« war.[190] Es entstand eine von den Fundamenten auf neuerrichtete Basilika, für die eine Weihe durch Bruns Nachfolger, Erzbischof Volkmar (965–969) erschließbar ist.[191] Von dieser »elegantissima sancti Victoris basilica«, wie sie in der gegen Ende des 10. Jahrhunderts abgefaßten Gereons-Legende heißt[192], hat man archäologisch die Ausmaße wiedergewinnen, nicht aber den architektonischen Charakter rekonstruieren können. Im Innern fand sich ein Altarfundament mit vier Säulen für einen Baldachin, wohl zur Bekrönung der Victors-Reliquien.[193] Für diese auch hat Erzbischof Brun, möglicherweise als spezielles Sieggeschenk an den Heiligen[194], ein goldenes Altar-Retabel gestiftet[195], das bedauerlicherweise 1797 als Kriegskontribution eingeschmolzen wurde.[196] In der Mitte zeigte es einen thronenden Christus, umrahmt von den Evangelisten, dazu als Inschrift: »Res et imago duas fert ista notatque figuras/ effigiatus homo Deus est signatus in auro« – Material und Bild tragen zwei Figuren und bezeichnen sie: der Mensch ist als Gestalt und der Gott durch das Gold kenntlich.[197] Im Xantener Totenbuch findet sich fast die ganze ottonische Familie eingetragen: Otto I. (6. Mai), seine Gemahlin Edith (26. Jan.), Otto II. (7. Dez.), Theophanu (15. Jun.), Otto III. (25. Jan.), Otto des Großen Sohn Ludolf (6. Sept.), ferner seine Tochter Liutgard, verheiratet mit dem Lothringer Herzog Konrad dem Roten und Stifterin des Hofes im rechtsrheinischen Mehr (17. Nov.), endlich noch der Bruder und Erzbischof Brun (10. Okt.).[198]

Thebäer-Legende

Spätestens jetzt ist auch von der Thebäer-Legende zu sprechen. Die mittelalterliche Version hat zum Kern einen Bericht des Bischofs Eucherius von Lyon († 450), der eine von Diokletian zu Agaunum (Wallis/Schw.) verordnete Dezimierung christlicher Soldaten einer ägyptischen, angeblich aus der Thebäis stammende Legion überliefert.[199] Eine Märtyrerverehrung konnte archäologisch bestätigt werden, doch verbleiben historische Unstimmigkeiten. Am Ort selbst pflegte man besonders das Martyrium des Primicerius Mauritius, der bis heute namengebend ist: Saint Maurice. Darüber hinaus finden sich andere Orte mit Thebäer-Martyrien angeschlossen, so Solothurn mit Ursus und Victor. Gregor von Tours ließ die Legende nach Köln übergreifen und machte den dortigen Märtyrer Gereon zum Thebäer. Die Heiligen-Kalender der Karolinger-Zeit erweiterten dann um die Bonner Cassius und Florentius wie auch um den Xantener Victor. Während der Ottonen-Zeit, näherhin nach der von Erzbischof Brun eingeleiteten Restauration in Köln, entstand die folgende Fassung.[200]

Von vornherein ist es die Gruppe Gereon, Victor sowie Cassius und Florentius: Vom Jerusalemer Bischof seien sie getauft und von Papst Marcellinus, dem Vorgänger Silvesters, belehrt worden, und so hätten sie die Waffen des Glaubens zubereitet und sich auf Christus eingeschworen. Der (Mit-)Kaiser Maximianius habe als grausamer Christenverfolger zu Agaunum eine erste Dezimierung angeordnet, der Mauritius mit weiteren Kameraden zum Opfer gefallen sei; von den Entronnenen hätten zu Bonn am Rhein (das seltsamerweise Verona genannt wird) Cassius und Florentius mit weiteren sieben Gefährten und anschließend zu Köln Gereon mit sogar 318 Gefährten das Martyrium erlitten, ja sich als blutiges Opfer Gott dargebracht, wobei man ihre Leiber in einen Brunnen geworfen habe. Als letzter folgt Victor: »Als dies geschehen war, marschierte jene Kohorte, die Victor folgte, zu ihrem anbefohlenen Ort, kam zur Stadt der Franken, die diese nach der Heimat ihrer Vorfahren Troja oder auch Xantum nannten; mit ihrem Anführer errichteten sie ihr Lager auf grünen Wiesen. Gegen sie standen nicht wenige verwegene und blutrünstige Soldaten; sie machten Victor, den tapferen Streiter Christi, mit 318 Märtyrern nieder und warfen ihre Leiber in die Sümpfe«.[201]

Die thebäischen Märtyrer Gereon und Victor

Die Märtyrer der Thebäer-Legende erfuhren insofern eine ungewöhnliche Ehrung, als ihre Stifte zu den ersten des Reiches aufstiegen. »Die alten niederrheinischen Stiftskirchen (Xanten: St. Viktor, Köln: St. Gereon, Bonn: St. Cassius) sind im späteren römisch-deutschen Reich die größten und wohl auch angesehensten Kapitel gewesen und geblieben. Sie haben ein Beispiel gegeben, und nach ihrem Vorbild offenbar haben sich auch an den Gedenkstätten jüngerer Heiliger Klerikergemeinschaften gebildet«.[202] Speziell für den Stiftsbesitz scheinen es »Jahre des Wachstums« gewesen zu sein.[203]

Die Pfarrkirchen

Gründung

Ausgangspunkt bleibt F. W. Oedigers Feststellung über die bischöflichen Pfarrkirchen: »Am linken Niederrhein liegen die Kirchen, die der Bischof hat, in ihrer Mehrzahl in der Rheinebene – man könnte fast sagen an der Römerstraße Köln – Nimwegen: (Nimwegen), Qualburg, Xanten, Ginderich, (Menzelen), Alpen, Reinberg, Repelen, Hohenbudberg, Neuß, Zons-Bürgel, (Dormagen), Worringen ... Das rechte Maasufer zwischen Venlo und Mook (die Grenze zum Bistum Lüttich) weist zwei Kirchenpaare (anscheinend) bischöflicher Herkunft auf: Bergen-Well und Afferden-Heijen, während im Binnenlande nur zwei Kirchen (Kempen und Nieukerk) mit Sicherheit, zwei weitere (Uedem und Winnekendonck) vielleicht als bischöfliche Kirchen bezeichnet werden können.«[204] Insgesamt freilich ist zu konstatieren, daß »sich ein geschlossenes ›System‹ von ›Urkirchen‹ nicht mehr rekonstruieren läßt«.[205]

Gedenkstein des Alfruod aus Qualburg, wohl schon aus dem 8. Jahrhundert

Das Netz der Pfarrkirchen hat sich durch das ganze Mittelalter weiter verdichtet. Für das Archidiakonat Xanten ist gegen 900 – so W. F. Oediger – unter Berücksichtigung alter Orte und früher Patrozinien eine Zahl von 43 Kirchen anzunehmen, die sich dann in den folgenden zwei Jahrhunderten auf 88 verdoppelte und um 1300 die registermäßig überlieferte Zahl von 141 Kirchen und Kapellen erreichte.[206] Am unteren Niederrhein, den man sich nicht zu rasch als »den sächsischen Angriffen ständig ausgesetztes Land [und] nur dünn besiedelt« vorstellen sollte[207], lassen sich erstaunliche Beobachtungen machen. Neben der 720/21 für Rindern bezeugten Kirche stand nordwestlich, nur sieben Kilometer entfernt, die von Millingen, und ostwärts ist in dem fünf Kilometer entfernten Qualburg ebenfalls eine solche anzunehmen, blieb dort doch ein Memorienstein für einen Alfruod erhalten, der ins 8. Jahrhundert datiert werden kann.[208] Weitere Kirchenorte waren Xanten und die seit 777 bezeugte Pfalz Nimwegen, so daß schon für das 8. Jahrhundert eine streckenweise enge Abfolge zu beobachten ist. Der Bauart nach waren es zumeist Holzkirchen, aber vereinzelt auch Steinbauten, freilich alle nur von bescheidenen Ausmaßen.[209] Die Pfarrkirchen stellen eine der großen Leistungen der mittelalterlichen Christenheit dar.

Die für die ältesten Kirchen erhebbaren Daten und Fakten hat Günther Binding in folgender Übersicht zusammengestellt (hier um evidente Auslassungen erweitert):[210]

Kirche	Patron	genannt	archäologischer Befund
Dekanat Straelen			
Geizefurt	?	866	
Weeze	Cyriacus		Friedhof 8., 9. Jh.; Kirchen 10./11. Jh.
Afferden	Cosmas, Damianus		Pfostenkirche 10. Jh.?
Gennep	Martinus		Pfostenkirche
Arcen	Petrus		Kirche wohl 10. Jh.
Uedem	Martinus		Memorienstein 11. Jh.

Dekanat Süchteln			
Mönchengladbach	Maria, Vitus	986/88	Friedhof Anf. 10. Jh.; Kirche Ende 10. Jh.
Rheydt	Alexander	986/88	
Wankum	Martinus		Kirche 10. Jh.
Grefrath	Laurentius		Holzkirchen 10. Jh.
Dekanat Xanten			
Birten	Petrus	um 590	
Millingen [NL]	Maria	721/22	
Rindern	Petrus, Johannes Bapt.	721/22	
Xanten	Victor	863	Cella 5. Jh.; Kirche 752/68
Wesel	Willibrordus		Holzkirche um 800
Qualburg	Martinus		Memoriensteine 8./11. Jh.; Friedhof 7. Jh.
Wardt	Willibrordus		Holzkirche 10. Jh.
Dekant Zyfflich-Nimwegen			
Nimwegen [NL] (Pfalz)	Stephanus	777	
Beek		826	
Alfen [NL]	Petrus		dreischiffige Kirche 10. Jh.
Dekanat Duisburg			
Duisburg	Salvator	893	Kirche 2. Viertel 10. Jh.
Hochemmerich	Petrus	um 900	Holzkirche 8. Jh.
Repelen	Martinus		Friedhof 10. Jh.?
Hamborn	Johannes Bapt.		Kirche 1. Hälfte 10. Jh.

Diese Übersicht berücksichtigt allein solche Kirchen, die durch ein Quellenzeugnis oder archäologische Ergebnisse gesichert sind, vermittelt aber dadurch einen zu schmalen Bestand. Unter Berücksichtigung weiterer Gesichtspunkte, etwa früher Siedlungsorte, frühmittelalterlicher Patrozinien und alter Mutterpfarreien, kommt F. W. Oediger zu seinen erheblich höheren Zahlen: um 900 an die 40 Kirchen und 3 Kapellen, für 1100 dann 65 bzw. 23.[211]

Eigenkirchen

Die große Masse der mittelalterlichen Pfarrkirchen ist, anders als man es vom altkirchlichen Recht her erwarten möchte, nicht von den Bischöfen, sondern vom Adel errichtet worden. Dieser beanspruchte aufgrund seines angeborenen Herrschaftsrechtes auch die Oberhoheit über die Kirchendinge. Auf Reichsebene war das die Königskirche und auf dem Dorf die »Eigenkirche«, die in persönlichem Besitz des lokalen Adelsherrn stand.

> Einen ersten Ansatzpunkt für eine solche Privatheit hatten die Klöster geboten, die zu gründen ursprünglich freie Initiative gewesen war. Königtum und Adel nutzten diese Möglichkeit, um besitzeigene Institutionen zu schaffen. Die Pippiniden und Karolinger verfügten über bedeutende Klöster, die gerade wegen ihres rasch anwachsenden Landbesitzes große Machtfaktoren darstellten. Erstaunlicherweise haben auch die angelsächsischen Missionare, obwohl sonst doch immer auf kanonisches Verhalten bedacht, eine privatrechtliche Behandlung ihrer Klostergründungen zugelassen. Willibrords Abteien Echternach und Süsteren waren eigenkirchlichen Rechts[212], dessen Wahrnehmung sich Nachfahren aus seiner eigenen Sippe mit der Familie der Pippiniden bzw. Karolinger teilten; ebenso besaß Bonifatius Fulda als Eigenkloster, das erst in einem späteren Stadium zum Königskloster wurde.[213]

Grundsätzlich anderen Charakter hatten die Gemeindekirchen; sie waren kirchenöffentlicher Besitz, den der Bischof zum Wohle seiner Herde treuhänderisch zu verwalten hatte und dabei alle Privatinteressen abwehren mußte. Eben das änderte sich mit dem Aufkommen der adeligen Eigenkirchen. Diese bildeten zwar ein kirchlichen Zwecken reserviertes Sondervermögen, gehörten sonst aber dem Adelsherrn, dem auch die überschüssigen Einkünfte zufielen, und das weckte finanzielle Interessen. In dem großen Kölner Sprengel ist die erstbezeugte Eigenkirche die in der Rinderner Willibrord-Urkunde von 721 genannte Marien-Kirche zu Millingen, die der Graf Ebroin ausdrücklich als von ihm gegründet bezeichnet.[214] Wiewohl nur eine Einzelnachricht, dürfte hier exemplarisch bezeugt sein, daß die im Frühmittelalter entstandenen Dorfkirchen in der Regel eigenkirchliche Gründungen waren, nicht selten zum Schaden der kirchlich-öffentlichen Belange und der pfarrlichen Seelsorge. Freilich blieben die Eigenkirchenherren in einem Punkt auf die Bischöfe angewiesen, nämlich in der Weihe der anzustellenden Kleriker. Hier setzte dann die Reform Ludwigs des Frommen (814–840) an: Die von den Eigenkirchenherren zu präsentierenden Weihekandidaten sollten vom Bischof überprüft und nur im Falle ihrer Eignung geweiht werden.[215] Doch wirkte das eigenkirchenherrliche Vorschlagsrecht oft genug wie ein Ernennungsrecht und sogar auch wie ein Abberufungsrecht. Nur insofern hat sich der Anteil der Eigenkirchen verändert, als Besitz von Kirchen in Laienhand zunehmend problematisiert wurde und deswegen viele an Klöster oder Stifte übergingen, dadurch aber dem Bischof weiterhin entzogen blieben; das Stift Xanten hatte um 1300 28 Kirchen.[216]

Patrozinien

Jede Kirche hatte seit der Spätantike ihren Heiligen-Patron.[217] Die Vorstellung vom besonderen Schutz eines Heiligen beruhte auf dem Glauben, daß zwischen der im Himmel weilenden Seele und dem auf Erden ruhenden Leib eine Verbindung bleibe, daß folglich jede Kirche, in der die Heiligengebeine ruhten, der bevorzugte Ort sei, den entsprechenden Himmelsbewohner um seine Fürsprache bei Gott anzugehen.[218] Hinzu kam die von der Gesellschaftsstruktur her vorgegebene Stellung des Patrons, zu dem sich der wirtschaftlich und sozial Schwächere in den Schutz, in die ›Munt‹, begab. Die Heiligen übernahmen nun die Stelle eines himmlischen ›Muntherrn‹, und man erwartete von ihnen hilfreiche Fürsprache bei Gott und mächtige Wundertaten auf Erden. Wie das Xantener Stift Victor »seinen Patron« (patronus noster) nannte[219], so hatte auch jede andere Kirche ihren speziellen Heiligen.

Als am Niederrhein die ersten Kirchen auf dem Lande gebaut und geweiht wurden, war es längst feste Gewohnheit, im Altar ein künstliches Grab, ein ›sepulcrum‹, zur Aufnahme der Gebeine des Titelheiligen anzulegen. Eine Kirche war erst dann eigentlich und endgültig geweiht, wenn der Bischof bei der Konsekration die Reliquien in den Altar eingeschlossen hatte. Mit diesem Akt wurde der jeweilige Heilige der Herr und Beschützer seiner Kirche, und so war es selbstverständlicher

Brauch auch im Archidiakonat Xanten.[220] Schon zur Zeit Willibrords galt: Wer es wagen sollte, die Kirche oder etwas von dem, was zu ihr gehörte, anzutasten, der hatte den Zorn des heiligen Schutzherrn zu gewärtigen: »si quis vero ... factum nostrum (i. e. donationem) irrumpere voluerit Deum omnipotentem et sanctum Willibrordum exinde iratum habeat« (wer diese Schenkung antastet, hat den Zorn des allmächtigen Gottes und des hl. Willibrord gegen sich), sagt die Urkunde, mit welcher der Franke Adelhard aus Verehrung für Willibrord im Jahre 751/752 seinen Besitz in Kellen und Viller der Rinderner Kirche schenkte.[221] In diesem Sinne suchten die Verehrer Zuflucht beim Heiligen und hofften auf sein Eingreifen.

Speziell für die von Willibrord gegründeten Kirchen bietet der angelsächsische Geschichtsschreiber Beda noch eine interessante Notiz: Der Missionar habe sich während seines Romaufenthaltes bei Papst Sergius um Reliquien bemüht, die er bei den Kirchweihen in seinem Missionsgebiet habe verwenden wollen.[222] Mit einiger Wahrscheinlichkeit dürfte darum das Petruspatrozinium zu Rindern, wie es die Willibrord-Urkunden bezeugen, auf solche (Berührungs-)Reliquien des römischen Apostelgrabes zurückzuführen sein. Da die Kölner Kathedrale ebenfalls dem Apostelfürsten geweiht war, ist auch an ihr Vorbild zu denken. Folglich wird man »die 20 und 3 Kirchen, die im Archidiakonat dem hl. Petrus geweiht sind, ... in der Mehrzahl zu den ältesten rechnen dürfen«.[223] Wenn wir darum bei einer Reihe von Kirchen, die im hohen Mittelalter Eigenkirchen des Kölner Stuhles waren, Petrus als Patron antreffen, so in Bergen an der Maas, Kempen, Birten (?), Büderich, Rheinberg, dürfte an den Kölner Dompatron zu denken sein. Dasselbe kann auch bei weiteren alten Peterskirchen unterstellt werden, etwa bei denen des Niersgebietes (Straelen, Aldekerk, Wetten, Hommersum);[224] die Häufung der Petruspatrozinien entlang der Niers ist überhaupt eine auffällige Erscheinung. Als »alte« Kirchen gelten weiter auch Martinskirchen[225] (wiewohl nicht jede Martinskirche zu den frühen Gründungen gehören muß, wie die erst um die Wende des 14. zum 15. Jh. erbaute Martinskirche von Griethausen zeigt); wenn aber in einem Altsiedlungsgebiet bei früh bezeugten Orten wie Bimmen (892), Mehr/Düffel (720/21), Qualburg (8. Jh.), Friemersheim (898, Königsgut) und Gennep (949, Ausgrabungen führen noch weiter zurück) Martin als Patron auftritt, darf man vermuten, alte Kirchen vor sich zu haben; zu erwägen ist, ob dies nicht auch noch für solche Martinskirchen gelten darf, deren früheste urkundliche Erwähnung zwar erst jüngeren Datums ist, die aber im hohen Mittelalter als Mutterkirchen ausgedehnter Kirchensprengel im Altsiedlungsland erscheinen wie Vynen, Repelen und Wankum. Ein weiterer ›alter‹ fränkischer Heiliger war Dionysius mit seinem Grab in Saint-Denis bei Paris. Die diesem Heiligen geweihte Kirche in Nieukerk bewahrt eine alte Altarplatte, die ursprünglich ein römischer Votivstein war und dann ein Reliquien-Sepulchrum und die Inschrift erhielt: »In kalendis octobris dedicatio sancti Dionysii« (Am 1. Oktober Weihe an den heiligen Dionysius).[226] Das Amandus-Patrozinium in Herongen ist an sich nichts Auffälliges, erregt aber dadurch unser Interesse, daß das nordfranzösische Kloster Saint Amand hier schon im 9. Jahrhundert Besitz hatte.[227] Daß Klöster bei ihnen gehörenden Kirchen danach trachteten, auch ihren Patron zu Ehren zu bringen, darf als Regel gelten: Echternach und das Willibrord-Patrozinium in Rindern und Kellen, das Domstift St. Martin zu Utrecht und St. Martin in Emmerich und Veert, die Abtei des heiligen Vitus in Mönchen-Gladbach und die Vituskirche in Well/Maas, die Abtei Denain in Nordfrankreich und deren erste Äbtissin, die heilige Reginfledis, als Patronin in Hönnepel.

Rechts des Rheins

Eine Sonderbetrachtung erfordern die rechtsrheinischen Orte. Schon in der Antike hat es jenseits des Stromes ein römisch kontrolliertes Vorland gegeben, das auch die Franken beanspruchten, nahmen doch die fränkischen Sachsenzüge oft ihren Ausgang von dem an der Lippe-Mündung gelegenen »Lippeham«. Bei der kirchlichen Grenzziehung wurde die Lippe ostwärts von Dorsten zum Grenzfluß zwischen Münster und Köln. Das südlich gelegene Brukterer-Land, in dem Suidbert gewirkt hatte, kam zu Köln, ebenso ein rechtsrheinischer Streifen von Wesel bis vor Emmerich. Daß Wesel zu Echternach gehört haben soll, wie etwa die 780 von Karl dem Großen übertragenen Orte Spellen und Gahlen[228], beruht auf verunechteter Überlieferung. Ausgrabungen legten einen Friedhof der zweiten Hälfte des 7. Jahrhunderts frei, dessen Gräber beigabenlos waren und darum als christlich gedeutet werden.[229] Eine gut 4 Meter breite und etwa 10 Meter lange Holzkirche entstand im späteren 8. Jahrhundert, »nicht viel nach 781/800«.[230] Eine vergrößerte Steinkirche folgte im 10./11. Jahrhundert. Über Rees und seine Anfänge haben wir nur die kaum verwertbaren Angaben einer verdorbenen Nachkriegsgrabung.[231] Das Patrozinium des Heiligen Dentlinus, des Schwesternsohnes der zu Emmerich verehrten Aldegundis[232], erlaubt keine Aussagen. Bedeutender ist die Tatsache, daß die Abtei Corbie hier noch im hohen Mittelalter einen Hof besaß, der nur von einer karolingerzeitlichen Schenkung herrühren kann.²³³ Die für uns greifbare Geschichte beginnt mit dem von der Gräfin Irmgard von Aspel († 1075) bei der Reeser Kirche, dem Beerdigungsort ihrer Eltern, gegründeten Stift.²³⁴

Eine besondere Stellung nimmt Emmerich ein. Eine 828 »in villa Embrici« ausgestellte Urkunde bezeugt eine Schenkung an Utrecht.²³⁵ Tatsächlich gehörte Emmerich – ohne daß wir die näheren Gründe kennen – zum Utrechter Bistum und wurde später sogar Sitz eines Archidiakons.²³⁶ Ein um 1040 entstandenes Reliquiar, die sog. Arche des Heiligen Willibrord, will mit ihrer Inschrift eben diesen Heiligen bezeugen: HE SVNT RELIQVIAE QVAS SCS VVILLIBRORDVS ROME A PAPA SERGIO ACCEPIT ET EMBRIKI TRANSPORTAVIT – dies sind die Reliquien, die der heilige Willibrord in Rom von Papst Sergius erhielt und nach Emmerich brachte.²³⁷ Diese Inschrift bezieht sich evident auf die schon erwähnte Nachricht Bedas über Willibrords römischen Reliquienerwerb.²³⁸ Von den kostbaren Stoffen, in welche die Reliquien der Arche eingewickelt waren, gehen zwei in die Zeit Willibrords bzw. noch davor zurück.²³⁹

Die sog. Willibrordi-Arche zu Emmerich

Aber weder Inschrift noch Reliquiar noch auch die Zugehörigkeit zu Utrecht vermögen die immer wieder unterstellte Gründung durch Willibrord zu bestätigen.[240] Wohl sind 1976/77 unter der 1040 begonnenen Martini-Krypta acht ältere Gräber zum Vorschein gekommen, die als Beweis dafür gelten, daß schon früher eine Kirche bestanden haben muß.[241] Weitere 1986/87 vorgenommene Ausgrabungen ergaben »insgesamt kein geschlossenes Bild«: Zwar zeichnete sich im Bereich der Vierung ein Bau von 20 zu 11 Metern ab, aber »zu einer hinreichend gesicherten Rekonstruktion genügten diese Überreste nicht ... Die angegebenen Maße scheinen für eine einfache Saalkirche zu groß ... Die Möglichkeit einer mehrschiffigen Anlage ... war ... nicht zu untermauern. Zur chronologischen Einordnung ... [legt sich] eine Datierung ins 9./10. Jahrhundert nahe«.[242] Hinzu kommt die Frage, ob die erste Kirche bei St. Martini oder vielmehr im heutigen Stadtinnern bei St. Aldegundis zu suchen ist. Spätere Quellen lassen noch erkennen, daß das Martini-Stift um die Mitte des 11. Jahrhunderts von der Aldegundis-Kirche an seine jetzige Stelle verlegt worden ist[243], wobei die verlassene Kirche als die ältere anzusehen wäre[244] und das Stift den heute noch teilweise erhaltenen Martini-Bau neuerrichtete.[245] Wenn nun aber aufgrund der archäologischen Befunde unter St. Martini eine schon frühere Kirche vermutet werden kann, stellt sich von neuem die Frage nach dem ältesten Kirchenort, der indes letztgültig wohl nur durch weitere archäologische Untersuchungen, sofern sie unter den beiden Kirchen zu Ergebnissen führen, geklärt werden kann.

Die Klöster

Das Gebiet des heutigen münsterischen Diözesananteils am Niederrhein hat lange Zeit kein richtiges Kloster gehabt. Xanten war ein Stift, und die frühesten Klöster lagen oft nur wenige Kilometer jenseits der heutigen Grenzen. Als »ältestes Kloster am Niederrhein« ist das von Suidbert († 713) gegründete Kaiserswerth bezeichnet worden.[246] Indes gehören zwei Willibrord-Klöster zeitlich wie räumlich mit dazu: das »Klösterchen« Rindern – sofern und solange es Bestand hatte – und dann Susteren, südlich von Venlo an der Maas gelegen. In der Ottonen-Zeit entstanden weitere Niederlassungen: 974 die Benediktiner-Abtei Mönchengladbach[247], zuvor schon das heute auf münsterischem, aber damals auf utrechtischem Diözesangebiet gelegene Herren-Stift in Emmerich sowie das benachbarte Damen-Stift Elten, weiter noch das um die Jahrtausendwende gegründete Herren-Stift Zyfflich (nördl. Kranenburg).

Emmerich

Für Emmerich bezeugt die zwischen 962 und 975 abgefaßte Vita des Utrechter Bischofs Radbod (899–917) zum Jahre 914 Priester »aus dem Kloster Emmerich« (de coenobio Embricensi).[248] Dessen Anfänge »könnten bereits im 9. Jahrhundert gelegen haben«.[249] Über den geistlichen Charakter, ob es wirklich ein Kloster oder aber ein Stift war, läßt sich für die Frühzeit nichts ausmachen. Später ist es das Martini-Stift.

Elten

Die Gründung von Elten verlief dramatisch und aus dem damit verbundenen Streit ging zuletzt noch Zyfflich hervor, sozusagen als ›Gegengründung‹. Stifter von Elten war Wichmann, Graf im Hamaland († ca. 973), dessen Vorfahren, so die zeitgenössische Auskunft, »einen großen Teil Deutschlands und besonders die Küste beherrschten«.[250] Tatsächlich handelte es sich »um ein sächsisches Geschlecht ..., das im Hamaland im 10. Jahrhundert die beherrschende Rolle spielte«[251], das nach seinem ›Leitnamen‹ als das der »Meginharde« zu bezeichnen ist und das von Sachsen bis nach Metz verzweigt war. Der söhnelos gewordene Wichmann wandelte seine Burg auf dem Eltenberg[252] in ein Koster um und machte seine älteste Tochter Liutgard zur Äbtissin.

> Am 29. Juni 968 beschenkte Otto der Große das »Kloster der gottgeweihten Schwestern, das Graf Wichmann am Rhein in der Grafschaft Hamalant errichtet hat, das Elten (Eltena) heißt und das er mit einer frommen Genossenschaft gottgeweihter [Jungfrauen] und mit einem großen Teil seines Vermögens ausgestattet hat. An diesem Verdienst wollen auch wir teilhaben und übertragen dieser Kirche, was Wichmann zu Lehen, wir aber als Besitz auf der Insel Urk [im IjsselMeer], im Salland hatten, was weiter der genannte Graf in den Grafschaften Nardinclant [Gooiland] ... und in der Grafschaft Hamalant an Dingen oder Liegenschaften oder Fiskalbesitz innehat – das alles übertragen wir der Genossenschaft des vorerwähnten Klosters und bestimmen, daß die Äbtissin des Klosters darüber freies Besitz- und Verfügungsrecht hat, sofern es nur dem Nutzen des Klosters und der Schwestern dient ...«.[253] Am 3. August 970 bestätigte Otto auf Bitten des Grafen Wichmann die Schenkungen »an die zu Ehren des Erlösers und des heiligen Märtyrers Vitus geweihte Kirche auf dem Berge, der Elten (Altina)

heißt, und an die Schwestern (sanctimoniales), die dort fromm dienen«, insgesamt 17 Höfe in vier friesischen Grafschaften.[254]

Nach der Gründung und Ausstattung erfolgte noch ein weiterer Schritt, Ottos II. Verleihung der Immunität:

> Am 14. Dezember 973 nahm der Kaiser zu Nimwegen auf Bitten Wichmanns und seiner Tochter Liutgarda, »der ehrwürdigen Äbtissin der zu Ehren des heiligen Vitus erbauten Kirche zu Elten (Heltnon)«, das Stift in den gleichen Schutz (mundeburdium) wie die Klöster Quedlinburg, Essen und Gandersheim, wobei die Gottesmägde mit Zustimmung des Bischofs von Utrecht das Recht der Äbtissinnenwahl haben sollten; weiter wird allen Amtsträgern untersagt, den Besitz des Klosters zu irgendwelchen gerichtlichen, steuerheischenden oder sonstigen Amtshandlungen zu betreten, und nur der von der Äbtissin gewählte Vogt darf diese Rechte zum Nutzen der Schwestern ausüben; obendrein erhält das Stift die fiskalischen Abgaben aus der Fischerei im Gau Salland und in der Issel.[255]

Otto III. bestätigte diese Rechtsstellung.[256] Des weiteren hatte noch Graf Wichmann bestimmt, daß jährlich aus dem Stift »zu den Schwellen des heiligen Petrus, des Fürsten der Apostel, ein Pfund Silber nach Rom

Inneres der Eltener Stiftskirche

Kapitell aus Zyfflich

gebracht werden solle«.[257] Begründet war damit Eltens Stellung als eines Reichsstifts. Obwohl ausdrücklich als ›monasterium‹ (Kloster) mit ›sanctimoniales‹ (Nonnen) bezeichnet, ist es »im strengeren Sinne ... nie ein Kloster gewesen«.[258] Ein Stift war es für adelige Frauen und wurde als solches gleichgesetzt mit den vornehmsten des Reiches. Tatsächlich war das Leben dort wohl nichts anderes als »die Fortsetzung der adeligen Haushaltung«.[259] Und so blieb es bis zur Säkularisation.

Die Stiftung gedieh, bis die Äbtissin Luitgard durch Gift starb, wofür ihre Schwester Adela verantwortlich gewesen sein soll.[260] Diese war in erster Ehe mit dem Grafen Immed verheiratet gewesen und Mutter mehrerer Kinder geworden, so des Paderborner Bischofs Meinwerk († 1036), »eines der besten und volkstümlichsten Kirchenfürsten seiner Zeit«.[261] In zweiter Ehe heiratete sie den freien, aber nichtadeligen Balderich, mit dem zusammen sie die Eltener Stiftung anfocht und tatsächlich einen größeren Teil der übertragenen Güter herausbekam[262], soviel sogar, daß Balderich zusammen mit dem übrigen Besitz eine Position erlangte, die ihn ins Grafenamt brachte. Dabei verwickelte er sich in eine Fehde um die Nachfolge im Hattuarier-Gau (zwischen Gennep und Geldern).[263] In die Kämpfe wurden der lotharingische und sächsische Adel, auch die Bischöfe von Utrecht, Münster und Köln hineingezogen. Den direkten Gegner, den Billunger Wich-

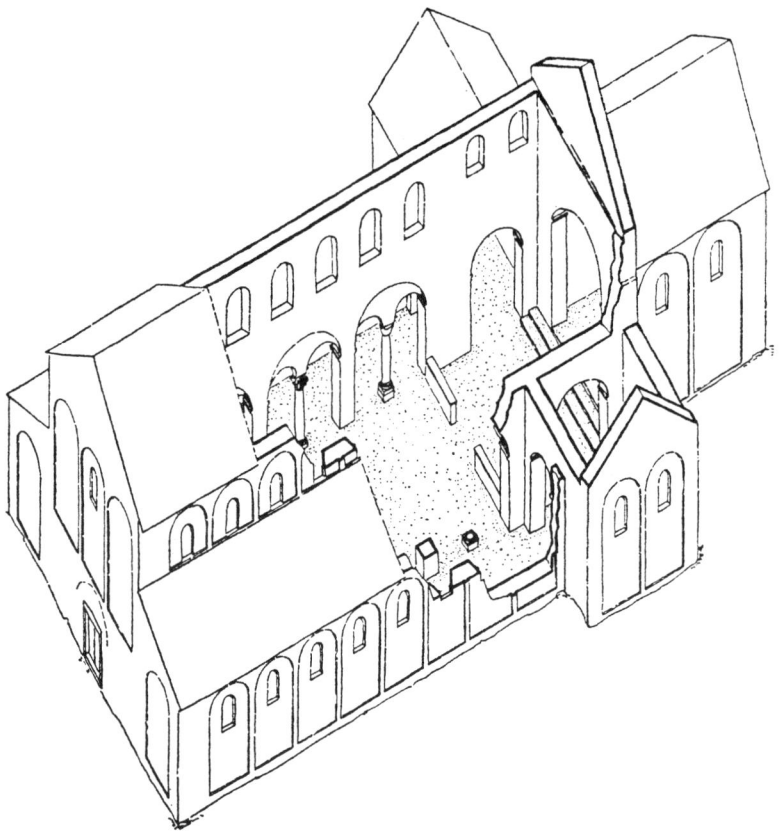

Rekonstruktion der Zyfflicher Stiftskirche

mann von Vreden, soll Adela in persönlicher Anstiftung haben ermorden lassen. Vor der darob drohenden Aburteilung vermochte sie indes der Kölner Erzbischof Heribert, der mit ihr und Balderich verbündet war, zu retten, den Grafen offenbar mit dem Argument der Nichtbeteiligtheit und die zum Tode verurteilte Adela durch beim Kaiser erwirkte Begnadigung.[264] In die Geschichtsliteratur ist Adela eingegangen als ›zweite Herodias‹, ›deutsche Medea‹, ›Mannsweib der schlimmsten Art‹.[265] Ihr Lebensende hat sie in Köln verbracht und zehrte von Pfründen derjenigen Institutionen, die sie mit ihrem Mann besonders reich bedacht hatte, nämlich des Domes und des von Heribert in Deutz gestifteten Benediktinerklosters.

Zyfflich

Für die niederrheinische Klostergeschichte haben Balderich und Adela insofern noch eine besondere Bedeutung, als sie – weil ihnen offenbar das Stift Elten verwehrt blieb – eine eigene Gründung betrieben, und zwar in Zyfflich, dessen Kirche ihr Beschützer Erzbischof Heribert von Köln wohl um 1014/16 weihte[266] und wo Balderich, nicht allerdings Adela, 1021 sein Grab fand.[267] Diese Stiftskirche ist, trotz der schweren Kriegsschäden von 1944/45, immer noch so weit erhalten, daß sie ein Bild abgibt, »wie von keinem anderen rheinischen Bau dieser Zeit«.[268] Gerühmt werden insbesondere die Kapitelle, von denen die figürlichen auf Köln, näherhin auf das Gero-Kreuz, verweisen.[269]

Anmerkungen

1 Ewig, Frühes Mittelalter, S. 13.
2 Ravennas Anonymus, Cosmographia IV,24 (üb. Schnetz), S. 64f.
3 Ewig, Frühes Mittelalter, S. 9.
4 Pirling, Gräberfelder, S. 258.
5 Dies., Krefeld-Gellep, S. 229.
6 Ebd.
7 Dies., Spätantike, S. 83.
8 Dies., Krefeld-Gellep, S. 229.
9 Dies., Spätantike, S. 84.
10 Ebd.
11 Ebd.
12 Dies., Krefeld-Gellep, S. 223.
13 Werner, Adelsfamilien, S. 242–247.
14 Gregor von Tours, In gloria Martyrum 62 (MGH.SRM 1,2), S. 80.
15 Bader, Sanctos, S. 59; Gysseling, Toponymisch Woordenboek, S. 146f.
16 Bridger, Betrachtungen; Siegmund, Xanten.
17 Levison, Bischof Eberigisel.
18 Sulpicius Severus, Vita Martini 11 (BKV 20), S. 33f, Zitat S. 34.
19 Angenendt, Der »ganze« und »unverweste« Leib, S. 35–38.
20 Dassmann, Ambrosius und die Märtyrer, S. 49–68.
21 Angenendt, Ehre der Altäre, S. 221f; McCulloh, Antiquity.
22 Siegmund, Xanten, S. 207f.
23 Levison, Bonn – Verona.
24 Bader, Sanctos, S. 442.
25 Gerritz, Troja sive Xantum, S. 38–65.
26 Ewig, Merowinger, S. 87.
27 Chronicon Fredegarii III,2 (AQDGMA 4a), S. 84.
28 Liber Historiae Francorum 1 (AQDGMA 4a), S. 341ff.
29 Passio Gereonis I,45 (ActaSS Octobris V), S. 38E.
30 Müller, Bischof Kunibert.
31 Ebd., S. 179.
32 Bonifatius, Epistula 109 (AQDGMA 4b), S. 338–342.
33 Müller, Bischof Kunibert, S. 184–186.
34 Mayr-Harting, Coming of Christianity.
35 Schieffer, Winfrid-Bonifatius.
36 Kötting, Peregrinatio religiosa.
37 Charles-Edwards. Peregrinatio; Mordek, Hedenen.
38 Richter, Irland, S. 58; Enright, Iromanie – Irophobie.
39 Prinz, Frühes Mönchtum.
40 Angenendt, Peregrinatio
41 Ders., Monachi peregrini., S. 124–161; v. Padberg, Heilige und Familie, S. 86–109.
42 Vogel, Vom Töten zum Mord, S. 52f.
43 Ebd., S. 55.
44 Duby, Krieger und Bauern, S. 65.
45 Levison, England and the Continent, S. 36–44; Angenendt, Willibald, S. 143–147.
46 Stoclet, Établissements francs, S. 231–233.
47 Prinz, Peregrinatio; Fritze, Universalis gentium confessio.
48 Weiler, Willibrords missie; Kiesel – Schröder, Willibrord; Bange – Weiler, Willibrord.
49 v. Padberg, Wynfreth-Bonifatius; Mayr-Harting, Coming of Christianity, S. 262–273; Reuter, Englishmen.
50 Alkuin, Vita Willibrordi 4 (MGH.SRM 7), S. 119[1].
51 Angenendt, Willibrord, S. 92ff; v. Padberg, Heilige und Familie, S. 20f, S. 162f.
52 Beda, Historia eclesiastica V, 11; Üb., Spitzbat, S. 462.
53 Kasten, Brigitte, Art. Lioba, in: LMA 5 (1991), Sp. 2003.
54 Angenendt, Willibald; Von Padberg, Heilige und Familie, S. 110ff, 117–121, 174f.

55 Wallace-Hadrill, Bede's Ecclesiastical History, S. 184; Angenendt, Willibrord Erzbischof.
56 Kempf, Struktur der Kirche, S. 27–30.
57 Angenendt, Princeps imperii, S. 18–21; Ders., Rex et sacerdos.
58 Claude, Westgoten, S. 98; Orlandis – Ramos-Lisson, Synoden auf der Iberischen Halbinsel.
59 Hunger, Reich der neuen Mitte, S. 61–109.
60 Kempf, Struktur der Kirche, S. 45–55; Vollrath, Synoden Englands, S. 27–30.
61 Epistula Leonis III, 5 (MGH.Ep 5), 61[32].
62 Liber Pontificalis I, 86, 19 (ed. Duchesne), S. 376[16]: »Hic [Sergius] ordinavit Bertoaldum Britanniae archiepiscopum atque Clementem in gentem Frisonum.«
63 Angenendt, Willibrord Erzbischof, S. 36–38.
64 Ders., Kaiserherrschaft, S. 227ff, 234ff; Kaiser, Bistumsgründung, S. 53–56, 60–62.
65 Angenendt, Pirmin und Bonifatius, S, 286f; Oexle, Karolinger, S. 285–289, 328–345.
66 Bonifatius, Epistula 109 (AQDGMA 4b), S. 340[29].
67 Angenendt, Kaiserherrschaft, S. 148–152; Kaiser, Bistumsgründung, S. 52f.
68 Fritze, Entstehungsgeschichte, S. 151.
69 Angenendt, Kultische Reinheit.
70 Schieffer, Entstehung der Domkapitel, S. 171–174.
71 Ebd., S. 178.
72 Heidrich, Titulatur, S. 241, Nummer A 10.
73 Angenendt, Klosterverband, S. 23–27.
74 Semmler, Instituta, S. 89.
75 Ebd., S. 81.
76 Heinemeyer, Fulda, S. 33; Becht-Jördens, Rechtsstatus, S. 26.
77 Oexle, Geistliche Gemeinschaften.
78 Engelbert, Liudger.
79 Semmler, Instituta, S. 101–103.
80 McKitterick, Insular Culture in Neustria, S. 422–429, 431; Huglo, Fragments.
81 Netzer, Echternach, S. 134; O Cróinín, Rath Melsigi.
82 Speyer, Gallia, Sp. 928.
83 Classen, Fortleben.
84 Berschin, Biographie 2, S. 111.
85 Ebd., Bd. 3, S. 1–94.
86 McKitterick, Carolingians, S. 139f.
87 Ebd., S. 140f.
88 Netzer, Cultural Interplay, S. 4–11.
89 Wampach, Echternach, Nr. 31, S. 75; vgl. ebd., Nr. 17, S. 48.
90 Ebd., Nr. 8, S. 30; Nr. 16, S. 46; Nr. 28, S. 70.
91 Ebd., Nr. 32, S. 76.
92 Bergmann, Althochdeutsche Glossenüberlieferung; Muller, Echternacher Klosterbibliothek.
93 Angenendt, Bonifatius, S. 137–141.
94 Haubrichs, Volkssprachliche Schriftlichkeit, S. 265f.
95 Ebd., S. 267.
96 Homann, Indiculus, S. 21–34.
97 Bruce-Mitford, Sutton-Hoo Ship Burial; Hauck, Zum ersten Band der Sutton-Hoo-Edition; Ders., Zum zweiten Band der Sutton-Hoo-Edition.
98 Doppelfeld, Frauengrab; Ders., Knabengrab.
99 Böhner, Grab eines fränkischen Herrn; Doppelfeld – Pirling, Füsten.
100 Fehring, Missions- und Kirchenwesen, S. 568f.
101 Duby, Krieger und Bauern, S. 72.
102 Ebd., S. 73.
103 Wampach, Echternach, Nr. 74, S. 39; Schmid, Stiftungen, S. 57–67; ferner: Borgolte, Gedenkstiftungen.
104 Wampach, Echternach, Nr. 21, S. 75; Angenendt, Missa specialis, S. 169.
105 Hoffmann, Kirche und Sklaverei, S. 21f.

106 Bonifatius, Epistula 86 (MGH.ES 1), S. 193[23].
107 Ganshof, Grondbezit en gronduitbating.
198 Wampach, Echternach, Nr. 31, S. 74.
109 Ebd., Nr. 3, S. 19; vgl. ebd., Nr. 4, S. 22.
110 Alkuin, Vita Willibrordi 9 (MGH.SRM 7), S. 124[3].
111 De Jong, Samuel's Image, S. 50.
112 Vita Eligii 1,10 (MGH.SRM 4), S. 677[23].
113 Translatio sancti Viti (ed. u. üb. Schmale-Ott), S. 36.
114 Gerchow, Gedankenüberlieferung, S. 200–212.
115 Calendar of St. Willibrord (ed. Wilson, Calendar), S. 13; Wilson, Calendar, S. 42f.
116 Gerchow, Gedankenüberlieferung, S. 204.
117 End., S. 203f.
118 Calendar of St. Willibrord (ed. Wilson, Calendar), S. 3; Wilson, Calendar, S. 20.
119 Alkuin, Vita Willibrordi 31 (MGH.SRM 7), S. 137f, 138[8]; Oexle, Mahl und Spende, S. 409ff.
120 Schmid, Mönchslisten; Oexle, Memorialüberlieferung.
121 Bange – Weiler, Willibrord (mit umfassenden Beiträgen).
122 Angenendt, Willibrord, S. 68–82.
123 Ders., Willibrord Erzbischof, S. 33f.
124 Beda Venerabilis, Historia ecclesiastica 5,11; Üb. Spitzbart, S. 462; Wallace-Hadrill, Bede's Ecclesiastical History, S. 183f.
125 Schieffer, Winfrid-Bonifatius, S. 98.
126 v. Padberg, Mission.
127 Liber historiae Francorum 50 (MGH.SRM 2), S. 324[116].
128 Vita Vulframni 4 (MGH.SRM 5), S. 664[17].
129 S. 5.
130 Gerberding, Charles Martel, S. 210–213.
131 Bonifatius, Epistula 109 (AQDGMA 4b), S. 340[4].
132 Fritze, Universalis gentium confessio, S. 84–88.
133 Hövelmann, Klosterbesitz, S. 29.
134 Ebd.
135 Krüger, Klosterkirche.
136 Gorissen, Rindern, S. 18–21.
137 Baumewaerd-Schmidt, Arenacium.
138 Wampach, Echternach, Nr. 31, S. 74f.
139 Oediger, Erzbistum Köln 1, S. 80; Gorrisen, Rindern, S. 37–40.
140 Wampach, Echternach, Nr. 44, S. 108; Gorissen, Kellen, S. 41; Ders., Rindern, S. 43–46.
141 Wampach, Echternach, Nr. 92, S. 157f.
142 Gorissen, Rindern, S. 47f.
143 Fink, Camulus-Stein, S. 17.
144 Beda Venerabilis, Historia ecclesiastica 5; Üb. Spitzbart, S. 431.
145 Schmidt, Christianisierung, S. 7.
146 Beda Venerabilis, Historia ecclesiastica V,10; Üb. Spitzbart, S. 459.
147 Schäferdiek, Hewald, S. 11.
148 S. S. 119.
149 Schäferdiek, Hewald, S. 20.
150 Ebd., S. 31.
151 Beda Venerabilis, Historia ecclesiastica V,11; Üb. Spitzbart, S. 463.
152 Annales Sancti Amandi a. 713 (MGH.SS 1), S. 6; Calendar of Willibrord (ed. Wilson, Calendar), S. 5.
153 Fleckenstein, Josef, Art. Bildungsreform Karls des Großen, in: LMA 2 (1983), Sp. 187–189, 187.
154 Angenendt, Libelli bene correcti.
155 Fleckenstein, Josef, Art. Bildungsreform Karls des Großen, in: LMA 2 (1983), Sp. 187–189, 187.
156 Kottje, Einheit; Bischoff, Hofbibliothek.
157 Ganz, Schreiben in der Karolingerzeit, S. 14.
158 Semmler, Zehntgebot, S. 39.

Farbtafel 1: Liudgers Bücherspiel (Miniatur aus der »Vita secunda«)

Farbtafel 2: Liudger wird nach Utrecht in die Schule gebracht (Miniatur aus der »Vita secunda«)

Farbtafel 3: Karl der Große verleiht Liudger das Kloster Lothusa (Miniatur aus der »Vita secunda«)

*Farbtafel 4: Liudger wird zum Bischof von Münster geweiht
(Miniatur aus der »Vita secunda«)*

*Farbtafel 5: Liudgers Bischofsweihe nach einer Darstellung des 15. Jahrhunderts.
(Billerbecker Altar des Meisters von Schöppingen)*

Farbtafel 6: Der Tod Liudgers
(Miniatur aus der »Vita secunda«)

*Farbtafel 7: Die Aufbahrung Liudgers in Münster
(Miniatur aus der »Vita secunda«)*

*Farbtafel 8: Die Überführung der Leiche Liudgers nach Werden
(Miniatur aus der »Vita secunda«)*

159 Hartmann, Synoden der Karolingerzeit, S. 47–53; Schieffer, Bischof, S. 26.
160 Fleckenstein, Hofkapelle, S. 40–43, 49–52.
161 Schieffer, Bischof, S. 28.
162 Oediger, Erzbistum Köln 1, S. 85.
163 Regesten der Erzbischöfe von Köln Nr. 138 (ed. Oediger), S. 46f.
164 Ghärbald von Lüttich, Erstes Kapitular cc. 1–21 (MGH.Capitula Episcoporum 1), S. 16–21.
165 Bader, Sanctos, S. 434f.
166 Oediger, Zeugnis, S. 201–205.
167 S. Anm. 174.
168 Angenendt, Ehre der Altäre, S. 222–228.
169 S. Anm. 174.
170 Bader, Sanctos, S. 445.
171 Ebd., S. 438.
172 Borger, Frühgeschichte, S. 78, 75.
173 Annales Xantenses a. 864 (AQDGMA 6), S. 354^3.
174 Ebd., S. 354^8.
175 Bader, Totenbuch (ed. Oediger), S. XV.
176 Borger, Frühgeschichte, S. 78, 203.
177 Annales Xantenses a. 864 (AQDGMA 6), S. 354^{29}; Üb. Oediger, Monasterium, S. 211.
178 Regesten der Erzbischöfe von Köln Nr. 96 (ed. Oediger), S. 39; Höroldt, Stift St. Cassius, S. 45, Anm. 91.
179 Regesten der Erzbischöfe von Köln Nr. 213 (ed. Oediger), S, 71.
180 Weibels, Xanten, S. 18–21.
181 Angenendt, Bonifatius, S. 142–158.
182 Ebd., S. 155f; Gottlob, Chorepiskopat, S. 20–25.
183 Höroldt, Stift St. Cassius, S. 48–51; Gottlob, Chorepiskopat, S. 54–57.
184 Ebd., S. 57.
185 Ebd., S. 102–143.
186 Oediger, Monasterium, S. 214, Anm. 18.
187 Widukind, Res gestae Saxonicae II,17 (AQDGMA 8), S. 104^{18}.
188 Adalbert, Continuatio Reginonis 939 (AQDGMA 8), S. 198^{22}.
189 Liutprand, Antapodosis IV, 24 (AQDGMA 8), S. 426f.
190 Borger, Frühgeschichte, S. 203.
191 Oediger, Weihe, S. 70.
192 Passio Gereonis II, 22 (ActaSS Octobris V), S. 40E.
193 Borger, Frühgeschichte, S. 84.
194 Regesten der Erzbischöfe von Köln Nr. 476 (ed. Oediger), S. 146f.
195 Ebd.
196 Wilkes, Domschatz, S. 38f.
197 Beissel, Bauführung, S. 41f.
198 Borger, Frühgeschichte, S. 79, Anm. 173; die folgenden Angaben aus: Bader, Totenbuch (ed. Oediger): S. 38, 14, 92, 48, 14, 71, 87, 79.
199 Van Berchem, Le Martyre.
200 Nieus, La Passion.
201 Passio Gereonis I,45 (ActaSS Octobris V), S. 38E.
202 Moraw, Stiftskirchen, S. 21.
203 Oediger, Monasterium, S. 214.
204 Ders., Pfarrkirchen, S. 23.
205 Ebd., S. 22.
206 Ders., Kirchen des Archidiakonates, S. 89.
207 Ders., Pfarrkirchen, S. 26.
208 Didenhofen, »Alfruod«-Stein, S. 28f.
209 Oediger, Kirchen des Archidiakonates, S. 50.
210 Binding, Ausgrabungen, S. 10.
211 S. Anm. 206.
212 Angenendt, Willibrord, S. 94–104.
213 Heinemeyer, Fulda, S. 33.
214 Wampach, Echternach, Nr. 31, S. 74f.
215 Hartmann, Eigenkirche.
216 Oediger, Bischöfliche Pfarrkirchen, S. 18.
217 Brown, Heiligenverehrung, S. 65.
218 Angenendt, Heilige und Reliquien, S. 80–84.
219 Urkundenbuch des Stiftes Xanten, Nr. 11 (ed. Weiler), S. 6.
220 Stüwer, Patrozinien.

221 Wampach, Echternach, Nr. 44, S. 107; Gorissen, Rindern, S. 43f.
222 Beda, Historia ecclesiastica 5,11; Üb. Spitzbart, S. 460.
223 Oediger, Kirchen des Archidiakonates, S. 45.
224 Stüwer, Patrozinien, S. 53–63.
225 Oediger, Kirchen des Archidiakonates, S. 45.
226 Schiffler, Kerken, S. 66.
227 S. Anm. 133.
228 Wampach, Echternach, Nr. 98, S. 164–166.
229 Borger, Ausgrabungen, S. 92f.
230 Ebd., S. 94.
231 Binding, Ausgrabungen, S. 39–45.
232 Stüwer, Patrozinien, S. 136f.
233 Flink, Rees, S. 19.
234 Ebd., S. 13f.
235 Oorkondenboek Utrecht 1, Nr. 59 (ed. Muller–Bouman), S. 65f.
236 Mulders, Archidiakonat, S. 33–36.
237 Lemmens–Wert, Kunstschätze, S. 27–29.
238 S. Anm. 222; vgl. Alkuin, Vita Willibrordi 7 (MGH,SRM 7), S. 122[12].
239 Lemmens–Wert, Kunstschätze, S. 29–31.
240 Spengler-Reffgen, Martini Emmerich, S. 11–27.
241 Wegener, St. Martini-Kirche zu Emmerich, S. 242.
242 Weber, C., Die Ausgrabungen in der Kirche St. Martini in Emmerich. Kreis Kleve, nicht veröffentlichtes Manuskript, zitiert nach: Spengler-Reffgen, Martini Emmerich, S. 29f, Anm. 143.
243 Flink, Anteil und Stifter, S. 64; Wisplinghoff, Geschichte Emmerichs, S. 69f.
244 Spengler-Reffgen, Martini Emmerich, S. 36f.
245 Frintrup, Gründungsbau, S. 73f; Spengler-Reffgen, Martini Emmerich, S. 34–38.
246 Schäferdiek, Suidberth, S. 1.
247 Bange – Löhr, Gladbach.
248 Vita Radbodi episcopi Traiectensis 8 (MGH.SS 15,1), S. 571a[23].
249 Spengler-Reffgen, Martini Emmerich, S. 28.
250 Albert von Metz, De diversitate temporum 1,1 (ed. Hulshof), S. 5.
251 Wirtz, Hamaland, S. 47.
252 Binding – Janssen – Jungklaaß, Elten.
253 Otto I., Urkunde 358 (MGH.DR 1), S. 492[2].
254 Otto I., Urkunde 397 (MGH.DR 1), S. 540[8]; Oediger, Adelas Kampf, S. 231–235.
255 Otto II., Urkunde 67 (MGH.DR 2,1) S. 80[3].
256 Otto III., Urkunde 235 (MGH.DR 2,2), S. 652[14].
257 Ebd., S. 652[14].
258 Oediger, Adelas Kampf, S. 224.
259 Ebd.
260 Ebd., S. 226.
261 Holtzmann, Sächsische Kaiserzeit, S. 462.
262 Otto III., Urkunde 235 (MGH.DR 2,2), S. 649; Oediger, Adelas Kampf, S. 231–235.
263 Holtzmann, Sächsische Kaiserzeit, S. 460–468.
264 Müller, Heribert von Köln, S. 239–246.
265 Oediger, Adelas Kampf, S. 217.
266 Müller, Heribert von Köln, S. 241, Anm. 175.
267 Ebd., S. 242; Schaefer, Gründungsbau, S. 12–14.
268 Schaefer, Gründungsbau, S. 193.
269 Ebd., S. 158–190.

Zweiter Teil

Das frühe Christentum Westfalens

Die Sachsen

Herkunft und innere Struktur

»Als Volk treten die Sachsen erstmals in der ›Geographischen Anleitung‹ des großen Mathematikers Ptolemaeus († nach 180) auf, der sie im heutigen Schleswig-Holstein lokalisiert... Die moderne Forschung rechnet mit einem spätestens im 3. nachchristlichen Jahrhundert aktiven Stammesbund, der sich in weitgreifender, kriegerisch vorgetragener, aber für neue Bundesgenossen stets offener Bewegung südostwärts ausbreitete« – so die heutige Sicht der Geschichtswissenschaft.[1] Die Südbewegung erreichte gegen 700 Rhein und Lippe, wobei es den Eindruck hat, mit dem Abzug der im Frankenbund zusammengeschlossenen Völkerschaften ins Linksrheinische sei das Münsterland »siedlungsleer«[2] geworden. Doch zeigen neue Grabfunde, etwa in Herzebrock-Clarholz und Beelen, daß mindestens in Ostwestfalen »kein völliger Siedlungsabbruch stattfand«, und außerdem die sächsische Landnahme »für kriegerische Ereignisse keine Indizien« zu erkennen gibt.[3] Im südlichen Münsterland verbliebene Franken wurden von den eindrückenden Sachsen nach 600 überlagert oder endgültig verdrängt.

Ein 1860 in Beckum aufgedecktes Areal mit 80 Gräbern, darunter 15 von Pferden, aus der Zeit um 600 gilt noch als fränkisch[4], ein ebendort 1959 aufgedecktes Gräberfeld aus der ersten Hälfte des 7. Jahrhunderts dagegen als sächsisch. Die neuen Funde umfassen 24 Menschengräber, darunter 16 Brandbestattungen, und 30 Pferdegräber. Dominierend ist das Grab eines etwa 50jährigen Fürsten mit einer Grube schon in der ungewöhnlichen Größe von 2 mal 3 Metern und darin der Sarg samt einer Fülle von Beigaben: einmal als Trinkutensilien ein Eimer, eine Bronzeschale und in der Rechten ein Trinkbecher, zum anderen als Waffen ein Schild, zur Rechten eine schwere Breitaxt und zur Linken ein fast meterlanges zweischneidiges Ringknaufschwert (übrigens eines der kostbarsten Exemplare seiner Art). Umgeben war das Grab von zehn drei- bis fünfjährigen Hengsten, geschirrt noch mit kostbarstem Zaumzeug. Die Ausstattung war zweifellos gedacht für die Reise nach Walhalla, für neuen Heldenkampf und neue Gelage. Der Gesamtbefund dürfte als »Begräbnisplatz einer einzigen führenden Familie... aus der ersten Hälfte des 7. Jahrhunderts [mit dem Fürstengrab] als Ausgangs- und Mittelpunkt« zu deuten sein. Weil der Befund als sächsisch zu deuten ist, wird die Bestattung mit der sächsischen Südbewegung in Verbindung gebracht. Noch jüngere Gräber, die bis 800 datiert werden, gelten als christlich; schauen die älteren nach Nordost, so die jüngeren nach Südwest.[5]

Einen in vielem gleichartigen Befund bietet das Gräberfeld mit wiederum einem Fürstengrab in Wünnenberg-Fürstenberg (südlich von Paderborn), das 1983 zutage kam. Freigelegt wurden 54 Körpergräber, wovon fünf als zeitgleich gelten und um 600 datiert werden, dazu noch neun Pferdebestattungen, wovon zwei merowingerzeitlich sind. Die frühen Bestattungen gelten als fränkisch, während die 200 Jahre späteren von christianisierten Sachsen herrühren. Im übrigen ist vieles gleich; wenn auch nicht so reich ausgestattet, hatte das älteste Grab auch wieder eine Grabgrube von fast zwei zu über drei Metern, worin der Sarg einge-

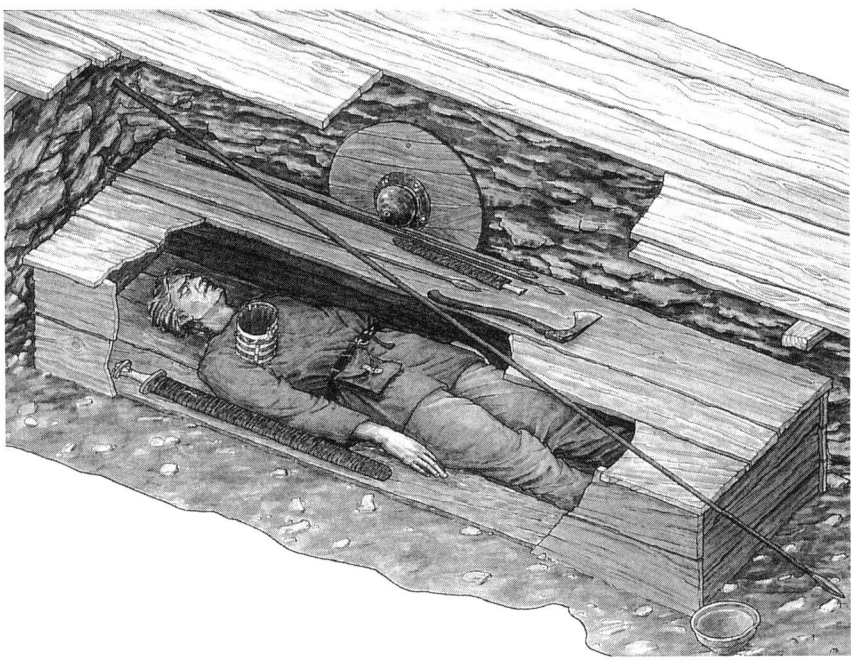

Grab des fränkischen Kriegers aus Wünnenberg bei Paderborn

stellt war mit wiederum einer Fülle von Beigaben: obenauf Schild und Lanze, rechts ein zweischneidiges Schwert und links in Handnähe der einschneidige Sax, sodann eine Schüssel mit Speisen und auf der rechten Brustseite ein Eimer. Wiederum sprechen die Archäologen von einem »Gründergrab«, auf das auch mindestens eines der Pferdegräber zu beziehen ist. Erst um 800 folgten neue Beerdigungen, die durch Kleinkreuze und karolingische Münzen als christlich ausgewiesen sind.[6]

Die erst mit den fränkisch-sächsischen Auseinandersetzungen von 700 an reicher fließenden Schriftquellen vermelden erstmals 775 die Dreiteilung der Sachsen in »Austreludi Saxones« (Ostsachsen, die auch »Ostfala(h)i« heißen), »Angarii« (Engern) und in »Westfala(h)i« (Westfalen).[7] Die Ostsachsen traten mit Hassio auf, die Engern mit Bruno und die Westfalen wenig später mit Widukind, einem ›aus den Ersten der Westfalen‹. Anhand dieser Angaben sind als Organisationsstruktur drei ›Heerschaften‹ erschlossen worden, die – entsprechend der südwärts gerichteten Ausdehnung – streifenartige, nord-südlich gerichtete Siedlungsgebiete innehatten und denen hochadlige Familien als ›Erste unter Gleichen‹ vorstanden. Die Westfalen nahmen das heutige oldenburgische Münsterland, das Emsland, das Osnabrücker Land und das Münsterland ein; östlich schlossen sich die Engern und dahinter die Ostfalen an.

Die wenigen Quellen, die über die ›sächsische Stammesverfassung‹ Auskunft geben, berichten zugleich auch über die Christianisierung. Es ist einmal die schon erwähnte und von Beda überlieferte ›Passio‹ der beiden Ewalde mit dem »frühesten quellenmäßig faßbaren Versuch einer Sachsenmission«.[8] Es ist weiter die wohl in Werden zwischen 840/64 verfaßte ›Ältere Lebensbeschreibung‹ des an der Issel tätigen und in Deventer begrabenen angelsächsischen Missionars Lebuinus/Liafwin († gegen 780). Auf diesen beiden Quellen beruhen »unsere Vorstellungen von den vorfränkischen Verfassungsverhältnissen des sächsischen Stammesverbandes«.[9] Im Bericht über die Ewalde hören wir von einem Dorfvorsteher und dem ihm übergeordneten Fürsten (satrapa), auch davon, daß die Sachsen keinen König hatten, sondern eine Vielzahl von Fürsten, die im Kriegsfall einen Anführer auslosten.[10] Weit ausführlicher ist die ältere Lebuins-Vita. Sie enthält »Nachrichten über Lebuins Fahrten in das Innere Sachsens und sein Auftreten vor der Stammesversammlung in Marklo von guter Tradition, vielleicht der Hausüberlieferung der im ›Suidergo‹ [dem heutigen Münsterland] begüterten Familie von Lebuins Förderer Folcbert«.[11]

»Die alten Sachsen hatten keinen König, sondern ihre Gaue waren Häuptlingen unterstellt; und es war Sitte, daß sie einmal jährlich eine allgemeine Versammlung mitten im Sachsenland an der Weser bei einem Ort abhielten, der Marklo heißt. Dort kamen alle Häuptlinge zusammen und aus jedem Gau 12 ausgewählte Edle und ebenso viele Freie und Halbfreie. Dort erneuerten sie die Gesetze, saßen über bedeutende Sachen zu Gericht und entschieden bei diesen gemeinsamen Versammlungen, was sie das Jahr über im Krieg und im Frieden unternehmen wollten. Der vorhergenannte Folcbert hatte einen Sohn namens Helco, der mit anderen jungen Männern zur bevorstehenden Versammlung dorthin reisen sollte. Als sich der Vater eines frühen Morgens mit seinem Sohne unterhielt, sagte er unter anderem: »Ich bin in Sorge um meinen lieben Wine« – so nannte er ihn nämlich gewöhnlich –, »er könnte vielleicht auf Leute stoßen, die ihn hassen und ihn entweder selbst umbringen oder Leute zur Versammlung mitnehmen, die ihn töten sollten«. Als sie noch so sprachen, begannen die Hunde im Hof zu bellen und wild auf einen Ankömmling loszufahren. Der vorhergenannte junge Helco ging zur Türe, um nachzusehen, welcher Fremde gekommen sei, und siehe da, da stand der heilige Lebuin umringt von den Hunden und wehrte sie mit einem Stock ab. Helco lief hinzu, vertrieb die Hunde und brachte den Mann voll Freude zum Vater. Sie begrüßten einander lebhaft, und als sie sich dann niedersetzten, sagte Folcbert zum Manne Gottes: »Es trifft sich gut, mein lieber Wini, daß du gekommen bist, sehr gut sogar; ich wollte dich ohnedies schon sehen, um mit dir reden zu können. Wohin willst du jetzt weiterwandern?« Der Mann Gottes antwortete: »Ich beabsichtige, zur Versammlung der Sachsen zu reisen«. Folcbert erwiderte: »Vielen von uns, mein lieber Wini, bist du lieb; und besonders ich finde das, was du gewöhnlich erzählst, sehr schön. Ich höre aber auch, daß so manche ungebärdige junge Leute dich schmähen und dir drohen. Höre mich bitte an und gehe ihnen aus dem Wege! Reise nicht zur Versammlung, sondern kehre in dein Haus zu deinem Freund Davo zurück! Wenn diese Versammlung dann vorüber sein wird, wird die Fahrt weniger gefahrvoll sein, in Sicherheit kannst du dann zu uns kommen und wir werden für deine Worte ein bereites Herz haben«. Der Mann Gottes antwortete: »Ich kann nicht anders, ich muß zu dieser Versammlung gehen, denn Jesus Christus selbst hat mir aufgetragen, daß ich den Sachsen dort seine Botschaft verkünde«. Da sagte er: »Du wirst ihnen nicht entkommen!« – »Ich werde sehr wohl entkommen,« erwiderte jener, »da mich der schützen wird, der mich gesandt hat«. Da er ihn nicht überzeugen konnte, entließ er ihn. So war der Tag der anberaumten Versammlung gekommen: es kamen die Häuptlinge, und auch die anderen, die da sein sollten, waren anwesend. Als sie sich gemeinsam versammelt hatten, flehten sie der Sitte nach zuerst zu den Göttern, baten um deren Schutz für ihr Vaterland und daß sie ihnen die Kraft geben möchten, bei dieser Zusammenkunft Entschlüsse zu fassen, die ihnen vorteilhaft und den Göttern genehm wären. Dann reihten sie sich zu einem großen Kreis, und die Reden begannen. Doch siehe, plötzlich stand der heilige Lebuin mitten unter ihnen, angetan mit dem Priesterkleid, das Kreuz – wie es heißt – und das Evangelium in den Händen, und rief mit erhobener Stimme: »Hört, hört! Ich bin ein Bote des allmächtigen Gottes, sein Gebot überbringe ich euch Sachsen«. Alle verstummten überrascht von den Worten und dem ungewöhnlichen Äußeren des Mannes. Der Mann Gottes setzte seine Rede fort und sagte: »Das ist die Botschaft Gottes, des Königs des Himmels und der Erde, und seines Sohnes Jesus Christus an euch: Wenn ihr die Seinen sein und das tun wollt, was er euch durch seine Diener aufträgt, wird er euch soviel Gutes erweisen, wie ihr es nie zuvor gehört habt«. Er fügte dann noch hinzu: »So wie ihr, Sachsen, bis jetzt keinen König über euch gehabt habt, wird es auch in Zukunft keinen König geben, der euch beherrschen und sich unterwerfen kann. Wenn ihr aber nicht die Seinen werden wollt, hört seinen Spruch an euch: Im Nachbarland steht ein König bereit, in euer Land einzudringen, es zu plündern und zu verwüsten, in vielen Kriegen euch aufzureiben, in die Verbannung zu schleppen, zu enterben und zu töten und euer Erbteil zu geben, wem er will; ihm und seinen Nachkommen werdet ihr dann unterworfen sein«. Da hielten sie nicht länger still; es erhob sich ein Lärmen, und sie schrien: »Hier, hier ist ja jener hergelaufene Betrüger, der mit seinen verrückten Phantasiereien durch unser Land zieht; schnell, packt und steinigt ihn!« Ungeachtet des Einspruchs jener, die größere Einsicht besaßen, liefen sie in den benachbarten Hain und spitzten die von dort mitgenommenen Pfähle zu, um ihn, wie es bei ihnen Sitte war, mit Pfählen zu töten. Zurückgekehrt bildeten sie einen Kreis um ihn, doch plötzlich war er verschwunden, wiewohl er mitten unter ihnen stand. Da waren die einen verwirrt, die anderen, die sie vorher abzuhalten versucht hatten, empört, alle aber verurteilten diese böse Tat. Da schwang sich ein Redner namens Buto hoch auf einen Baumstumpf und rief allen zu: »Hört meine Worte und urteilt. Wenn die Normannen, Slawen, Friesen oder sonst Leute von einem beliebigen Stamm Boten zu uns schicken, nehmen wir sie friedlich auf und hören sie ruhig an. Nun aber ist Gottes Bote zu uns gekommen und siehe, mit wieviel Unrecht haben wir ihn verfolgt! Glaubt doch, daß seine Worte ebenso wahr sind wie er unseren Verfolgungen leicht entkommen konnte; und das, was er uns angedroht hat, wird sicher eintreten!« Daher beschlossen sie, von Reue ergriffen, niemand dürfe dem Boten Gottes etwas antun, wenn er fortan irgendwo auftauche; er sollte vielmehr in Frieden entlassen werden, wohin auch immer er gehen wolle. Danach setzten sie die begonnenen Beratungen untereinander fort. Der heilige Lebuin aber wanderte, wohin ihn der Geist Gottes führte, und ließ nicht ab vom Werke Gottes, bis er seine teure Seele Gott empfahl.«[12]

Szenen von »novellistischem Charakter«[13] verbinden sich mit einzigartigen Sachinformationen. Der Hof Folcberts erscheint als »liebevoll ausgemalte ... Idylle münsterländischen Adelslebens«[14] und bietet zugleich ein Beispiel für die Gespaltenheit des sächsischen Adels, gibt sich doch der Hofherr, obwohl noch nicht getauft, als »um meinen lieben [Liaf-]Wine« besorgt und damit dem Christentum zugeneigt. Hier scheint auf pittoreske Weise auf, was der Forschung seit langem klar ist, »daß Karl der Große im sächsischen Adel eine große Zahl von Parteigängern hatte« und dabei oft sogar »die Parteistellung quer durch viele Familien verlief«[15], wofür noch unser Folcbert ein Beispiel bietet, sind doch für ihn »widukindische Zusammenhänge«[16] erschließbar. Versammlungsort war das »nicht sicher lokalisierte«[17], aber am ehesten mit Rehme (zwischen Herford und Minden) zu identifizierende Marklo an der Weser.[18] Ein geradezu stürmisches Forschungsinteresse haben, ob ihrer anscheinend urdemokratischen Züge, die Angaben über Turnus, Zusammenkunft und Verhandlungsweise erregt: Jeder Gau — wohl die Kleingaue und nicht nur die drei großen Heerschaften — entsandten zur jährlichen Zusammenkunft zwölf Edle mit ebenso vielen Freien und Halbfreien, um anstehende Rechtsfälle zu beurteilen und über Krieg und Frieden zu entscheiden. Nicht ein König bestimmte, sondern ein »Repräsentativparlament«[19], das sich freilich vom Klientelwesen her aufbaute: die »Satrapen« als Gaufürsten zusammen mit den Edlen und dann die unter ihrer Oberhoheit stehenden Freien und Halbfreien.[20] Bevor die Versammlung in den Kreis ging und ihre Verhandlungen aufnahm, »flehte sie zuerst zu den Göttern«, womit wir auf heidnischer Seite denselben Synergismus von Religion und Politik vorfinden wie im frühmittelalterlichen Christentum. Der am Ende zu Bedacht mahnende Buto könnte der »Kultredner«[21] gewesen sein, von dem ein gleichnamiger Verwandter wahrscheinlich zu den ersten Stiftern Corveys gehörte.[22] Als geradezu singulär darf im Blick auf das Konzept von frühmittelalterlicher Mission gelten, daß dieser Buto über »differenziertere Denkmöglichkeiten«[23] verfügte, wie ebenso der Missionar Lebuin »sorgfältig zwischen Christentum und Frankenreich differenzierte«.[24] Denn sein zentrales Argument lautete: Wenn man ihn, den Boten Gottes, nicht höre, dann erst werde der im Nachbarland bereitstehende Frankenkönig über sie kommen. Dessen zu erwartende Aktionen sind – als Vaticinium ex eventu – in »exakter Beschreibung der tatsächlichen Vorgänge«[25] wiedergegeben: unausgesetzter Krieg mit Plünderung und Verwüstung, Konfiskation des Besitzes und Verschleppung der Bevölkerung, zuletzt dann die Unterwerfung. Man war sich also im

9. Jahrhundert, als von Sachsen aus die Mission Skandinaviens anstand, durchaus der Problematik einer vom Reich vorangetriebenen Christianisierung bewußt; man kannte wenigstens der Theorie nach auch eine ›freie Mission‹.

Verhältnis zu den Franken

Seit dem 6. Jahrhundert unterstanden die Sachsen einem fränkischen Tributärverhältnis. Zum Dauerkrieg kam es mit dem sächsischen Vorstoß nach Süden, mit der »Saxonisierung«[26] der im Westmünsterland ansässigen Chamaven und dem Überfall der fränkischen Brukterer um 700. Karl Martell führte 718 einen Gegenstoß bis an die Weser[27], und noch 738 zog er von der Lippe-Mündung gegen »die Sachsen, jene unverbesserlichen Heiden« und »suchte mit schrecklichem Blutvergießen den größten Teil dieser Gegend heim, befahl diesem ganz ungebärdigen Volke, teilweise Abgaben zu leisten, und nahm möglichst viele Geiseln«.[28] In einem Papstbrief von 739 spiegelt sich des Bonifatius Hoffnung auf Bekehrungen »aus den Völkern Germaniens, welche unser Gott durch seine Güte aus der Gewalt der Heiden befreit und durch Dein [des Bonifatius] und des Frankenfürsten Karl Bemühen an die hunderttausend Seelen im Schoß der heiligen Mutter Kirche zu versammeln geruht hat«.[29] Es können aber nur Erfolge in den Grenzgebieten gewesen sein. Ein Feldzug im Jahre 753 verlief wiederum brutal[30], ging bis »Rimi ... super Wisuram«[31], wobei der Kölner Bischof Hildeger zu Tode kam (wie schon bei einem früheren Zug Gerold von Mainz)[32] und die Sachsen die Zulassung christlicher Missionare versprechen mußten.[33] Ein Angriff im Jahre 758 richtete sich gegen die Westfalen und ihre Festung Sythen bei Haltern.[34]

Karls des Großen »eiserne Zunge«

Zwangsmission

Als der 25jährige und eben erst zur fränkischen Gesamtherrschaft aufgestiegene Karl der Große 772 erstmals gegen die Sachsen zog[35], zielte er in Richtung Porta Westfalica[36], eben dorthin, wo wahrscheinlich Marklo zu lokalisieren ist. Die Friedensverhandlungen ergaben die Gestellung von zwölf sächsischen Geiseln.[37] Zuvor hatte Karl, wie die Reichsannalen berichten, die Überlegenheit des Christengottes dadurch beweisen wollen, daß er die Irminsul zerstörte, jenes engrische Baumheiligtum, das wohl in oder bei der Eresburg gestanden hat.[38] Offenbar aus Verbitterung über diesen Sakralfrevel führten die Sachsen im nächsten Jahr, als Karl auf einen päpstlichen Hilferuf hin die Langobarden bekriegte[39], einen gezielten Racheschlag[40]: gegen das älteste Bonifatius-Kloster Fritzlar und gegen die zeitweilig als Bischofssitz genutzte Büraburg.[41] Als Karl im Herbst 774 als Langobarden-Sieger heimkehrte, faßte er auf einer Winterversammlung in der Pfalz Quierzy (an der Oise, Dep. Aisne) den Entschluß – wie wiederum die Reichsannalen mitteilen –, die ungläubigen und vertragsbrüchigen Sachsen mit Krieg zu überziehen und solange durchzuhalten, bis sie entweder besiegt und der christlichen Religion unterworfen oder aber gänzlich ausgerottet seien.[42] Mag es auch Karl gerade entscheidend auf die Umkehrbarkeit dieser Formel angekommen sein, um, statt töten zu müssen, taufen zu können, so löste sein Vorgehen schon bei den Zeitgenossen Entsetzen aus, bezeichnen ihn doch nordhumbrische Annalen als im Blutrausch von Sinnen gekommen.[43] Tatsächlich werden zum Sachsenzug des Jahres 775 Tod und Taufe vermeldet.[44] Die Reichsannalen erwähnen hier auch erstmals die drei Heerschaften der Ostfalen, Engern und Westfalen[45], wobei sich der ostfälische Anführer Hessi an den Unterwerfungseid hielt, später dann Graf wurde und zuletzt sogar Mönch in Fulda.[46] Im Herbst 776 gelang Karl ein Überraschungsangriff, infolgedessen die Sachsen sich bei ihm an den Lippequellen einfinden mußten, dabei ihr Land verpfändeten und Unterwerfung wie Christlichkeit gelobten.[47] Karl wähnte sich seines Erfolges so sicher, daß er für das folgende Jahr 777 die Reichsversammlung in die neuerbaute Pfalz Paderborn einberief, die nach seinem Namen Karlsburg hieß.[48] Die Sachsen ließen sich in großer Zahl taufen, verpfändeten erneut ihr Land und gelobten Treue.[49] Gleichzeitig fand in Paderborn eine Synode unter dem Vorsitz des als gesamtfränkischer Erzbischof amtierenden Wilchar von Sens statt, woran weiter teilnahmen der Vorsteher der Hofkapelle, Fulrad von Saint Denis, wie ebenso Bischof Angilram von Metz[50], endlich wohl auch Lul von Mainz. Beschlossen wurde eine erste Aufteilung in Missionsbereiche.[51] Aber der Westfale Widukind setzte den Kampf fort, und unter seiner Führung nutzten die Sachsen gleich das folgende Jahr 778, als Karl einen Zug über die Pyrenäen gegen die Sarazenen wagte, zu einem neuen Gegenschlag[52], drangen ostseits des Rheins bis nach Deutz und sogar bis gegenüber Koblenz vor.[53] In den Augen der Franken galten die Sachsen nun vollends als Verräter und Apostaten, die wider besseren Glauben zum Heidentum zurückgekehrt waren und deshalb den Tod verdienten.[54] Es folgten für beide Seiten erbitterte und verlustreiche Schlachten, wobei Karl von seinen sächsischen Parteigängern die Auslieferung abtrünniger Landsleute verlangte und sie im sogenannten Blutgericht von Verden im Jahre 782 hinrichten ließ; mag auch die in den Reichsannalen überlieferte Zahl von 4500 »weit übertrieben«[55] sein, so ist doch das beispiellose Faktum nicht zu bestreiten. Erstmals hören wir auch von Deportationen.[56]

Diese blutigen Jahre waren möglicherweise veranlaßt durch die vielleicht schon 782 verordnete ›Capitulatio de partibus Saxoniae‹ mit ihrer so oft wiederholten Todesandrohung, der Strafe für Apostaten.[57] Die 34 Bestimmungen betreffen mehrheitlich Religionssachen, wobei Brandstiftung in Kirchen und Beraubung ihrer Güter, Tötung von Priestern und Diakonen, Glauben an Hexerei, Verbrennung von Leichen, Verweigerung der Taufe und die Opferung von Menschen die Todesstrafe nach sich zogen; dieselbe sollte sogar noch bei Nichteinhaltung der Fastenzeit erfolgen. Doch werden auch Möglichkeiten angeboten, der Todesstrafe zu entgehen: Wer in einer Kirche Asyl suchte, dem sollte es nicht mehr an Kopf und Kragen gehen, ebensowenig demjenigen, der sich an einen Priester wandte und ihm beichtete; ein Priester auch entschied über die tatsächliche Bestrafung bei Nichteinhaltung des Fastens. Weiter waren für jede zu errichtende Kirche ein Hof mit zwei Morgen Land bereitzustellen, dazu ein Knecht und eine Magd auf je 120 Einwohner; obendrein mußte der Zehnt abgeliefert werden.[58] Karls eindeutiges Bestreben, »nämlich Abschaffung des Heidentums und Einführung des Christentums unter Todesstrafe«[59], hat sowohl in der konfessionellen wie liberalen Geschichtsschreibung Kritik, ja unverhohlenes Entsetzen ausgelöst.

> Um so dringender ist geboten, sich die zeitgenössischen Umstände zu vergegenwärtigen. Die Capitulatio, so E. Ewig im katholischen, von H. Jedin herausgegebenen ›Handbuch der Kirchengeschichte‹ spreche »in der Tat den christlichen Grundsätzen Hohn«.[60] Mit ihr erreichten, so R. Schieffer, die staatlichen Zwangsmittel »einen im Frühmittelalter einmaligen Höhepunkt«.[61] Von einem »direkten Missionskrieg«, der »selbst Missionsmittel« gewesen sei, spricht H.-D. Kahl.[62] Nach E. Schubert entstammt die Capitulatio »der Sicht von Militärs«, habe »die Rechtsform eines Predigens mit eiserner Zunge«[63], und ihr Ziel sei es gewesen, die Sachsen beim Christengott schwören zu lassen, damit sie endlich die Verträge hielten; die Kirche sei dabei zum »Instrument«[64] geworden. Man müsse berücksichtigen, daß »die Drohung mit der Todesstrafe in archaischen Gesellschaften stets zum Gesetz des Siegers gehörte«.[65] Tatsächlich verordnete noch die 803

friedlich erlassene ›Lex Saxonum‹ für Pferdediebstahl und sogar Bienenraub die Todesstrafe,[66] demgegenüber entwickeltere Rechte und dabei auch das fränkische die milderen Kompositionsstrafen (Ersatzleistungen) begünstigten. Von daher möchte E. Schubert für die Capitulatio daran erinnern, »daß hinter den Drohungen mit grausamen Strafen sich als Absicht eben die Einführung der milderen Kompositionsgerichtsbarkeit ... verbirgt.«[67]

Taufe Widukinds und Patenschaft Karls

Widukind bezeichnen die Quellen einhellig als den »Urheber der vielen Übel«, so daß gerade ihn das Verdener Blutgericht hätte treffen müssen. Dennoch tat der Frankenkönig im Sommer 785 den ungewöhnlichen Schritt, sich im Bardengau mit seinem Todfeind und dessen Verwandten (gener) Abbo zu treffen; er sicherte den beiden Straffreiheit sowie Sicherheit für Leib und Leben zu[68] und bestätigte dies mit der Übersendung fränkischer Geiseln.[69] Widukind und Abbo begaben sich daraufhin zu der in den Ardennen gelegenen Pfalz Attigny und erhielten die Taufe[70], wohl an Weihnachten 785 oder am folgenden Osterfest.[71] Daß dieser Akt in einer königlichen Pfalz stattfand, zeigt Karl als Herrn des Geschehens. Wie schon die Initiative für den Friedensschluß von ihm ausgegangen war, so dürfte auch die Taufe im wesentlichen von seinen Vorstellungen bestimmt worden sein. Tatsächlich machte er überraschend deutliche Zugeständnisse, hören wir doch von einer Handlung, die das Sicherheitsverlangen der beiden Sachsen in erheblichem Maße zu bestärken geeignet war: Karl übernahm die Patenschaft.

Diese wurde seit der Spätantike als »spirituelles Band« zwischen Paten und Täufling aufgefaßt, das eine geistliche Verwandtschaft herstellte und zu »religiöser Liebe« verpflichtete.[72] Im »Personenverbandsstaat« (der aufgrund persönlicher Beziehungen zum Herrscher funktionierte) erfuhr diese Bindung bald auch eine politische Nutzung. Obendrein erweiterte sich das geistliche Band, indem die Paten nicht nur mit ihren Täuflingen, sondern auch mit deren Eltern geistlich verwandt wurden. Auf diese Weise wurde die Patenschaft neben Blutsverwandtschaft und Heirat zur »flexibelsten und verbreitetsten Form, sich künstliche Verwandte zu schaffen«.[73] Ein bemerkenswertes Beispiel bieten gerade auch die Karolinger selbst. Nach 754 waren die Päpste über Kinder Pippins wie Karls des Großen Paten geworden und standen folglich mit den Täuflingen wie auch mit den Eltern im Bündnis der Kompaternität.[74] Und wie Karl bei Widukind, so sollte 826 Ludwig der Fromme die Patenschaft über Harald von Dänemark übernehmen. Aufgrund der geistlichen Vaterschaft mußten dabei die Paten-Herrscher ihre Täuflinge »ehren«, hatten aber zugleich das Recht und sogar die Pflicht, Missionare zu deren geistlicher Betreuung wie auch zur Christianisierung von deren Ländern mitzusenden, wodurch sich zugleich Kirche und Reich ausbreiteten.

Die zeitgenössische Nachricht über Karl und Widukind lautet: »Widukind, der Urheber so vieler Übel und Anstifter der Untreue, kam mit seinen Gefährten zur Pfalz Attigny und wurde dort getauft; der König nahm ihn aus dem Taufbrunnen auf und ehrte ihm mit großen Geschenken«.[75] Daß der Täufling nochmals »der Urheber so vieler Übel und Anstifter der Untreue« genannt wird, läßt die Spannung erahnen, die mittels Taufe und Patenschaft zu überwinden war, und welch überraschende Versöhnungstat sich darin vollzog, daß der langjährige »rebellis« und »perfidus«[76] zur geehrten Person wurde. An anderen Tauf- und Patenschaftsbeispielen des Frühmittelalters wird deutlich, daß mit der so simplen Mitteilung einer »Ehrung« eine beachtliche Stellung bezeichnet sein konnte[77], so daß wir sogar fragen müssen, ob nicht Widukind eine politische Funktion behalten hat.[78] Dafür spricht auch, daß seine Familie weder ausgelöscht noch von der Herrschaft ferngehalten wurde, wie Karl es bei der Niederwerfung anderer Dynastien tat, etwa dem langobardischen Königshaus und bayerischen Herzogshaus. Tatsächlich treffen wir Nachfahren Widukinds später im Königsdienst und auf nicht wenigen sächsischen Bischofsstühlen an.[79]

> Angesichts des Eintrags eines Widukind im Reichenauer Verbrüderungsbuch ist an den Sachsenführer gedacht und eine Klosterhaft unterstellt worden.[80] Aber ein Getaufter, über den Karl auch noch die Patenschaft übernommen hatte, konnte schwerlich in Haft gehalten, allenfalls für eine gewisse Zeit einer christlichen »Umerziehung« unterworfen werden. Bemerkenswerterweise wissen die Wunderberichte aus der Abtei St. Wandrille (am Unterlauf der Seine) von einer sächsischen Geisel namens Abbo.[81]

Mit Widukinds Taufe war der Krieg noch nicht beendet, wohl aber dessen Eskalation. In den neunziger Jahren erhob sich noch einmal eine Aufstandsbewegung, der Karl wiederum mit Deportationen entgegentrat.[82] Im übrigen setzte er auf Befriedung, und das 797 erlassene, »auf Kooperation mit der sächsischen Bevölkerung angelegte«[83] ›Capitulare Saxonicum‹[84] verzichtete auf die drakonischen Todesandrohungen, ja, dasselbe wurde sogar unter Mitwirkung von Westfalen, Engern und Ostfalen erlassen[85], offenbar mit Beteiligung der alten Heerschaften (obwohl doch die ›Capitulatio‹ sächsische Generalversammlungen verboten und nur noch solche von Karl bzw. seinen Beauftragten einberufene gestatten wollte).[86] Auch an die Spitze der neueingerichteten Grafschaften traten nicht »königliche Beamte«, sondern einheimische Adelige. Die 802/3 erlassene ›Lex Saxonum‹[87] gab den Unterworfenen eine gleichberechtigte Stellung im Völkerkreis des karolingischen Imperiums.[88]

Deutung und Bewältigung

Karl hat in der Taufe der Sachsen zweifellos die Verwirklichung seiner imperialen Ziele, aber auch seines religiösen Selbstverständnisses gesehen.[89] Von Anfang an war der Kampf nicht nur um die Geltung der Religion, sondern auch mit Mitteln der Religion geführt worden. Ein wohl auf 780 zu datierendes Bischofskapitular auferlegte den Episkopien und Klöstern eine Vielzahl geistlicher Leistungen »für unseren Herrn König, für das Frankenheer und die derzeitige Unruhe«[90]: Jeder Priester hatte drei Messen zu feiern und jeder Mönch bzw. jede Nonne drei Psalter zu beten. Nach Widukinds Taufe sah sich Karl zu einem entsprechenden religiösen Dank verpflichtet. Papst Hadrian muß er mitgeteilt haben, das wilde und feindliche Sachsenvolk nunmehr mit Gottes und des Apostelfürsten Hilfe zum rechten Gottesdienst und wahren Glauben geführt, ihre Führer seiner eigenen Herrschaft unterworfen und das ganze Volk zur Taufe veranlaßt zu haben.[91] Der Papst wertete den Sieg als himmlische Bestätigung für Karls von Gott begründete Herrschaft: Da der König seine Versprechen dem heiligen Petrus und ihm, dem Papst, reinen Herzens und willigen Geistes erfülle, unterwerfe ihm der heilige Petrus dank päpstlicher Fürbitte sogar die größten und mächtigsten Völker, und am Tage des Gerichtes werde der König wegen der geretteten Seelen ein großes Verdienst aufweisen können.[92]

Drei Tage bestimmte der Papst in Rom zur feierlichen Dankesbezeugung: die Vigil Johannes des Täufers (23. Juni), den Tag der Heiligen Johannes und Paulus (26. Juni) und die Vigil von Peter und Paul (28. Juni); Karl solle ebenso in seinem Herrschaftsbereich und noch darüber hinaus, wo immer christliche Völker wohnten, »triduanas letanias« (drei Bittage) anordnen. Wie nachdrücklich Hadrian in der Unterwerfung und Christianisierung die Aufgabe eines christlichen Herrschers erfüllt sah, zeigt sich noch an einem Schreiben, das er im Herbst des Jahres 785 an den oströmischen Kaiser richtete und worin er Karl als Barbaren bezwingenden Triumphator hinstellte: Wenn im Osten der böse Irrtum der Ablehnung der heiligen Bilder beseitigt sei, dann »werdet Ihr unter des Apostels Petrus Geleit als triumphierende Sieger über alle barbarischen Völker herrschen, wie unser Sohn und geistlicher Compater Karl, König der Franken und Langobarden und Patricius der Römer, der, unseren Mahnungen folgend und unseren Willen in allen Dingen erfüllend, alle barbarischen Völker des hesperischen Westens sich zu Füßen geworfen hat, indem er ihre Macht bändigte und durch Unterwerfung mit seinem Reich vereinte«.[93]

In den ›Libri Carolini‹ (den am Hof verfaßten Büchern zum byzantinischen Bilderstreit) findet sich Karls persönliche Deutung: In betonter Polemik gegenüber Byzanz stellte er sich als treuen Gefolgsmann des heiligen Petrus dar und bekundete dabei stolz, die Sachsen zur Annahme des Glaubens und zur Gefolgschaft des heiligen Petrus bekehrt zu haben; eine sogar apostolische Aufgabe sah er darin erfüllt.[94] Solche Äußerungen nur als Selbstlob abzutun, verbietet sich aufgrund nicht weniger anderer Zeugnisse. Schon in einem zeitgenössischen Hymnus wird Karl der Große gerühmt, die Sachsen zur Taufe geführt zu haben; dafür werde er »die Belohnung des in den Sternen leuchtenden Himmelreiches erfahren«.[95] Der Verfasser, der die 836 vorgenommene Vitus-Übertragung nach Corvey beschrieb und wohl ein »aus Corbie gekommener Mönch sächsischer Herkunft« war, äußerte nur »Bewunderung für Karl den Großen«, hatte dieser doch »den christlichen Glauben gebracht, was in den Augen unseres Autors der eigentliche Grund seiner großen Macht war und den Verlust der sächsischen Unabhängigkeit bei weitem aufwog«.[96] Von dem gegen Ende des 9. Jahrhunderts dichtenden Poeta Saxo erhielt Karl offen heraus das Verdienst zugesprochen, wie die Apostel, die jeweils ganze Völker und Länder Christus zugeführt hätten, die Sachsen bekehrt zu haben.[97] Ebenso dachte von Karl jener Paderborner Anonymus, der gegen Ende des 9. Jahrhunderts eine ›Translatio Liborii‹ verfaßte: »Ich glaube, daß er mit Recht unser Apostel genannt wird, hat er uns doch sozusagen mit eiserner Zunge gepredigt... So steht ... fest, daß er am glorreichsten über den Teufel selbst gesiegt hat, indem er ihm so viele tausend Seelen, die vorher von dessen Herrschaft gefangen waren, durch die Bekehrung unseres Volkes entrissen und Christus dem Herrn zugeführt hat. Von diesem selbst wird er ... seinen Lohn empfangen, um sich im Himmel der Gesellschaft der Apostel zu erfreuen, deren Amt er auf Erden ausgeübt hat.«[98]

Im Grunde war es die Vorstellung vom Herrscher als Apostel, die zu erklären weiter auszuholen ist. Die alte Idee, daß irdisches Königtum sich im Himmel fortsetze, hatte schon Konstantin ins Christliche zu wenden gesucht, daß nämlich das biblisch verheißene himmlische »Mitregieren« (2 Tim 2,12) nicht nur den Aposteln, sondern auch dem Herrscher zustehe und ein solcher darum apostelgleich sei.[99] Doch mußte hier christlicherseits wegen des ethischen Ansatzes, infolgedessen Mächtige vom Thron gestürzt und Niedrige erhöht werden konnten (Lk 1,52), korrigiert werden: Nur gläubig-sittliche Bewährung, wie sie jedem Getauften möglich war, versprach Mitherrschaft im Himmel. Gleichwohl zeigt sich im Frühmittelalter, daß die Herrscher auf ihren vermeintlich angeborenen Anspruch auf einer Mitherrschaft im Himmel nur schwer verzichten mochten.

Karls Biograph Einhard († 840) nennt den Sachsenkrieg den »langwierigsten, grausamsten und für das Frankenvolk anstrengendsten«[100] und beklagt heftig die »Untreue der Sachsen« (perfidia Saxonum), die nicht ungestraft habe bleiben können. Doch verwunderlich bleibt: »Von einem Missionskrieg ist keine Rede«.[101] An den Schluß setzte Einhard den berühmten Satz, daß die Sachsen »die Sakramente des christlichen Glaubens annahmen und mit den Franken zu einem Volke sich verbanden«.[102] Der urchristliche Gedanke, daß die Getauften ein Volk seien und damit gentile Unterschiede hinfällig würden, diente hier zur Friedensbegründung, konnte jedoch das Weiterleben eines sächsischen Sonderbewußtseins nicht verhindern. Der schon erwähnte und vielleicht in Corvey dichtende Poeta Saxo sprach zwar auch von »Untreue«, aus der er aber Widukind heraushielt, da erst die Kämpfe nach dessen Taufe daraus resultierten.[103] Die in den Jahren 862/75 vermutlich ebenfalls in Corvey verfaßte ›Translatio Pusinnae‹ hielt die Sachsen für eigentlich unübertrefflich; ihr Widerstand gegen den Glaubenswechsel erkläre sich daraus, daß sie die Beseitigung des Althergebrachten als Unrecht angesehen und so die Pietät gegenüber den Ahnen hochgehalten hätten.[104] Wirkliche Kritik an Widukind leistete sich ausgerechnet Rudolf von Fulda in seiner 863/65 dem Widukind-Enkel Waltbert gewidmeten Schilderung der von diesem veranlaßten ›Überführung des heiligen Alexander‹ nach Wildeshausen. Der Enkel »repräsentiert unter den Nachkommen Widukinds in besonders eindrucksvoller Weise ein Selbstverständnis des sächsischen Adels, der im Dienst für König und Kirche den höchsten Daseinszweck suchte«.[105] Der kämpferische Vorfahre aber, obwohl von höchstem Adel und reichstem Besitz, sei Urheber der Untreue gewesen, bis er von Karl getauft worden sei[106]; damit war seiner ›perfidia‹ ein Ende gesetzt und – wichtiger noch – ein Neubeginn geschaffen. Ganz positiv sah es im 10. Jahrhundert der Historiograph Widukind von Corvey, selber wiederum ein Nachfahre des Sachsenführers: Nicht einmal Karl der Große als tapferster und klügster aller Könige habe die »nobilis gens« der Sachsen durch kriegerische Maßnahmen zu bezwingen vermocht, sondern nur durch schmeichlerische Überredung. Ziel sei allein die Bekehrung zum Christenglauben gewesen, und dadurch habe er die Sachsen, schon seit alters Bundesgenossen und Freunde der Franken, endgültig zu Brüdern gemacht, nämlich auf Grund der Glaubensgemeinschaft aus beiden Völkern zu e i n e m Volk. In »kaum zu überbietender Verharmlosung des tatsächlichen Geschehens« wird hier die eigene Vergangenheit »gewendet«[107], wie ja auch die Ottonen »die Missionspolitik, deren Objekt die Sachsen einst selbst gewesen waren, auf die eigene Fahne geschrieben und nicht zuletzt dadurch die imperiale Legitimation erworben« haben.[108]

Die Christianisierung

Kirchenorganisation

Mit der für 777 in Karlsburg-Paderborn bezeugten Synode verbindet sich eine Mitteilung aus der Vita des ersten Fuldaer Abtes Sturmi, derzufolge Karl nicht allzulange nach Kriegsbeginn die Provinz der Sachsen in Bischofssprengel eingeteilt und den Gottesdienern die Befugnis zum Lehren und Taufen erteilt habe.[109] Andere Quellen nennen für diese Organisation das Jahr 780.[110] Auswärtige Diözesen und Abteien übernahmen »Missionspatenschaften«.[111] Fulda wirkte im Diemelland[112], die Abtei Amorbach in Verden[113], das Bistum Lüttich in Osnabrück[114] und Echternach mit Abt und Erzbischof Beornrad im Münsterland.[115] Genauere Zahlen lassen sich allein für Fulda angeben: In den Jahren 775/777 dürften etwa 30 bis 40 Priester und wohl ebensoviele Diakone bzw. Kleriker niederen Ranges in die Missionsarbeit entsandt worden sein.[116] Die Gesamtzahl der in Friesland und Sachsen tätigen Kleriker und Mönche soll »nicht höher als einige wenige Hundert« gewesen sein.[117] Die Errichtung der Bistümer zog sich über einen längeren Zeitraum hin.[118] Die früheste Bischofserhebung geschah für Bremen mit dem 789 geweihten Willehad.[119] Die beiden ersten Paderborner Bischöfe kamen aus Würzburg, übrigens dort umerzogene sächsische Geiseln, nämlich Hathumar (806–815) und Badurad (815–862).[120] In Münster folgte 805 Liudger. Einen für alle sächsischen Bistümer gemeinsamen Gründungstermin, den man mit dem Aufenthalt Papst Leos III. in Paderborn hat annehmen wollen, dürfte sich nicht bestätigen.[121]

Wohl erschien Paderborn als die von Karl »im Sachsenland bevorzugte Stätte«.[122] Zeitweilig hieß es nach ihm selbst Karlsburg[123], wurde aber auch als »Quelle Gottvaters« (fons Patris) gedeutet[124], weswegen man von einer »Taufpfalz« gesprochen hat, wie dort ja wirklich Massentaufen stattgefunden haben, nicht jedoch die des Widukind. Die Karlsburg, errichtet für die erste in Sachsen abgehaltene Reichsversammlung (777), maß 250 mal 280 Meter und war verbunden mit einem Heerlager an den nur wenig entfernten Lippequellen.[125] In der Burg stand eine dem Salvator geweihte Kirche, die als »Missions- und Urpfarrkirche«[126] anzusprechen ist. Das weitere Geschick spiegelt sich im kriegerischen Auf und Ab: 778 Zerstörung, 779/80 Wiederaufbau, 793/94 wiederum Zerstörung im letzten Aufstand und 799 Weihe einer neuen Kirche von »wunderbarer Größe«[127], dieses Mal durch keinen geringeren als Papst Leo III., der damals aus Rom zu Karl geflohen war.

> Die gegen Ende des 9. Jahrhunderts in Paderborn abgefaßte Liborius-Translation hat den Vorgang noch in Erinnerung: »Sogar der äußerst heiligmäßige und wahrlich apostolische Papst des römischen Stuhles mit Namen Leo, der ungerechtfertigten Haß der Bürger erleiden mußte, kam dort zu ihm, um kaiserliche Hilfe zur Beilegung der gegen ihn entstandenen Feindschaften zu erlangen. Von Karl wurde er mit höchster Ehre, wie es üblich war, empfangen, und er bestärkte dessen frommes und heilsames Werk der Verbreitung des Christentums, das so eifrig begonnen worden war, durch seine apostolische Autorität, und als er in der damals dort neu errichteten Kirche einen Altar weihte, fügte er in diesen Reliquien des Protomärtyrers Stephanus zur Verehrung ein, die er aus Rom mitgebracht hatte. Dem Fürsten versprach er getreulich, daß jenes Haus des Gebetes, das unter das Patrozinium eines so großen Märtyrers gestellt sei, nicht länger Entweihung erfahren werde, wie dies nach seinem eigenen Bericht früher vorgekommen war, als es nämlich die Einwohner des Ortes aus Haß gegen den Glauben und die christliche Religion öfters durch Feuer zerstört hatten. Vor allem aus diesem Grund hat er diese Reliquien dort auf Bitten des Kaisers in Übereinstimmung ihres Glaubens und unter einen gemeinsamen feierlichen Gelöbnis niedergelegt, während es als völlig sicher gilt, daß dort nichts ähnliches später noch vorgekommen ist.«[128]

Mit dem Papstbesuch trat Paderborn in das Licht sogar der großen Geschichte. Karl empfing hier nicht nur den in Rom umstrittenen Pontifex, sondern verhandelte mit ihm auch über das weitere Geschick.

Zur endgültigen Regelung zog er im Herbst 800 an den Tiber und erhielt am Weihnachtsfest die Kaiserwürde. Eben darüber muß in Pa-

Die Christianisierung | 133

Sachsen zur Zeit der Christianisierung

derborn gesprochen worden sein, »so daß sich hier eine Entscheidung von weltgeschichtlicher Tragweite angebahnt hat«.¹³⁰ Das zeitgenössische ›Paderborner Epos‹ berichtet darüber:

> »Schon sieht Vater Karl auf dem offenen Felde den Heereszug, erkennt, daß Pippin und der Oberste Hirte heranziehen. Da gebietet er dem Volk, in kreisförmiger Anordnung zu warten, / und läßt das Heer in offenem Kreise sich aufstellen. Er selbst begibt sich in die Mitte des Runds, froh die Ankunft des Papstes erwartend, um Haupteslänge erhebt er sich über sein Gefolge, überragt er das ganze Volk.

Nun kommt Papst Leo heran und tritt in den äußeren Kreis. Staunend sieht er die Völker, verschieden an Tracht und Sprache, Gewandung und Waffen aus den verschiedenen Teilen der Erde. Karl erweist ihm sogleich die Ehre des Fußfalls, umarmt den Hohenpriester und tauscht mit ihm den Kuß des Friedens. Sie reichen einander die Rechte und schreiten nebeneinander / und wechseln gar freundliche Worte. Vor dem höchsten Priester wirft sich das ganze Heer dreimal zu Boden, dreimal erweist ihm die Menge demütigt die Ehre des Fußfalls. Und für das Volk spricht dreimal ein stilles Gebet der Bischof.

Der König, der Vater Europas, und Leo, der oberste Hirte auf Erden, sind zusammengekommen und führen Gespräche über mancherlei Dinge. Karl fragt nach dem Geschehenen und erfährt von den verschiedenen Mißhandlungen; staunend hört er von den Freveltaten, hört verwundert von der Zerstörung des Augenlichts und wie Leo die Sehkraft wieder erhalten, / erkennt mit Staunen, wie die Zunge des Papstes, die einst von der Zange verstümmelt, nun wieder redet. Die beiden Männer blicken einander fest in die Augen, dann schreiten sie gemeinsam zur Höhe der Pfalz empor.«[131]

Daß Karls Missionsplan eine »selbständige sächsische Kirchenprovinz« vorgesehen habe, die nur nicht zustande gekommen sei[132], trifft mit Sicherheit nicht zu. Wohl hätte dem Sachsenland als einer »provincia«[133] kirchenorganisatorisch ein Erzbistum zugestanden, aber ein solcher Plan hat von Anfang an nicht bestanden. In jenem päpstlichen Schreiben, das Bonifatius als Erzbischof von Köln bestätigte[134], dessen Verwirklichung aber »an den Franken« scheiterte[135], findet sich die Wendung, daß der wieder zu etablierende Erzsitz Köln neben seinen bereits bestehenden Suffraganen »auch alle Völker Germaniens, die deine Brüderlichkeit durch ihre Predigt das Licht Christi erkennen läßt«,[136] erhalten sollte; für diese Völker Germaniens, unter denen die Sachsen doch wohl mit zu verstehen sind, wurde folglich schon in der Mitte der vierziger Jahre nicht an eine eigene Kirchenprovinz gedacht. Tatsächlich band Karl das Sachsenland an zwei fränkische Bischofssitze, die eben deswegen zu Erzsitzen erhoben wurden: Zu Mainz kamen Paderborn, Verden, Hildesheim und Halberstadt, zu Köln Münster, Osnabrück, Minden und Bremen. Zur selben Zeit ordnete Karl auch die Kirchenverhältnisse Frieslands und vermied dabei, »sie kirchlich insgesamt in der schon bestehenden Diözese Utrecht zusammenzufassen, sondern teilte sie auf verschiedene Diözesen auf«.[137] Reich und Kirche ordnete Karl gemäß den Erfordernissen seiner Politik, so daß weder Friesland noch Sachsen sich verselbständigen konnten.

Taufe und Bekehrung

Mit der Sequenz: »Wer glaubt und sich taufen läßt« (Mk 16,16) formulierte das Neue Testament die Abfolge von vorrangigem Glauben und nachfolgender Taufe, die darum auch ›Sakrament des Glaubens‹ hieß. Christwerden konnte man nur in bewußter Entscheidung, im Wissen um den Glauben und im Erweis einer entsprechenden Lebensführung, weswegen die Alte Kirche auf den dreijährigen Katechumenat als Lehr- und Erprobungszeit bestanden hatte. Im Frühmittelalter hat sich dies bekanntlich geändert und mußte sich auch ändern. Denn wie sollte in einer Gesellschaft ohne Buch und Schule Religionsunterricht erteilt werden? Eigentlich muß man es sogar erstaunlich nennen, daß die frühmittelalterliche Mission dabei blieb, wenigstens ein Minimum an Glaubenswissen und -verstehen sicherzustellen. Bonifatius entsetzte sich darüber, daß zuweilen getauft wurde, ohne das Glaubensbekenntnis auch nur zu erfragen, geschweige zu lehren und erlernen zu lassen.[138] Mit dem Glaubensbekenntnis aber hatte der Täufling zugleich das Vaterunser zu »beherzigen«. Nach angelsächsischer Missionstradition war die Kenntnis dieser beiden Texte so unverzichtbar, daß sie sogar in die Volkssprachen übersetzt werden sollten. Dies ist auch geschehen, mit freilich eher kontraproduktivem Erfolg, denn »eine Revolution der ganzen germanischen Vorstellungswelt war erforderlich, damit das ›Vaterunser‹ ... überhaupt nur verstanden werden konnte«.[139] Und wie mußte es erst um das Glaubensbekenntnis gestellt sein mit seiner teilweise philosophisch-dogmatischen Begrifflichkeit!

Die Massentaufen, wie sie im Sachsenland stattfanden, unterschritten selbst noch das frühmittelalterliche Minimum an Taufvorbereitung. Alkuin, Karls Missionsberater, hat das deutlich gesehen und auch kritisiert: Nichts nütze eine Taufe als Abwaschung nur, wenn nicht in der vernunftbegabten Seele die Glaubensheiligung vorangehe.[140] Oder modifizierter: Zuerst sei der Glaube zu verkünden, dann könne das Taufsakrament folgen und anschließend seien die evangelischen Gebote zu lehren.[141] Als entscheidendes Kriterium galt ihm: »Zum Glauben kann man den Menschen nur ziehen, nicht zwingen«.[142] Für die in den neunziger Jahren eröffnete Awaren-Mission sollte eine Vorbereitungszeit von 40 oder wenigstens sieben Tagen eingehalten und vor allem auf die Zehnteintreibung verzichtet werden.[143] Ein milderes Vorgehen gebiete sich, wie es in Sachsen gefehlt habe.

Immerhin sind uns aus der Sachsenmission ›Tauffragen‹ erhalten geblieben, ein für Mission wie germanisch-sächsischen Götterglauben gleicherweise bedeutsames Zeugnis, nämlich der Absage an die alten Götter und der Zusage an den dreifaltigen christlichen Gott. Sprachgeschichtlich zeigen die wohl in Mainz aufgeschriebenen Fragen anglische und sogar nordhumbrische Elemente in freilich niederländisch-niederdeutscher Bearbeitung des 8. Jahrhunderts, weswegen man neuerdings vom ›Utrechter Taufgelöbnis‹ spricht.[144]

> »Entsagst du dem Teufel? Die Antwort soll sein: Ich entsage dem Teufel.
> Und allem Teufelsgeld? Antwort: Und ich entsage allem Teufelsgeld.
> Und allem Teufelswerk? Antwort: Und ich entsage allem Teufelswerk und -wort, Donar und Wodan und Saxnot und all den Unholden, die ihre Genossen sind.
> Glaubst du an Gott den allmächtigen Vater? Ich glaube an Gott den allmächtigen Vater.
> Glaubst du an Christ, Gottes Sohn? Ich glaube an Christ, Gottes Sohn.
> Glaubst du an den Heiligen Geist? Ich glaube an den Heiligen Geist«.[145]

Freilich bleibt die Frage, was die Täuflinge damit überhaupt anzufangen wußten. War es mehr »als eine suggerierte verbale Replik auf Fragen..., die der Sachse nicht verstanden haben konnte«?[146]

Klöster

Außerordentlich viel verdankte die Christianisierung den Klöstern, wenn auch deren Anteil im einzelnen unterschiedlich ausfiel. Gleich in mehrfacher Hinsicht ragte »Neu-Corbie«, das heutige Corvey, heraus. Es erwies sich als echte Tochter der Mutter-Abtei an der Somme. Diese gehörte zu den karolingischen Hausklöstern und zählte in monastischer Spiritualität wie literarischer Produktivität zu den ersten des Reiches. Gegründet von der zeitweilig die Herrschaft führenden Königin Balthilde (661), hatte die Abtei zumeist Angehörige des Karolingerhauses als Leiter gehabt. Von Anfang an bestand auch ein Skriptorium, das beim Tode Karls des Großen einen Gutteil von dessen Hofbibliothek erbte.[147] Während der Sachsenkriege waren hier Geiseln untergebracht, von denen eine Reihe zum Mönchsleben übertrat.[148] Die Leitung oblag damals Adalhard († 826), der ein Abkömmling des Martell-Sohnes Bernhard war, also ein Vetter Karls des Großen und als solcher einer seiner wichtigsten Berater. Von ihm angeregt, entstand der auch von seinem halbsächsischen Bruder Wala unterstützte und im Kreis der vergeiselten Mönche aufgegriffene Plan, einen Ableger im Sachsenland zu errichten. Die Vorbereitung kam infolge der von Ludwig dem Frommen ausgesprochenen Verbannung sowohl Adalhards wie Walas ins Stokken, konnte aber nach beider Wiedereinsetzung realisiert werden.[149] Im Jahre 822 erfolgte die feierliche Grundsteinlegung, und das zwei Menschenalter später vollendete Westwerk ist das besterhaltene dieses karolingischen Bautyps, noch dazu mit sonst nirgendwo erhaltenen Resten von Stuck und Malerei.[150] Dem Kloster ist eine einzigartige Erfolgsgeschichte beschieden gewesen. Vieles, was in Neu-Corbie geplant und geschaffen wurde, wirkte prägend für Sachsen und noch darüber hinaus.

Die Mitgift der Mutterabtei hatte selbstverständlich auch Bücher umfaßt, die dann Ludwigs des Frommen Hofkaplan Gerold noch um »eine große Menge« vermehrte.[151] Die Liste der benutzten und bezeugten antiken Werke ist – trotz weitgehender Verluste – immer noch beträchtlich,[152] darunter ausgesprochene Seltenheiten wie die Plinius-Briefe, die Annalen des Tacitus und Werke von Cicero.[153] Länger war natürlich die Reihe der christlichen Autoren.[154] Dem Skriptorium verdanken wir auch das meiste zur sächsischen Geschichte im 9. Jahrhundert. Als erste Schrift entstand 836 die ›Translatio sancti Viti‹, verfaßt von einem der in Corbie geschulten und nach Corvey übergesiedelten sächsischen Mönche[155] und von ihm angereichert noch mit zusätzlichen Nachrichten, so einem ausführlichen Bericht über den Corveyer Gründungsvorgang und überhaupt mit Mitteilungen zur Sachsen- und Reichsgeschichte. Ansgar, der aus Corbie mitgekommene Schul-Magister und seit 826 Nordlandmissionar, brach mit 40 Büchern nach Schweden auf[156], und zu seiner Hinterlassenschaft in Bremen zählten »große Kodizes, von eigener Hand Wort für Wort geschrieben«.[157] Kein geringerer als Paschasius Radbertus widmete seine drei Bücher über ›Glaube, Hoffnung und Liebe‹ dem Corveyer Abt Warin (826–856)[158], und seinen 830/33 verfaßten Eucharistie-Traktat mit der epochemachenden Ineinssetzung von eucharistischem und historischem Leib Jesu dedizierte er ebenso den Corveyern.[159] Sein Gegenspieler in der eigenen Abtei, der die alte symbolische Eucharistie-Auffassung vertretende Ratramnus, hielt gleichfalls Kontakt und korrespondierte mit Ansgar.[160] Die Tochterabtei blieb in diesem Austausch keineswegs bloß rezeptiv. Abt Bovo II. (900–916) etwa wußte, daß des Boethius ›Trost der Philosophie‹ nicht eigentlich christliche Anschauungen enthielt.[161] Die Vita, die der Ansgar-Schüler und in Corvey eingetretene Rimbert seinem Lehrer schrieb, besitzt »hohen Quellenwert«, verrät »gute theologische Ausbildung« und zeigt das »nötige Einfühlungsvermögen in die Mentalität der heidnischen Völker des Nordens«.[162] Als ihre Hauptthemen nennt Walter Berschin »Bücher, Berufung der Völker, Trauer und Visionen«[163]; letztere sind möglicherweise ein Reflex des von Hilduin von St. Denis, der 830 für einige Zeit in Corvey exiliert war, im Westen bekannt gemachten Dionysius Pseudo-Areopagita.[164] Ebenso gehört nach Corvey die Vita der ersten Äbtissin Hathumod von Gandersheim († 874), verfaßt vom Mönch Agius.[165] Endlich stammt aus Corvey eine der beiden Handschriften des ›Heliand‹, jenes bedeutenden altsächsischen Evangelien-Epos, das weit verbreitet gewesen sein muß und dessen Entstehung immer wieder auch im Weser-Kloster vermutet worden ist.[166] So bestätigt sich: »Corvey war von Anfang an ein geistiger Mittelpunkt«.[167] Zugleich war es – und das darf gerade hier nicht vergessen werden – Zentrum aktivster Mission, die bis hoch in den Norden reichte. Ansgar ging 826 mit dem in Ingelheim unter kaiserlichem Patronat getauften König Harald Klak nach Dänemark, nahm Kontakte zu Schweden auf und wurde 831 Erzbischof von Hamburg.[168]

Frauenklöster waren von Anfang an zahlreicher, blieben aber in Ausstrahlung und Effizienz zurück, was sich von der karolingischen Reform her erklärt, die keine Doppelklöster mehr mit zugleich Männern und Frauen zuließ, wie sie in Irland und England bestanden und wo jeweils die Äbtissin die Gesamtleitung innehatte. In Sachsen entstanden reine Frauenklöster bzw. -stifte, bei seelsorglicher Betreuung allerdings durch Mönche oder Kanoniker. Die Gründungen ereigneten sich zuweilen spontan. So stiftete der Paderborner Archidiakon Meinulf angesichts der bei der Liborius-Translation geschehenen Wunder seinen Erbbesitz zu Böddeken für ein Frauenkloster.[169] Die früheste Gründung geschah wohl gegen 790 in Herford, die dann Ludwig der Fromme aufgetragen erhielt und wo Adalhard und Wala ihre schwester Theodrada zur Äbtissin machten.[170]

Soziale Folgen

Als besonders tiefgreifend werden die gesellschaftlichen Veränderungen angesehen. Die Taufe, so sehr sie grundlegend sein sollte, stellte zunächst nur einen Einzelakt dar. Erst die weiteren Folgen wirkten grundstürzend, gestalteten sich langwierig, weckten auch Feindschaft. Veränderungen des gesamten Lebens mußten erfolgen, des individuellen wie des gemeinschaftlichen: der Sonntag mit Arbeitsverbot und Meßgang, die Taufe der Kinder in den Kirchen und die Beerdigung der Verstorbenen auf den neuen Friedhöfen, die oktroyierte Errichtung eines Pfarrhofes und der nur mit Erbitterung abgelieferte Zehnt, dazu die Abschaffung der althergebrachten, mit den eigenen Lebensbedürfnissen so konformen Riten. Man kann die Klage in der ›Übertragung der heiligen Pusinna‹ über die neue Situation nur zu gut verstehen: Im edlen und starken, von Natur aus so klugen Sachsenvolk habe es von altersher als sakrilegisch gegolten, einen Irrtum in den Riten der Vorfahren zu unterstellen, was aber mit Karls Mission geschehen sei, mit dessen Verordnung der neuen Bräuche und dem Verbot der alten; wer auf Abschaffung bestehe, bezichtige die Altvorderen des Irrtums, reklamiere aber für sich die Wahrheit.[171] Es ist der Aufschrei eines Traditionalisten, in Wirklichkeit wohl eines vor 875 schreibenden Mönchs aus Corvey.[172]

Einhellig ist das Urteil der Forschung darin, »daß der Glaubenswechsel das soziale Gewicht des Adels gegenüber den Unterschichten außerordentlich verstärkte«.[173] Von vornherein schon waren Teile der Oberschicht dem Christentum zugeneigt gewesen und hatten sich dann durch Gründung von Eigenklöstern und Übernahme von Bischofsstühlen »Kristallisationspunkte eines neuen Selbstverständnisses«[174] geschaffen. Den stärksten Eingriff in das Sozialleben bewirkten die Grundherrschaften: »Der neuartige Frondienst auf den Herrenhöfen ..., die Ausbreitung der Großgrundherrschaften auf Kosten der kleineren oder größeren Edelingsgrundherrschaften, die der Konfiskation anheimfielen, [mag] zu einer Verschlechterung der Existenzbedingungen der Hintersassen geführt haben«.[175] In der bäuerlichen Unterschicht hielt sich, so hat man sagen können, »die dichteste und reizbarste Intensität heidnischer Gläubigkeit«.[176] Was also im spätantik/frühmittelalterlichen Gallien einmal sozialer Fortschritt gewesen war, wirkte in Sachsen eher bedrückend.

Bemerkenswerterweise ergibt indes die Auflistung der Wunderheilungen, wie sie bei der Übertragung des heiligen Vitus oder auch in der Vita der heiligen Ida berichtet sind, eine auffällige Geschlechterrelation; beim heiligen Vitus erfahren 22 Frauen, 5 Männer, 4 Jungen und 2 Mädchen ihre Heilung, bei der heiligen Ida 7 Frauen, 3 Männer, 1 junger Mann und 1 Kind.[177] Den Frauen scheint das Christentum besondere Möglichkeiten geboten zu haben.[178]

Reliquien-Translationen

Der frühmittelalterliche Reliquien-Kult erlangte in der Sachsen-Mission noch eine gesteigerte Bedeutung. Zur Erläuterung ist weiter auszuholen. Reliquien bilden ein religionsgeschichtliches Urthema, halten sie doch die lebenswichtige Verbindung mit den Vorfahren aufrecht. Unter den Ahnen war der »Urahn der erste Mensch schlechthin«[179], und seine Nachfahren lebten als »Gründersippe«[180] weiter. Das Grab des Gründerahns bildete darum den Mittelpunkt, war Kult- und Versammlungsort, garantierte das Fortleben und die rechte Ordnung.

> Dem Ethnologen Klaus E. Müller zufolge sind hier »das Herd- und die sakralen Gemeinschaftsfeuer lokalisiert, befinden sich die Altäre, haben die Kultrequisiten, heilige Musikinstrumente ..., Ahnenschädel und andere Reliquien, die Idole, zauberkräftige[n] Steine, ›Medizinen‹ usw. ihren Platz«.[181] Die Hinterlassenschaft der »Ältesten« ist insgesamt heilskräftig: »Spezielle Trachtstücke, die sie getragen, Insignien wie Stäbe oder Zeremonialwaffen, die sie geführt haben, die Schale, aus der sie zu trinken pflegten, und erst recht natürlich auch Teile der unvergänglichen Elemente ihres Körpers selbst, wie Nägel und Haare, Zähne, bestimmte Knochen, ja der gesamte Schädel, können daher nach ihrem Tode aufbewahrt und regelrecht nach *Reliquienart* thesauriert werden. Man trägt sie etwa als Amulette bei sich, deponiert sie an besonderen Stellen ... Sie bilden dann gewissermaßen kleine ›Akkumulatoren‹, aus denen sich ständig, und namentlich in Krisensituationen, Kraft schöpfen läßt.«[182] Die Gegenwärtigkeit und Lebendigkeit der Grabahnen erweist sich noch darin, daß sie »anhand ihres Skeletts, das in dem Falle allerdings weitgehend unversehrt erhalten sein mußte, wiederzubeleben« waren.[183]

Im frühen Christentum fehlten zunächst die für eine Reliquienverehrung erforderlichen religiösen und theologischen Voraussetzungen, galt doch für Paulus der Lebensleib als »dem Tod verfallen« (Röm 7,24), als »verweslich« und »irdisch«. Indes wollte das Christentum keine leiblose Seele, erhoffte vielmehr einen Auferstehungsleib, der freilich »unverweslich« und »himmlisch« sein werde (1 Kor 15,44; Vulgata: corpus animale/corpus spiritale).[184] Erst in Gegenwehr zur leibentwertenden Gnosis betonte die Orthodoxie das Eingehen des irdischen in den verklärten Leib, womit der Leichnam eine gesteigerte Bedeutung erhielt. Daraufhin erst bildeten sich auch im Christentum sowohl Reliquienverehrung wie Grabkult heraus.

Die Christianisierung | 141

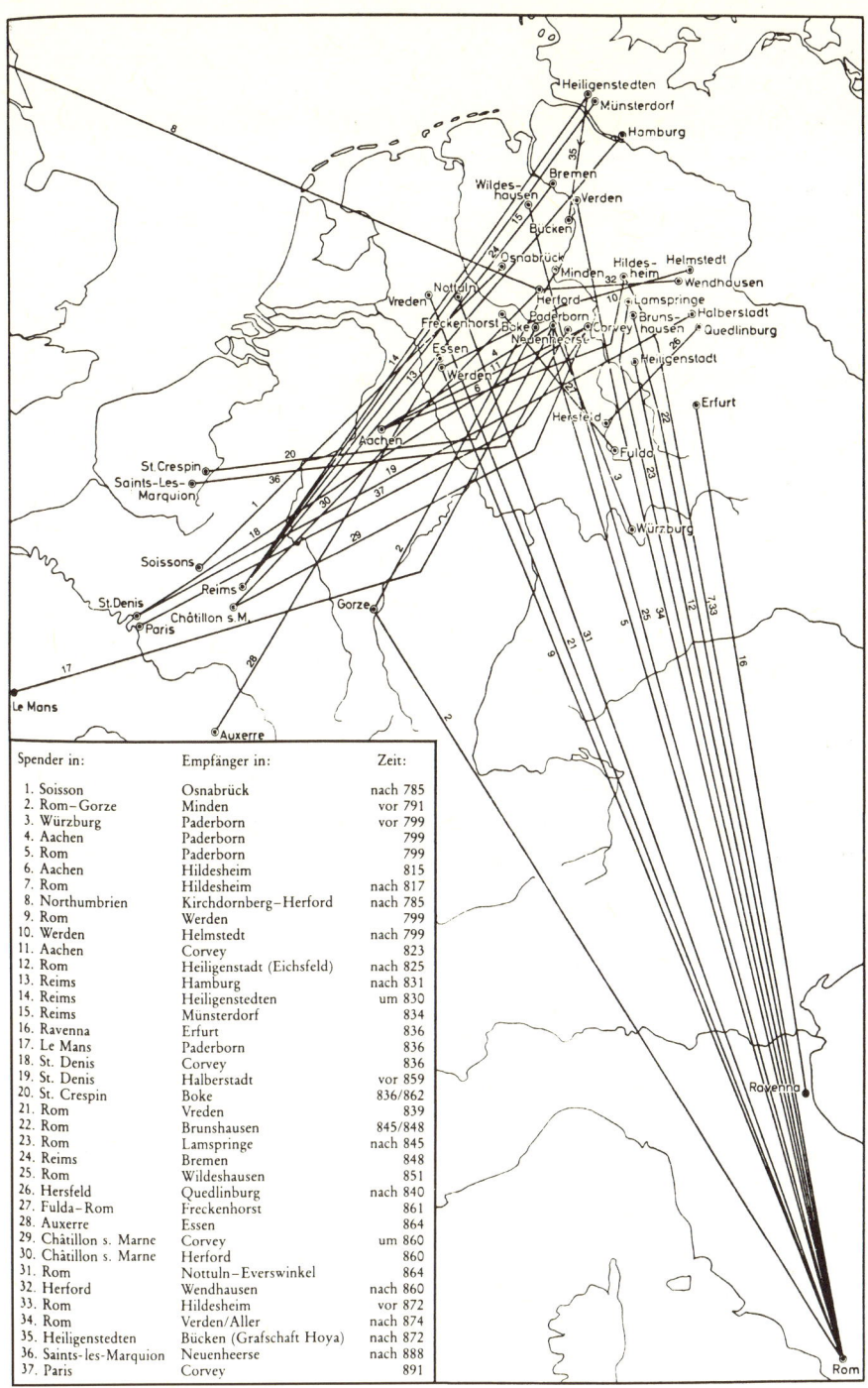

	Spender in:	Empfänger in:	Zeit:
1.	Soisson	Osnabrück	nach 785
2.	Rom–Gorze	Minden	vor 791
3.	Würzburg	Paderborn	vor 799
4.	Aachen	Paderborn	799
5.	Rom	Paderborn	799
6.	Aachen	Hildesheim	815
7.	Rom	Hildesheim	nach 817
8.	Northumbrien	Kirchdornberg–Herford	nach 785
9.	Rom	Werden	799
10.	Werden	Helmstedt	nach 799
11.	Aachen	Corvey	823
12.	Rom	Heiligstadt (Eichsfeld)	nach 825
13.	Reims	Hamburg	nach 831
14.	Reims	Heiligenstedten	um 830
15.	Reims	Münsterdorf	834
16.	Ravenna	Erfurt	836
17.	Le Mans	Paderborn	836
18.	St. Denis	Corvey	836
19.	St. Denis	Halberstadt	vor 859
20.	St. Crespin	Boke	836/862
21.	Rom	Vreden	839
22.	Rom	Brunshausen	845/848
23.	Rom	Lamspringe	nach 845
24.	Reims	Bremen	848
25.	Rom	Wildeshausen	851
26.	Hersfeld	Quedlinburg	nach 840
27.	Fulda–Rom	Freckenhorst	861
28.	Auxerre	Essen	864
29.	Châtillon s. Marne	Corvey	um 860
30.	Châtillon s. Marne	Herford	860
31.	Rom	Nottuln–Everswinkel	864
32.	Herford	Wendhausen	nach 860
33.	Rom	Hildesheim	vor 872
34.	Rom	Verden/Aller	nach 874
35.	Heiligenstedten	Bücken (Grafschaft Hoya)	nach 872
36.	Saints-les-Marquion	Neuenheerse	nach 888
37.	Paris	Corvey	891

Reliquienübertragungen nach Sachsen

In diesen größeren Kontext gehören die zahlreichen Reliquientranslationen, wie sie dem Sachsenland zuteil geworden sind. Man schuf dadurch neue »Ahnengräber« und ersetzte die blutsverwandten Ahnen durch Väter und Mütter des Glaubens. In der Praxis waren es auch für das frühmittelalterliche Christentum weitgehend neuartige Verfahren, die sich aus der älteren gallikanischen Erhebungspraxis herausbildeten. Denn anders als in Rom durfte man hier die Gräber öffnen und den Leichnam, wenn er Wunder gewirkt hatte, vom Vorraum der Kirche oder dem umliegenden Friedhof an den Altar transferieren.[185] Mit den Übertragungen von Heiligen-Leibern nach Sachsen geschah jedoch etwas Ungewöhnliches: die Übertragung von Leibern und Reliquien in wochenlangen Reisen aus Gallien, Italien und selbst auch aus Rom zum neuen Bestimmungsort. Insgesamt haben sich 37 Translationen bis zum Ende des 9. Jahrhunderts nachweisen lassen.[186] Die ältere Forschung hat dafür kaum Verständnis aufgebracht; distanzierend sprach sie vom »Reliquien-Import«, und noch neuerdings konnte die Meinung geäußert werden, das alles habe »besonders auf das niedere Volk« gezielt.[187] Aber schon der älteste Translationsbericht, der des Vitus nach Corvey, bezeugt gerade das Interesse auch des Adels, »daß über eine Meile und mehr im Umkreis des Klosters die Felder und Äcker bedeckt waren mit den Zelten vornehmer Männer und Frauen, die aus dem ganzen Sachsenlande aus Frömmigkeit und Verehrung für den heiligen Märtyrer Vitus und die Reliquien der anderen Heiligen ... zusammengekommen waren«.[188] Es ging um den schwachen Glauben der Neubekehrten, die insofern einfaches Volk waren.

>»Weil aber das Volk noch roh im Glauben war und vor allem das einfache Volk nur schwer vom heidnischen Irrglauben gänzlich abgebracht werden konnte, weil es sich heimlich der Pflege gewisser väterlicher abergläubischer Gebräuche zuwandte, erkannte der Mann [Bischof Bodurad] in seiner großen Klugheit, daß es durch nichts leichter von seinem Unglauben abgebracht werden könnte, als wenn der Leib irgendeines berühmten Heiligen hierher gebracht würde, damit ... das durch die Offenbarung von Wundern und die Gnade von Heilungen überzeugte Volk anfinge, diesen zu verehren und sich daran gewöhne, unter seinem Schutz zusammenzukommen, besonders deswegen, weil diejenigen, die den Worten der Prediger über die göttliche Kraft nicht glaubten, dennoch den Dingen, die sie vor Augen sähen, und was sie zum Nutzen ihres Wohlergehens fühlten, den Glauben nicht versagen könnten. Weil er außerdem nicht zweifelte, daß der Trost, der allen dort wohnenden oder dort zusammenkommenden Gläu-

bigen auf seine große Fürsprache bei Gott zuteil würde, eben diesem Ort den besten Schutz und Ruhm verschaffen würde, wandte er die ganze Sorge seiner eifrigen Überlegung darauf, dies zu erlangen.«[189]

Die Reliquien vergegenwärtigten den Heiligen, der als real anwesend gedacht wurde. Das zeigt sich besonders deutlich bei Liudger, dem nachmaligen Bischof von Münster. Er verwahrte seinen Reliquienschatz in einem besonderen Kasten (der möglicherweise mit dem heute noch in Werden erhaltenen ›Tragaltar‹ identisch ist) und führte ihn mit sich. Schenkungen, die er erhielt, gingen an die Reliquien oder besser: an die in ihnen gegenwärtigen Heiligen. So erfolgte 795 eine Übereignung »an die Reliquien des heiligen Erlösers und der heiligen allzeit jungfräulichen Maria in die Hände des Priesters Liudger, der diese Reliquien ›besorgt‹«.[190] Oder bei der Schenkung von Lüdinghausen: »an die Reliquien des heiligen Erlösers und der heiligen allzeit jungfräulichen Maria und in die Hände Liudgers, der diese Reliquien mit sich trägt, wohin er geht«.[191]

Das Münsterland

Siedlung und Bevölkerung

Die Geschichte des vorchristlichen Münsterlandes ist in »archaisches Dunkel«[192] getaucht, das auch die Archäologie nur punktweise hat aufhellen können: die Besiedlung des münsterschen Domhügels bis gegen 300 n. Chr. und nochmals im 8. Jahrhundert, die große Siedlung bei Warendorf mit 220 Wohn- und Nutzbauten, das jüngere Gräberfeld in Beckum sowie die als sächsisch anzusehenden Gräberfelder in Ostbevern, Westbevern, Müssingen, Greffen, Ostendorf-Leer, Lembeck und Lankern bei Bocholt. Wo die älteren nord-süd-gerichteten und mit (Waffen-)Beigaben versehenen Gräber durch solche in West-Ost-Richtung und ohne Beigaben abgelöst werden, wird christlicher Einfluß unterstellt.[193]

Als regionale Raumgrößen sind Gaue überliefert. Der größte war der »Dreingau« (pagus Dregini)[194], als dessen Wort-Bedeutung unter Bezugnahme auf das altsächsische Verb ›dragon‹ (tragen) der »ertragreiche« angenommen wird[195] und der das Gebiet mit den Orten Greven, Telgte, Warendorf, Oelde, Liesborn, Beckum, Ahlen, Werne, Selm, Nordkirchen, Ascheberg, Amelsbüren, Gievenbeck und Altenberge

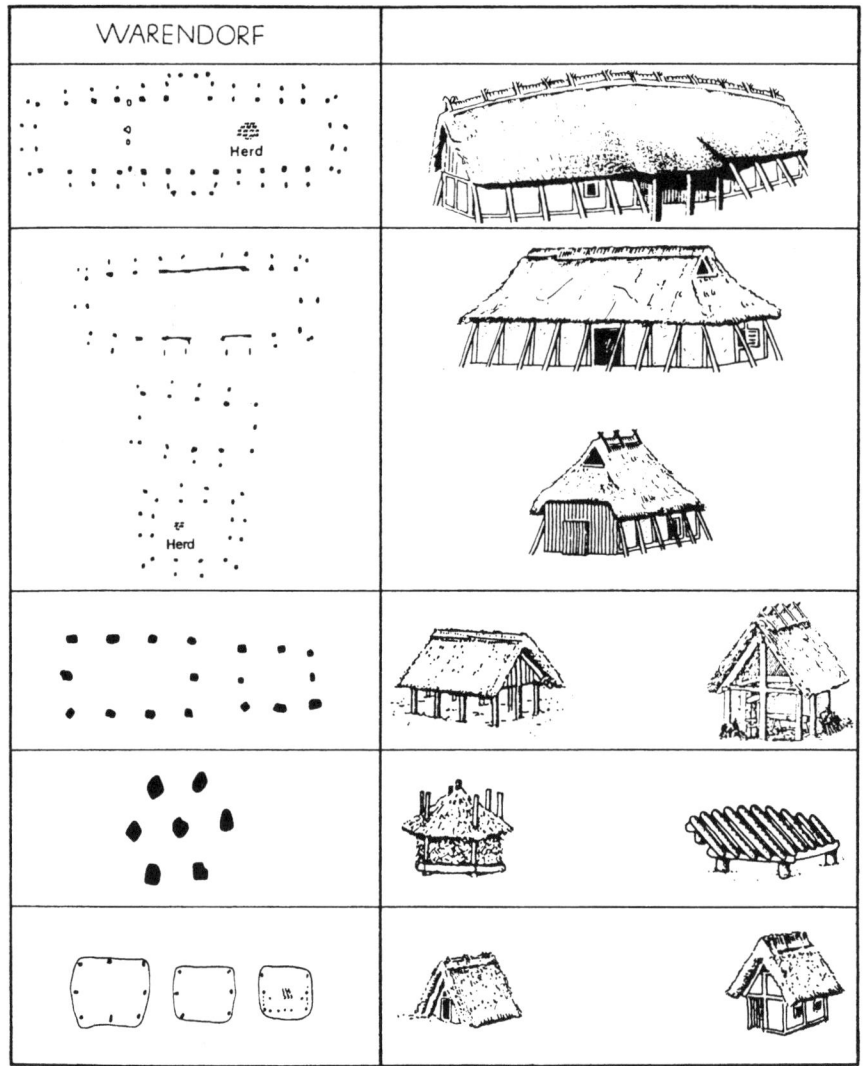

Häuser der sächsischen Siedlung bei Warendorf

umfaßte, also das heutige Kernmünsterland. Der damit umschriebene Raum kann aber auch »Südergau« heißen, und zwar in doppelter Weise: einmal als Südteil der langen von Oldenburg bis zur Lippe reichenden westfälischen Heerschaft (wobei das Bistum Münster für den südlichen Teil und Osnabrück für den nördlichen zuständig wurde), dann aber auch als südlicher Missionsbezirk Liudgers in Absetzung vom friesischen.[196]

Das Münsterland | 145

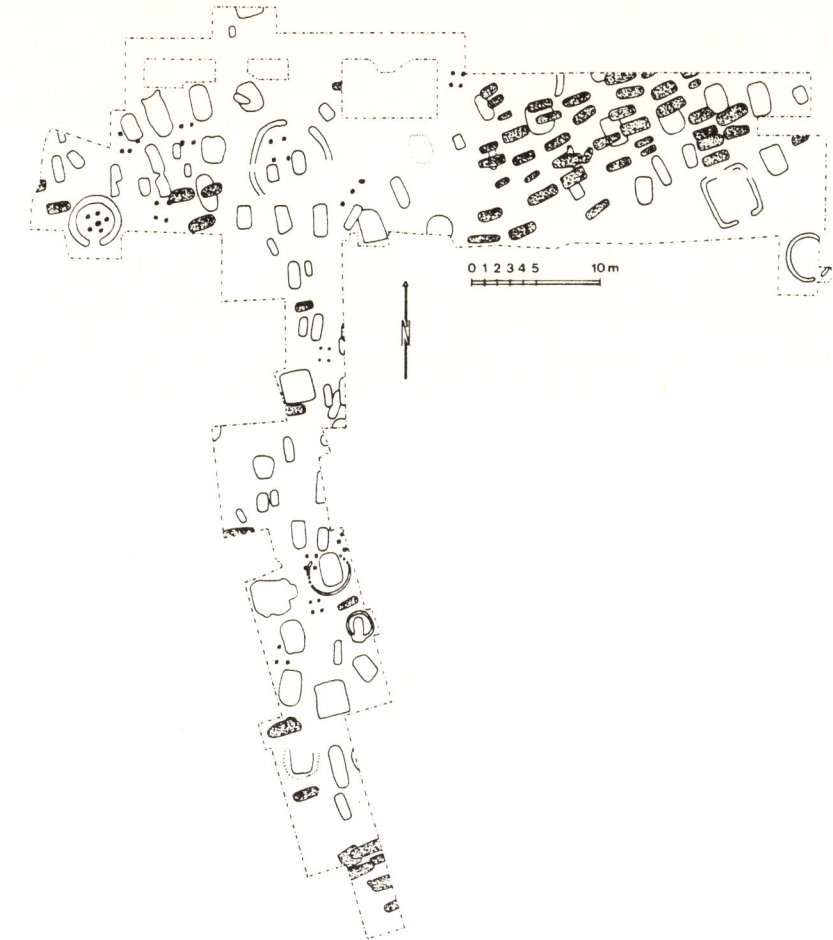

Gräberfeld bei Lembeck mit (heidnischen) Nord/Süd-Gräbern und (christlichen) Ost/West-Gräbern

Welche Rolle die nachmalige Bischofskapitale einnahm, läßt sich nur ansatzhaft erkennen. Der Westabhang des Domhügels mit seiner ersten Besiedlung im 2. und 3. nachchristlichen Jahrhundert ist für Jahrhunderte von Sand überweht worden. Erst im 7. Jahrhundert erfolgte, zweifellos infolge der sächsischen Südbewegung, eine Neubesiedlung, die das Gebiet vom Domplatz bis ostwärts fast zur Dominikanerkirche, nordwärts bis zur Kirchherrngasse und von dort bis zur Aa umfaßte. Daß auch eine Schmiede und eine Kammacher-Werkstatt gefunden wurden, läßt auf mehr als nur eine bäuerliche Ansiedlung, auf einen bereits überörtlichen Austausch schließen. Ein großer Brand brachte das Ende, wohl während der Sachsenkriege. Der Name Mimigernaford, wie er im 9. Jahrhundert bezeugt ist[197], besagt: ›Furt der Leute des Mimigern‹. In dem Personennamen ist der erste Namensbestandteil ›Mimi‹

Mimigernaford-Pfennig aus dem 10. Jahrhundert

nicht befriedigend zu erklären, während der zweite Teil ›gern‹ so viel wie ›begierig‹ bedeutet. Gemeint sind die (Gefolgs-)Leute eines Adligen namens Mimigern, die – wohl als »landnehmender Personenverband«[198] – die Aa-Furt innehatten. Die ›Mimigerne‹ lassen sich demnach »als kleine, abgrenzbare westfälische Sondergruppe im Kernmünsterland bestimmen«.[199]

Erste Mission

Ob Missionare vor 750 das Kernmünsterland erreicht haben, bleibt unsicher, ja unwahrscheinlich. Die beiden Ewalde jedenfalls scheiterten schon im ersten sächsischen Dorf. Auf eine ›Sperrfestung‹ stießen die Franken im Jahre 758 bei Sythen/Haltern, und 779 kam es beim grenznahen Bocholt zur Schlacht, ebenso 784 im Dreingau.[200] Daß bei den Massentaufen, die für 776 vermeldet sind, Westfalen beteiligt waren, ist anzunehmen, aber nicht direkt bezeugt. Auswirkungen der zuerst 777 und endgültig 780 angeordneten Aufteilung in Missionsbezirke werden für das Münsterland nicht greifbar. Erst die nach der Mitte des 9. Jahrhunderts entstandene zweite Lebensbeschreibung Liudgers mit indes wichtigen Nachträgen bringt eine Mitteilung, die, wenn sie sich bewahrheiten ließe, die Lücke auffüllen könnte: »Zu dieser Zeit, als Widukind besiegt und bekehrt war, wurde ein Abt, der fromme Bernradh, vom König als Lehrer ... zu den Westsachsen geschickt«.[201] Zu denken ist an Beornrad, der als Nachfahre der nordhumbrischen Willibrord-Sippe seit 775 Abt von Echternach war, auch zu Karls Hofakademie gehörte und 785/86 Erzbischof von Sens wurde.[202] Eine Tätigkeit Beornrads im Münsterland hat neuerdings E. Freise durch zwei Hinweise weiter abgestützt. Einmal bezieht er einen Brief Alkuins, den dieser 789 an einen ihm verwandten Abt und Bischof im Sachsenland richtete, auf unseren Beornrad; es geht um Predigterfolge, Grüße an die Mitarbeiter und dabei auch an Willehad, den mit Echternach verbundenen Bischof von Bremen.[203] Tatsächlich war Alkuin mit Beornrad und Willehad sowohl verwandt wie befreundet und hat zum Beispiel auf Bitten des ersteren die Vita Willibrords verfaßt.[204] Zusätzlich verweist Freise auf zwei Schenkungen, die Beornrad von Karl dem Großen am Niederrhein erhielt, einmal bei Kleve, dort in nächster Nähe des Willibrord-Klösterchens Rindern[205], und weiter noch an der Lippe, nämlich zu Gahlen und Spellen[206] – Besitzungen, »die als Etappenstationen taugen mochten«.[207] Wie weit Beornrad im Münsterland eine Tätigkeit ausgeübt hat, bleibt indes unbekannt. Wohl ist unterstellt worden, daß der Abt den »Gesamtaufbau der kirchlichen Organisation« mit »Münster als ihrem Mittelpunkt« schon »um 780« grundgelegt habe.[208] Aber wegen der bis 784 andauernden Kämpfe dürfte der zweiten Liudger-Vita zuzustimmen sein, wenn sie das Wirken Beornrads erst nach Widukinds Taufe beginnen läßt.[209] So scheint Münster im Vergleich zu anderen Orten erst relativ spät von der Mission erfaßt worden zu sein. Während in Paderborn und Bremen gleich bei der ersten Missionsaufteilung des Jahres 777 erste Kirchen entstanden, wissen wir »nicht einmal, ob ... 777 ... eine schlichte Tauf- und Pfarrkirche auf dem münsterschen Aahügel errichtet worden ist«.[210]

Liudger

Lebensdaten

Liudger wurde um 742 in der Nähe von Utrecht geboren. Er entstammte einem Adelsgeschlecht, das schon in heidnischer Zeit für das Christentum optierte, als nämlich die erstbekannten Vorfahren, die Familie des Wursing, zu Pippin dem Mittleren überging und mit dem siegreichen Karl Martell zurückkehrte. Seine erste Ausbildung erhielt Liudger in Utrecht, wo er als Kind in das dortige Kloster gegeben wurde, und später während der Jahre 767 bis 772 im nordhumbrischen York bei Alkuin, der als einer der größten Gelehrten seiner Zeit gelten darf und zur Willibrord-Sippe gehörte. Im Jahre 777 erhielt Liudger die Priesterweihe und ging in die Mission, wie zuvor schon nach Deventer so jetzt nach Dokkum, dem Martyriumsort des Bonifatius. Infolge der bis nach Friesland übergreifenden Sachsenkämpfe vertrieben, verbrachte er von 784 bis 787 drei Jahre in Rom und Monte Cassino. Den Zurückgekehrten entsandte Karl der Große wieder nach Friesland, wo er 787/92 die Mission zwischen Ems und Lauwers übernahm und dabei während des letzten Sachsen-Aufstandes Zeit fand, die Vita seines verehrten Lehrers Gregor von Utrecht zu schreiben. Zuletzt wies ihm Karl das Münsterland an. An dessen Hauptort Mimigernaford entstand wohl 793 ein Monasterium und 805 der Bischofssitz, für den Liudger in Köln die Weihe erhielt.[211] Zuvor schon, im Jahre 799, hatte er in Werden an der Ruhr ein Eigenkloster errichtet, wo er nach seinem Tod im Jahre 809 auch das Grab fand.[212]

Liudgeriden

Über drei Generationen nahmen Geistliche der Liudgeriden-Familie die Leitung sowohl des Werdener Klosters wie auch des Münsterschen und noch Halberstädtischen Bischofssitzes wahr, weswegen man sie, wie es zeitgenössisch ausgedrückt wurde, ein ›genus sacerdotale‹[213], ein Priestergeschlecht, nennen kann. Liudger erhielt eine erste Vita von seinem Verwandten und zweiten Nachfolger in Münster, von Bischof Altfried († 849)[214]; sie war den Werdener Mönchen gewidmet, und ihr folgten noch zwei weitere Viten, gleichfalls für dasselbe Kloster.

Aufgestiegen war das Geschlecht im Dienst der Karolinger. Daß schon Liudgers Großvater Wursing für Pippin den Mittleren und dessen

Sohn Grimoald optiert hatte, begründete ein ›staatstragendes‹ Verpflichtungsverhältnis seiner Familie mit den Pippiniden bzw. Karolingern.[215] Die Bedeutung solcher Verbindungen ist nur vom frühmittelalterlichen ›Personenverbandsstaat‹ her zu verstehen, in welchem der Herrscher, anders als im institutionellen Flächenstaat, die öffentlichen Belange nicht durch Beamte, sondern mit Hilfe ihm verbündeter Familien wahrnahm; diese dienten dem König, hatten von Generation zu Generation eine feste Anwartschaft auf ihre Beteiligung wie auch auf ein Lehen. In dieser Weise gestaltete sich auch hier das Verhältnis: Von Pippin dem Mittleren bis zu Ludwig dem Deutschen waren die beiden Familien miteinander verbunden, wobei freilich die Nachfahren Wursings nur anfänglich politisch und später hauptsächlich geistlich dienten, indem sie für mehrere Generationen Geistliche bereitstellten, die im Kirchendienst eingesetzt wurden.

> Zunächst schon »hielten … die nachfolgenden Frankenherzöge den ehrenwerten Wursing bei sich und zeichneten ihn mit Lehen aus«.[216] Von Karl Martell, mit dem Wursing nach Friesland zurückkehrte, erhielt er ein Lehen im Grenzgebiet der Friesen und unterstützte Willibrord.[217] Karl der Große intensivierte die geistliche Zusammenarbeit, indem er »den Gottesmann Liudger als Hirten im westlichen Sachsen einsetzte«[218] und ihm zur Absicherung noch die Zelle Lotusa in Brabant gab.[219] Der jüngere Bruder Hildigrim wurde Bischof von Châlon-sur-Marne und zugleich Begründer des Bistums Halberstadt. Die Neffen Gerfried († 839) und Thiatgrim († 840) folgen in Münster wie in Halberstadt, ebenso im Eigenkloster Werden; weitere Nachfolger waren die im Verwandtschaftsgrad nicht näher bestimmbaren Altfried († 849) und Hildigrim († 885), wiederum in Münster und Halberstadt, letzterer zusätzlich noch in Werden.[220] Dort fanden sie alle auch ihr Grab.[221]

Wie jede Adelsfamilie von ihrer Mitbeteiligung an der Herrschaft lebte, so die Liudgeriden von dem ihnen herrscherlich zugewiesenen Bischofsamt und vom Eigenkloster. »Es ist ein Bewußtsein, das mit der Christianisierung der Familie einsetzt, auf einem Sendungsauftrag beruht, in der gemeinsamen, kontinuierlichen Ausübung des Amtes und der Herrschaft, des bischöflichen Amtes und der Eigenklosterherrschaft, kulminiert und in einer gemeinsamen Grablege seinen letzten sichtbaren Ausdruck findet«.[222]

Als Peregrinus

Die offenbar von Altfried bewußt an den Anfang seiner Liudger-Vita gestellte Verfolgung und Vertreibung des Großvaters Wursing durch den Friesenkönig Radbod gibt den Auftakt für eine Thematik, die sich in der ganzen Lebensbeschreibung wiederfindet und die in den Eingangskapiteln schon mit biblischen Anklängen ertönt: »De persecutione Vursingi« (über die Vertreibung Wursings) und »De expulsione eius« (über dessen Vertreibung).[223] Der »verfolgte« und »vertriebene« Wursing ist sozusagen ein anonymer Christ, der schon vor der Annahme des christlichen Glaubens als in Wirklichkeit christlicher »Helfer der Armen« und »Beschützer der Unterdrückten« erscheint.[224] Er fand Zuflucht beim Pippin-Sohn und Hausmeier Grimoald, der mit einer Tochter des Friesenkönigs verheiratet war, nahm dort, also in der Fremde, den Glauben an und erhielt die Taufe.[225] Wursing löste sich damit aus dem Verbund des friesischen Adels, in dem offenbar beträchtliche Spannungen bestanden, was auch daran ablesbar sein dürfte, daß der Hausmeier Grimoald 714 von einem heidnischen Friesen namens Rantgar in der Lambertus-Kirche zu Maastricht ermordet wurde.[226] Für Liudger ergibt sich, daß seine christliche Familiengeschichte von Anfang an durch Flucht, Vertreibung und Leben in der Fremde (peregrinatio) gekennzeichnet war. Die jüngere zweite Liudger-Vita, die in manchem über Altfried hinausgeht, streicht die missionarische Peregrinatio gerade in ihren spirituellen Aspekten heraus, heißt es doch programmatisch: »Zuerst kamen aus dem Land der Angeln in freiem Entschluß mehrere Männer aus Liebe zum Leben in der Fremde (pro Dei amore peregrinatione delectati); sie gingen hinaus aus ihrem Land, aus ihrer Verwandtschaft und wirkten dafür, unsere Heimat mit der Kenntnis Christi zu erleuchten«.[227]

Diese geistliche Peregrinatio hat auch Liudger auf sich genommen und sich lebenslang in der Fremde aufgehalten.[228] Schon als Kind übergaben ihn seine Eltern dem Abt Gregor von Utrecht, dem »Schüler und Nachfolger des Bonifatius«, wie Altfried eigens bemerkt.[229] Liudger wurde dadurch »Enkelschüler« des großen Angelsachsen[230], den als Greis in schneeweißem Haar zu sehen ihm nach eigenem späteren Zeugnis noch vergönnt war.[231] Ein aus Nordhumbrien zur Mission auf den Kontinent herübergekommener Peregrinus namens Aluberht wurde Liudgers nächste Bezugsperson. Als dieser zur Chorbischof-Weihe nach York zurückging, reiste er mit, wurde dort Diakon und lernte Alkuin kennen[232]; nach einem Jahr zurückgekehrt, bedrängte er seinen Utrechter Vorsteher Gregor wie auch seine Eltern, wiederum zu Alkuin gehen zu dürfen, und blieb diesmal drei Jahre, bis 772.[233] In Utrecht verstarb bald der verehrte Gregor, wonach dessen Enkel Alberich die Nachfolge übernahm und 777 in Köln die Bischofsweihe empfing.[234] Liudger erhielt dabei die Priesterweihe und ging nun, nachdem er zuvor an der Insel gewirkt hatte, in den friesischen Ostergau nach Dokkum, dem Ort des Bonifatius-Martyriums[235], übrigens als Nachfolger des zum Bischof von Bremen geweihten Willehad.

Daß sein Wirkkreis hier nicht für alle Zeit bleiben sollte, zeigte ihm der verstorbene Abt Gregor in einer Traumvision: Drei Haufen von Pergament- und Stoffschnipseln mußte er aufhäufen, worunter ihm die drei Völkerschaften bedeutet wurden, denen er vorstehen sollte[236], was sich in der Folgezeit dann auch bestätigte. Denn wegen des Widukind-Aufstandes, der 784 nach Friesland übergriff, mußte Liudger ausweichen, wallfahrtete nach Rom und weiter nach Monte Cassino, zum »Kloster des heiligen Benedikt«, wo er den Gedanken einer eigenen Klostergründung faßte, die er später in Werden verwirklichen sollte.[237] In die Heimat zurückgekehrt (787), wies Karl der Große ihm das Friesengebiet östlich des Flusses Lauwers zu[238] und zuletzt den sächsischen Südgau, über den er 805 Bischof wurde.[239] Als Reserve im Hinterland erhielt er noch Lotusa in Flandern. Das waren dann die »drei Völkerschaften«, wie Altfred feststellt, »daß das Sammeln der drei Haufen die Leitung dreier Völkerschaften bedeutete«.[240]

Was Altfried in seiner Liudger-Vita beschrieben hat, ist zunächst nur der äußere Gang dieser Peregrinatio. Daß Liudger sich persönlich zu einem lebenslangen Unterwegssein verpflichtet wußte und dabei vom asketischen Ideal der missionarischen Peregrinatio durchdrungen war, bezeugt er uns indirekt in seinen um 790/92 abgefaßten ›Erinnerungen‹ an seinen Utrechter Lehrer Gregor und an dessen Gemeinschaft mit Bonifatius.[241] An den Anfang stellt er das Postulat, daß nächst Gott »die heiligen Väter« und »Vorgesetzten« zu lieben seien, jene, die aus der geistlichen Wiedergeburt Frucht und Fortschritt erbracht hätten. Ihre guten Taten dürften nicht aus der Erinnerung schwinden und müßten zur Erbauung anderer wiederholt und verbreitet werden. Es gelte, auf ihren guten Ausgang zu schauen und ihren Glauben nachzuahmen (vgl. Hebr 13,7). »Wie gesagt, müssen wir also nach dem klaren Zeugnis der heiligen Schrift den geistlichen Vätern mit Recht Ehre erweisen und dürfen außer den Geboten des Herrn ihren Mahnungen und Beispielen nichts vorziehen. In ihnen haben wir die beste Norm für unser Leben.«[242] Folgen läßt Liudger ›Geschichten‹, die sowohl Gregors Prägung durch Bonifatius zu erkennen geben wie auch noch dessen Schüler beeindruckten, nicht zuletzt ihn selbst.

> Da ist zuerst die Episode des gut vierzehnjährigen Gregor, der gerade von der Palastschule kam und im Kloster Pfalzel bei Trier, wo seine Tante Äbtissin war, den heiligen Bonifatius antraf. Beim Lektorendienst vermochte der Hofschüler den Text zwar richtig zu lesen, ihn aber nicht mit eigenen Worten wiederzugeben. Daß Bonifatius ihn dann zu einer solchen Wiedergabe anleitete, knüpfte eine Verbindung für das Leben. Auf der Stelle folgte Gregor, auch gegen den Widerstand seiner gutmeinenden Tante, dem Fremden in die Mission nach Thüringen: »Er verließ Eltern und Heimat«[243]. Mit dieser Episode aber möchte Liudger nicht bloß ein Faktum berichten, vielmehr münzt er das Ganze um in eine Ermahnung[244] und wendet sich direkt an den Leser: »Kluger und einsichtiger Leser erwäge das Gelesene ...«[245] Folgen läßt er die für die Peregrinatio klassischen Stellen des Abschieds von Eltern und Heimat: Gregor machte sich auf, »ohne die Eltern zu befragen«[246], auch »gegen den Widerstand« der anwesenden Äbtissin; wie die Apostel verließ er die Fischnetze; Eltern und Heimat stellte er hintan (contemptis ... parentibus et patria)[247]; ja alle Annehmlichkeiten des Elternhauses gab er preis und beschritt harte Wege (vias duras)[248]; einem fremden (peregrinus) und armen Mann folgte er, ohne zu wissen wohin[249]; ihm gehorchte er, und den eigenen Eltern gegenüber stellte er sich taub (proprios parentes tamquam surdus).[250]

Was Liudger in seinen Erinnerungen an Gregor schildert, hat er alles auch selber getan und erlebt: Sein Abschied schon in den Kinderjahren aus dem Elternhaus nach Utrecht, der Aufbruch mit Alubert nach York, dann das Insistieren bei Gregor und seinen Eltern für einen abermaligen, längeren Aufenthalt. Die am eigenen Leib erfahrene Not seiner Missionsarbeit ist geschildert, wenn er über seine Lehrer Gregor und Bonifatius berichtet: In Thüringen hätten beide das Volk in großer Armut angetroffen, habe doch die Bewohnerschaft kaum über das Lebensnotwendige verfügt; von weither habe Bonifatius den Lebensunterhalt für seine Mitarbeiter heranschaffen müssen, denn die ganze Gegend sei, weil an der Grenze zu den aufrührerischen Heiden gelegen, durch Brandschatzung verwüstet gewesen. Ein wahrhaft apostolisches Leben hätten sie geführt: Predigen und zugleich für den Unterhalt selber arbeiten; wie die Urkirche seien sie ein Herz und eine Seele gewesen.[251] Mit Recht stellt K. Hauck fest, daß alle die Leiden, die Liudger als von Bonifatius und Gregor erlitten schildere, er gleichfalls erduldet habe: die an der Issel erfahrenen Überfälle seitens der Sachsen und deren Zerstörungen, überhaupt die Bedrohung und seine Flucht aus dem aufständischen Friesland.²⁵² Eine eingeflochtene »Anwendung« mahnt wiederum eindringlich: Es könne nicht um Sicherheit und Glück im eigenen Leben zu tun sein, vielmehr seien – wie es in Anlehnung an Paulus heißt (vgl. 2 Kor 11,26–28) – Hunger, Blöße, Mühsal, Arbeit, Verfolgung und Flucht zu gewärtigen. Wie Jesus habe sich auch Bonifatius bereit gezeigt, sein Leben für seine Schafe hinzugeben (vgl. Joh 10,11); ganz anders dagegen jene Hirten, die mitten im Frieden auf eigenen Vorteil bedacht seien und nicht einmal einen Laut gegen die Wölfe von sich gäben.

Als dritter Punkt ist die Rom-Peregrinatio anzuführen. Liudger teilt mit, daß Gregor mit Bonifatius in Rom gewesen ist; anders als der Text glauben läßt, muß es die dritte Rom-Reise des großen Angelsachsen (737/38) gewesen sein.²⁵³ Bonifatius habe die »›familia‹ des heiligen Petrus [alle am Petrusgrab lebenden Kleriker und Asketen] gebeten, um Gottes und der Liebe zum heiligen Petrus willen möchte der gesamte anwesende Klerus mit ihm auf die Knie fallen und inständig für ihn beten«²⁵⁴ – und so sei es auch geschehen. Die Nachhaltigkeit eines solchen Erlebnisses wird man sich unschwer vergegenwärtigen können: Menschen, die am Rand der Christenheit lebten und dort unter Lebensbedrohung für den Glauben wirkten, sahen sich nun vom Beistand der römischen Kirche, aller Kirchen Haupt und Mutter, wie auch des heiligen Petrus förmlich umgeben. Das war für sie Stärkung und Ermutigung, und so »kehrte die glückliche Gesellschaft, der heilige Lehrer und seine auserwählten Schüler, dem Herrn und seinen Heiligen durch die Verdienste und das Gebet des gesamten Klerus und der Familia des heiligen Petrus empfohlen, in die Heimat zurück«.²⁵⁵ Für Liudger wird es kein anderes Erlebnis gewesen sein, als er selber zusammen mit seinem jüngeren Bruder Hildegrim, dem späteren Bischof von Châlon-sur-Marne und Halberstadt, und mit seinem Schüler Castus-Gerbert, dem späteren Leiter der Zelle Visbek, in Rom war. Gregors Rom-Erlebnis dürfte erneut eigenes Erleben wiedergeben.

Weiter schuf die Peregrinatio Internationalität, denn notwendig mußte sie Angehörige verschiedener Stämme und Völker vermischen. Liudger schildert in diesem Sinne die Utrechter Domschule.

> Denn die dortigen Schüler stammten »nicht aus einem Volk, sondern waren aus der Blüte aller benachbarten Völker vereint. Sie waren von solchem Vertrauen, solcher Freundlichkeit und geistlichen Freude beseelt, daß man sie in ihrer Ein-

heit sonnenklar als Söhne des einen geistlichen Vaters und der Mutter aller, der Liebe, erkannte. Einige waren aus dem edlen Stamm der Franken, einige aus dem frommen Volk der Angeln, einige aus der neuen Pflanzung Gottes, die erst in unseren Tagen bei den Friesen und Sachsen angelegt wurde. Andere kamen von den Bayern und Schwaben, die dieselbe Religion hatten, oder von welchem Volk und Stamm sie Gott gerade gesandt hatte«.[256]

Sein eigentliches Leitprinzip, das ihm diese übergentile Einstellung ermöglichte, fand er in dem Wort der Apostelgeschichte von der visionären Missionsbeauftragung Petri für die Heiden: »Aus jedem Volk ist ihm [Gott] angenehm, wer ihn fürchtet und Gerechtigkeit übt« (Apg 10,35). Indem Liudger ›Internationalität‹ praktizierte, machte er sich zum Propagator einer »alle Völker und Rassen überspannenden ›Gleichheit‹, Solidarität und Brüderlichkeit, die in der Tat reichlich ›naturfern‹ ist«.[257] Tatsächlich wurde durch die »Fremden« im Karolingerreich ein Bewußtsein von übergentiler Verbundenheit geschaffen, das ein neues gesamtkirchliches Bewußtsein heraufführte und eine wesentliche Voraussetzung für Karls Vielvölker-Reich war.[258]

Im geistlichen Bild, das wir uns von Liudger machen können, ist die Herausstellung der Peregrinatio neu. Lange galt er zuerst als Mönch, ja als Benediktiner. Aber mit Pius Engelbert ist festzustellen: »Das geistliche Ideal, dem Liudger zuneigt, ist ... das des armen, asketisch lebenden Wandermissionars, der wie der heilige Paulus und wie der heilige Bonifatius allein oder mit wenigen Mitarbeitern unermüdlich für die Bekehrung der ihm anvertrauten Völker ... unterwegs war«.[259]

Bischofssitz Münster

Kathedralkloster

Das Ideal des asketischen Priestertums mit seiner Forderung nach angesammelten Verdiensten und reinen Händen als Voraussetzung für eine wirksame Sakramentenspendung hat im angelsächsischen England dazu geführt, an den Bischofssitzen ein Kathedralkloster zu errichten, wo der Klerus unter Leitung des Bischofs zu einem quasi-klösterlichen Leben verpflichtet wurde, »weil es die den Zölibat der Priester ... begründende Idee von der kultischen (sexuellen) Reinheit ... am ehesten ermöglichte«.[260] Die angelsächsischen Missionare brachten dieses Ideal mit auf den Kontinent, errichteten in ihren Missionsgebieten (Klein-)

Klöster und bei ihren Bischofssitzen ein Kathedralkloster, wie es Willibrord in Utrecht, Bonifatius an den bayerischen Bischofssitzen und Willibald in Eichstätt taten.²⁶¹ Weiter ist bei den angelsächsischen Missionaren zu beobachten, daß der jeweilige Missionsleiter am Rande des eigentlichen Missionsgebietes ein Eigenkloster errichtete: »Ein solches Eigenkloster (Echternach, Kaiserswerth, Fulda) war für die Mission so etwas wie eine religiöse, ökonomische und kulturelle ›Basisstation‹; vor allem auch war es gedacht als Memorialkloster und Grablege des Stifters«.²⁶² In Liudgers Blickfeld lagen genau solche Klöster samt ihrem geistlichen Ideal, das keineswegs zuerst strikte Klösterlichkeit intendierte, vielmehr Raum ließ auch für Mission und Seelsorge. Die Span-

Erbauung des Klosters Werden

nungen, die daraus in der Karolingischen Kirchenreform entstanden und welche Lösungen dafür angestrebt wurden, sind bekannt: die Mönche sollten die strenge Profeß ablegen und klösterlich leben, die (Seelsorgs-)Priester hingegen quasi-klösterlich, und das nannte man ›kanonisch‹, wofür Ludwigs des Frommen Aachener Gesetzgebung von 816/19 die Regel formulierte.[263] Indes hatte noch Alkuin einen »tertius gradus« empfohlen, eine Kombination von Mönchsleben und Priesterdasein.[264] Genau hierin ist ihm sein Schüler Liudger gefolgt: sowohl Mönch wollte er sein wie Missionar. Dieser Kompromiß führte ihn dazu, daß er die zwei Jahre in Monte Cassino »in sancta conversatione« (in heiligem Klosterleben) verbrachte und die »Regel des heiligen Vaters Benedikt erlernte«[265], ansonsten aber »eine (Mönchs-)Kukulle nicht tragen wollte, weil er das Mönchsgelübde nicht abgelegt hatte«.[266] Das ist genau die Befolgung des alkuinischen Mittelwegs! Darum auch dürfte es für Liudger bezeichnend sein, daß »seine Mitstreiter mit klerikalen Weihegraden ..., nie jedoch als Mönche« erscheinen.[267] Indes möchte man wenigstens bei seiner Stiftung in Werden reines Benediktinertum voraussetzen wollen, wie es Bonifatius in Fulda verwirklicht hatte. Doch bleibt für Liudger zu konstatieren, daß seine »Konzeption des Klosters Werden schon bei der Geburt veraltet war«: Ein Monasterium »als Familienkloster mit dem Stifter als ›nichtresidierendem‹ Rector, der sich auch ›abbas‹ nannte und einer halb benediktinischen, halb kanonikalen Germeinschaft« vorstand.[268] »Wenn Liudger«, so Pius Engelbert abschließend, »eigene Vorstellungen vom Mönchtum hatte, dann höchstens die des Mischregelzeitalters«.[269]

Monasterium – Münster

Wenn auch das nachmalige Münster mit Liudger aus dem »archaischen Dunkel«[270] herausgetreten ist, so doch nicht in historisch festumrissene Helle. Das betrifft schon das Gründungsjahr; denn »nirgendwo steht ausdrücklich geschrieben, daß Liudger sein *monasterium* im Jahr 793 hat errichten lassen«.[271] Vielmehr sind wir auf Kombinationen angewiesen, daß nämlich die erst gegen 875 verfaßte dritte Lebensbeschreibung Liudgers mitteilt, der Heilige habe 12 Jahre in seinem Monasterium gewirkt, bis er Bischof geworden sei; für die Bischofserhebung aber läßt sich das Jahr 805 errechnen, und insofern gelangt man zurück zu 793.[272] Da zudem dieses Monasterium später zum Bischofssitz ausersehen wurde, möchte man dem Ort von vornherein eine überlokale Bedeutung zusprechen[273], was zur der Überlegung weiterführt, ob nicht bereits vor Liudger eine Kirche bestanden haben könnte. Tatsächlich möchte E. Freise annehmen, »daß es in Mimigernaford spätestens nach der Zerschlagung des sächsischen Widerstandes im Dreingau 784 wieder sehr bald eine Kirche und Priester gab«.[274]

Mit der Errichtung des Bischofssitzes geschah ein grundsätzlicher Neubeginn: eine ringförmig umschlossene ›Stadt‹, gesichert im Westen und Norden von dem Wasser der Aa, im Osten und Süden von Wall und Graben. Das Innere muß relativ dicht mit kleinzelligen Häusern der bischöflichen Bediensteten besiedelt gewesen sein und vermittelt den »Eindruck der neuen, ganz anders gearteten soziologischen Struktur der Stadtbevölkerung«.[275] Ein in der Wallschüttung aufgefundenes kleines gegossenes Bronzekreuz ist »das älteste christliche archäologische Zeugnis Mimigernafords«.[276] Ein anderer Fund zeugt indessen von Synkretismus, ja von offenem Heidentum: die am Horsteberg entdeckten Skelette von Pferd und angebundenem Hund, ein ursprünglich zweifellos heidnisches Opfer-Gebinde, das hier entweder

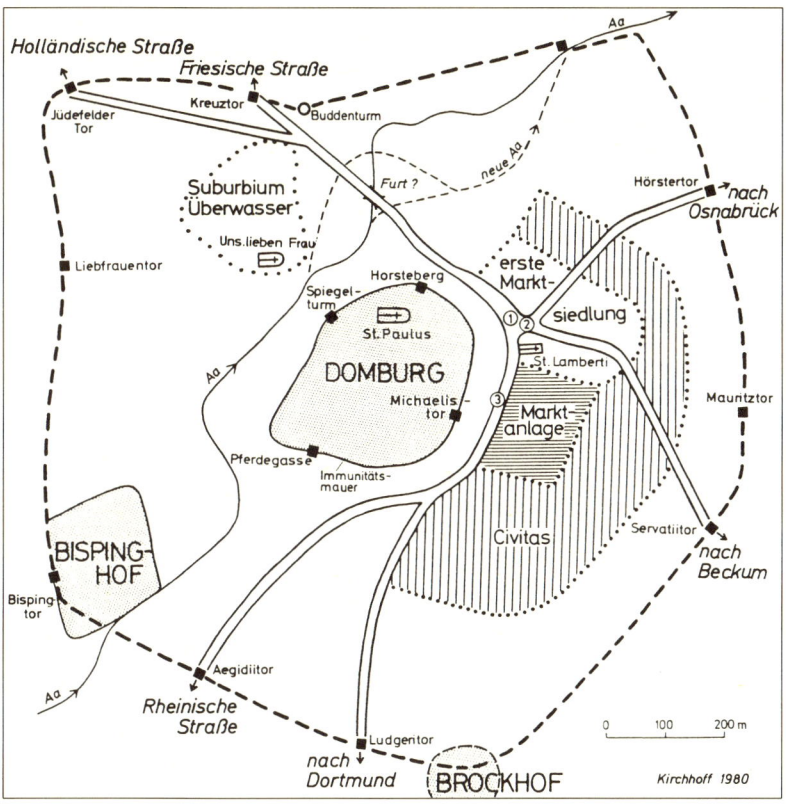

Entwicklung der Stadt Münster

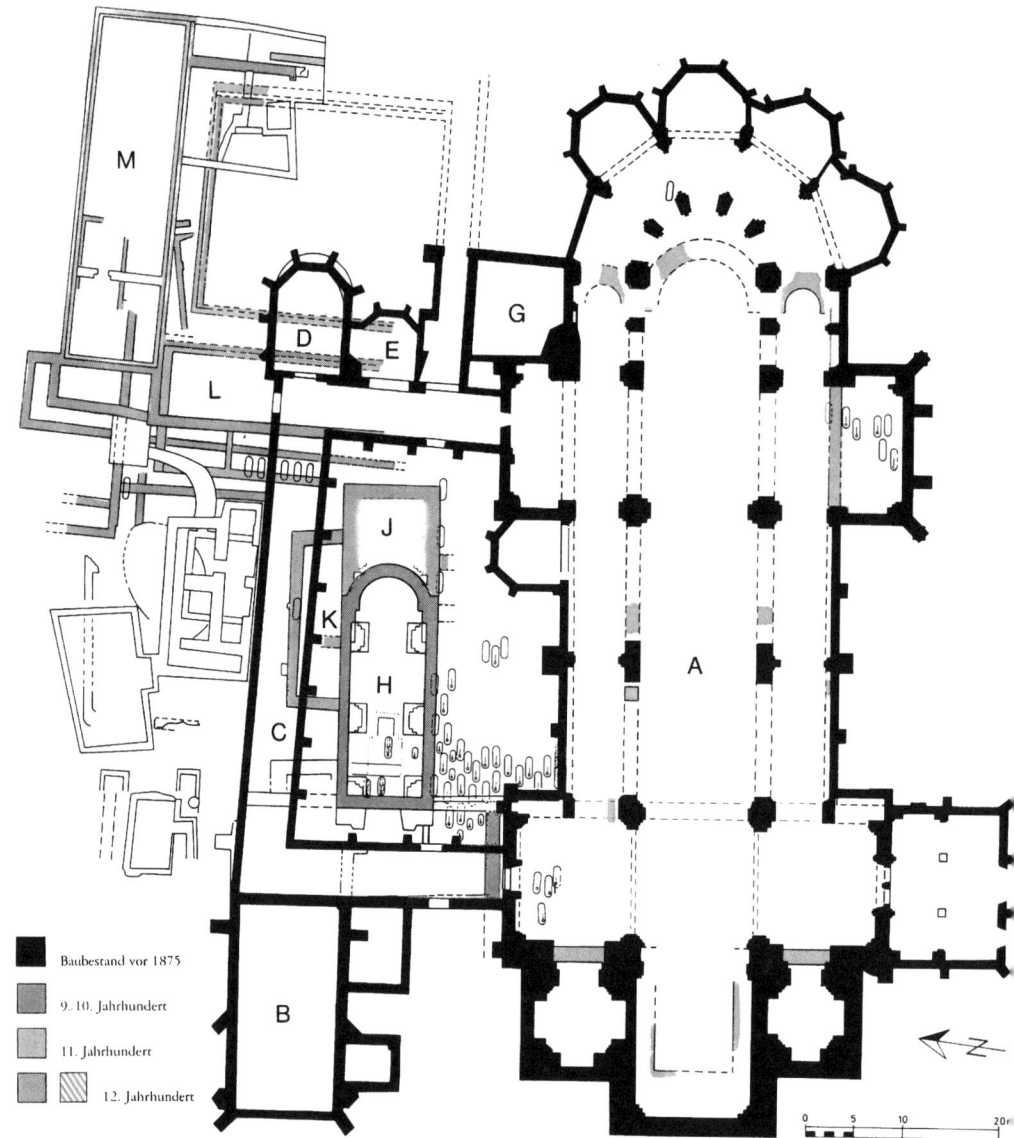

- A Dom im heutigen Bestand, mit Vorgängerbau (Weihe 1090)
- B ›Alter Dom‹, Neubau nach 1377
- C Kreuzgang, nach 1377
- D Marienkapelle, mit Fundamenten eines Vorgängerbaues
- E Annenkapelle
- F Elisabethkapelle
- G Kapitelsaal
- H ›Alter Dom‹ vor 1377. – Karolingischer Apsidensaal mit romanischer Einwölbung
- J Chorerweiterung
- K Nordannex
- L Westflügel des jüngeren Claustrums, überlagert wohl Ostflügel eines karolingischen Kreuzganges
- M Nordflügel des jüngeren Claustrums mit Refektorium, überlagert karolingische Bauteile (Nordflügel eines älteren Claustrums?)

Bischofssitz Münster | 159

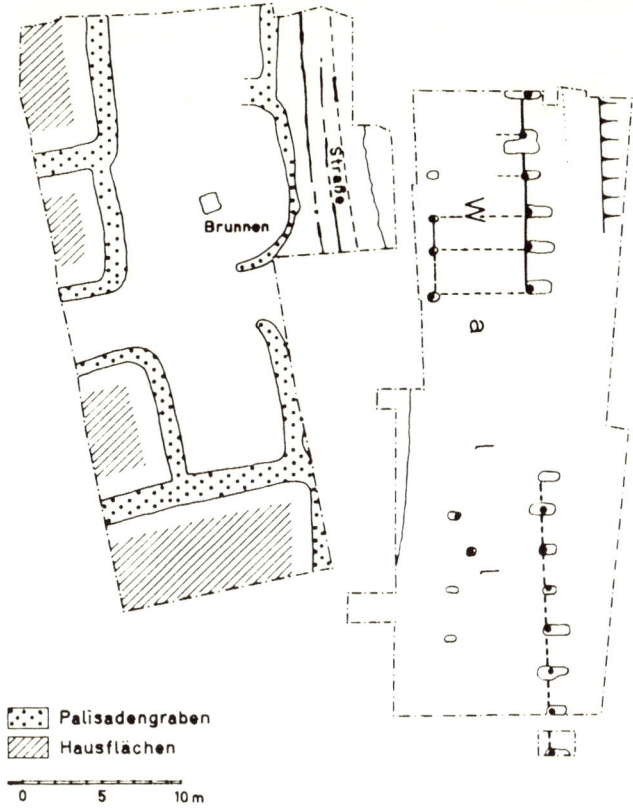

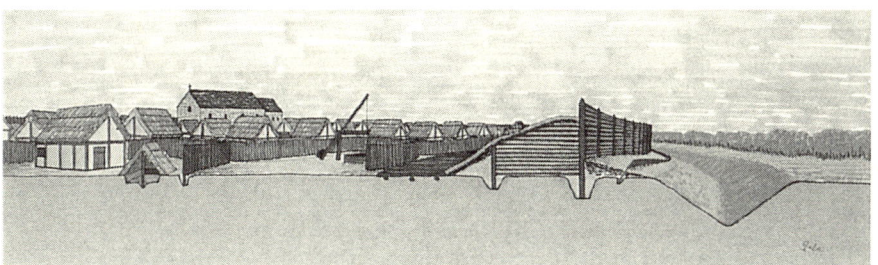

Ausgrabungen im Ostteil des karolingischen Burgus mit Rekonstruktionszeichnungen

Links: Grundriß von Dom, Altem Dom und Kloster

als Anerkennung des siegreichen Christengottes oder aber als Verwünschungsopfer für die Bischofsstadt gedeutet werden muß.[277]

Liudgers geistliches Konzept hatte Konsequenzen für Münster wie auch noch für Werden. Daß in Münster eigentlich nicht mit Mönchen gerechnet werden kann, dürfte aus den soeben erwähnten Mischverhältnissen klar geworden sein. Weiter ist vorgeschlagen worden, ob nicht Münster mit Werden ein Doppelkloster gebildet habe, wie es in Nordhumbrien die Beda-Klöster Wearmouth und Jarrow waren, die sich ausdrücklich als »unum monasterium in duobus locis positum« (als ein an zwei Orten plaziertes Kloster) verstanden.[278] Das jedoch scheint wiederum Altfried unhaltbar zu machen, spricht er doch in seiner Liudger-Vita ausdrücklich von Münster als einen »monasterium sub regula canonica«[279] (Kloster unter Kanoniker-Regel). Diese Aussage ist indes paläographisch nicht ganz gesichert; obendrein wird eingewendet, zur Zeit der Errichtung des münsterschen Klosters habe es, außer der allein in Metz befolgten Chrodegang-Regel, keine ausgearbeitete Kanoniker-Regel gegeben.[280] Wahrscheinlich ist die Lösung darin zu suchen, daß zur Zeit Liudgers noch in beiden Niederlassungen ein Mischverhältnis bestand, sich dann aber eine Scheidung anbahnte, derzufolge Werden mönchisch und Münster kanonikal wurde (auch wenn dabei nicht ausdrücklich die Aachener Gesetzgebung befolgt wurde). Daß man später in Sachsen sehr wohl um die mönchisch-kanonikale Sonderung wußte, zeigt eine Nebenbemerkung in der ›Translatio sancti Viti‹, wo der Verfasser eindeutig zwischen »monachi« und »canonici« trennt.[281] Selbstverständlich hat auch Altfried diese Scheidung gekannt und sie möglicherweise zurückprojiziert, wobei eben Münster kanonisch und Werden benediktinisch wurde. »Diese differenzierende Etikettierung entspricht der tatsächlichen historischen Entwicklung Münsters und Werdens«.[282]

Strittig ist weiter die Frage, wie Dom-Kloster und Kathedrale zueinander gestanden haben. Die Angelsachsen – und Liudger stand unter ihrem Einfluß – versahen ihren Bischofssitz mit normalerweise zwei Kirchen, der Kathedrale nämlich und dem klösterlichen Oratorium. Für Münster bezeugt die spätere Überlieferung einen Alten Dom, gelegen nördlich vom heutigen, was sich bestens in das Bild vom Kathedralkloster einfügt. Nur haben jüngste Ausgrabungen zu der Erkenntnis geführt, daß zwar im Nordbereich des heutigen Domkreuzgangs, wo auch das Domkloster lag, eine eigene Kirche stand, die aber nur »verhältnismäßig klein« war[283], nämlich knapp 8 Meter breit und (nach Erweiterung) 30 Meter lang. Sie stieß an bzw. überlagerte einen dem späten

8. und frühen 9. Jahrhundert angehörenden und auf den heutigen Dom hin orientierten Christen-Friedhof. Daraus ergibt sich als Folgerung: Die erste und wichtigste Kirche, nämlich Liudgers Kloster- und Missionskirche, muß unter dem heutigen Dom gesucht werden.[284] Diese Kirche ist dann Bischofskirche geworden, während der nördlich ergrabene Alte Dom schon wegen seiner bescheidenen Ausmaße schwerlich eine solche Funktion erfüllt haben kann, sondern – wohl nach der Kathedralerhebung der Monasterium-Kirche – als Klosteroratorium diente.

Diskutiert wird des weiteren das Paulus-Patrozinium, zunächst schon wegen der Tatsache, daß in Münster die »einzige Paulus geweihte deutsche Bischofskirche« steht.[285] Damals aber fungierten ideell als Kirchenpatrone immer der Salvator mit Maria und den Apostelfürsten Petrus und Paulus; genannt wurden jedoch meist nur jene Heilige, von denen Reliquien vorhanden waren.[286] Der zeitgenössische Befund, daß die Münstersche Diözese im Jahre 819 als »porroechia sancti Pauli«[287] bezeichnet wird und für Werden im Jahre 818 nach dem Erlöser und Maria noch ein spezialisiertes Patronat des heiligen Petrus erwähnt ist[288], hat man so zu deuten gesucht, »daß das Patrozinium der Apostelfürsten Petrus und Paulus nach 800 aufgeteilt worden ist«.[289] Doch könnte für Münster gelten, daß die noch heute im Domschatz aufbewahrte, um 1050/70 geschaffene Reliquienbüste Pauli[290] möglicherweise in der Tradition besonderer Paulus-Reliquien schon des Anfangs steht. Dies scheint sich zu bestätigen in der ältesten nachliudgeridischen Urkunde, der des Bischofs Wolfhelm von 889, welcher eine Schenkung »an die Reliquien des heiligen Paulus zu Mimigernaford« in Aussicht nimmt, diese zuletzt aber an Werden ergehen läßt, nämlich »für den heiligen Liudger an die Reliquien des heiligen Erlösers«.[291] Noch komplizierter wird die Patrozinienfrage dadurch, daß Altfried berichtet, der zu Billerbeck verstorbene Liudger sei zu seinem in Mimigernaford errichteten Monasterium verbracht und zunächst »in der Kirche der heiligen Maria«[292] bestattet worden, bis er dann sein Grab in Werden erhalten habe. Eher als an eine eigene Marienkirche dürfte wiederum an den Gruppencharakter der Patrozinien zu denken sein; an die »Verbindung des durch die Apostel repräsentierten Christus mit der in Maria dargestellten Kirche«.[293]

Ein Bischofssitz bedurfte auch der wirtschaftlichen Fundierung. Zugehörig waren mehrere Höfe, von denen die wichtigsten im heutigen Stadtgebiet lagen. Zur Gründungsausstattung gehörten der Brockhof und der Bispinghof. Der Brockhof wurde später – nach der irgendwann um 1000 vollzogenen Gütertrennung zwischen Bischof und Domkapitel – der wichtigste und größte Hof des Kapitels, dem etwa 60 bis 80 weitere

Höfe zugeordnet waren; er lag im Gebiet des heutigen Ludgeriplatzes, erfaßte noch die Flächen der mittelalterlichen Ludgeri- und Aegidii-Pfarrei und reichte bis an die Rothenburg. Der Bispinghof gehörte – wie der Name (Bischop-ing-Hof = Bischofshof) besagt – dem Bischof; über wieviel Unterhöfe er verfügte, ist nicht mehr auszumachen; er lag links der Aa im Südwest-Winkel der mittelalterlichen Stadt und sein Gelände reichte bis an die heutige Frauenstraße. Nach Osten hin gehörte der Hof Niesing der Domdechanei und der Hof Eschhus der Domküsterei.[294]

Bücher und Bibliotheken

Schon das Kind Liudger soll Baumringe zum Schreiben benutzt haben.[295] Tatsächlich ist der spätere Kleriker zeitlebens ein Bücherfreund geblieben. Sein Studium in York machte ihn mit der dortigen Bibliothek bekannt, eine der besten seiner Zeit. Vom Bücherbestand in Werden haben wir gerade noch umrißhafte Kenntnisse: die Pastoralregel Gregors des Großen sowie dessen Auslegung des Buches Hiob, die ›Etymologiae‹ des Isidor von Sevilla (das Universallexikon des Frühmittelalters), die ›Geschichten gegen die Heiden‹ des Orosius († 410), die ›Kirchengeschichte‹ des Beda, als Kirchenrechtsammlung die ›Collectio Quesnelliana‹ (um 500 in Italien entstanden und mit beachtlicher Nachwirkung im Frühmittelalter), vor allem als »Prachtstück liudgeridischer Bücherakquisition«[296] der berühmte ›Codex Argenteus‹, eine um 500 in Silberbuchstaben erstellte Abschrift der von Wulfila im 4. Jahrhundert angefertigten gotischen Bibelübersetzung, die in Werden lag und im 30-jährigen Krieg nach Schweden gelangte.[297] Daß Liudger selber einen um 800 entstandenen Paulus-Codex geschrieben haben soll, muß allerdings fraglich bleiben.[298] Desgleichen bleibt unsicher, ob Werden als Schriftheimat einer der überkommenen Heliand-Handschriften angesehen werden kann. Doch ist neuerdings von der Sprachanalyse her als Entstehungsgebiet dieser altsächsischen Evangelien-Dichtung auch die niederländisch-niederdeutsche Übergangszone an der Issel ins Spiel gebracht worden[299], und damit wäre der Autor »am ehesten in Münster oder Werden« zu suchen.[300] Tatsächlich dürfte das liudgeridische Münster ein Skriptorium gehabt haben. Wenn Liudger 801 eine von seinem Neffen Gerfried geschriebene Urkunde als »Abt« unterzeichnete und nachfolgend noch sieben Kleriker[301], möchte E. Freise »eine Delegation des münsterischen Konvents vermuten«.[302] Der erstmals 793 und zuletzt noch 820 in Münster als Urkundenschreiber faßbare Priester Werinhard[303] könnte »zum Personal des Liudger-Skriptoriums« gehört haben.³⁰⁴ Ein daraus hervorgegangenes Buch ist allerdings nicht erhalten geblieben, wohl aber ein anderwärts, nämlich im nordfranzösischen St. Amand, geschriebener Kodex mit den alttestamentlichen Propheten, der den Besitzvermerk trägt: »liber sancti Pauli« (Buch des heiligen Paulus).³⁰⁵

Bischöfe bis 1000

Über die Nachfolger Liudgers besitzen wir nurmehr sporadische, oft gar nur punktartige Mitteilungen. Bis zur Jahrtausendwende ist gerade eine Urkunde erhalten, die schon erwähnte Schenkung Bischof Wolfhelms aus dem Jahre 889, die »zeitlich an die Spitze aller bekannten Münsterer Bischofsurkunden gerückt« werden muß und sich erst mit drei undatierten Stücken Bischof Siegfrieds (1022–1032) fortsetzt.³⁰⁶ Das heißt: über die bischöfliche Administration besitzen wir keine Dokumente mehr. Nur Zufallsnachrichten, etwa die Unterschrift bei einer Synode, die Anwesenheit auf Reichstagen oder auch das Mitwirken in Reichsangelegenheiten, lassen gerade noch die Abfolge erkennen, aber schon nicht mehr die genauen Amtszeiten.³⁰⁷

Liudgers Nachfolger war sein Neffe Gerfried, zugleich Abt in Werden (816. 839). Auch Altfried (841. 849), der Verfasser der ersten Liudger-Vita, war ein Verwandter und wiederum Werdener Abt, der aber seltsamerweise kaum über Münster berichtet, vielmehr über die friesische Herkunft von Liudgers Familie. Der erste Nicht-Liudgeride war Liutbert (852. 870); er kam aus dem Rheinland und war Neffe des Kölner Erzbischofs Hadebald († 841). Für den Nachfolger Hodolph bzw. Bertold ist allein das Jahr 870 zu erschließen. Etwas deutlicher tritt Bischof Wolfhelm hervor (889. 895), von dem die erwähnte Urkunde herrührt. Er entstammte einer besitzreichen Familie und darf »der erste Münsterländer«³⁰⁸ auf Liudgers Stuhl heißen. Die erwähnte Urkunde, eigentlich eine persönliche Schenkung, erlaubt immerhin eine blitzartige Erhellung der Situation: Zu erschließen sind eine Diözesansynode und der dort versammelte Klerus: der (Dom-)Propst und elf (Dom-)Kanoniker, der (Archi-)Diakon und 40 (Seelsorgs-)Geistliche.³⁰⁹ Für die Ottonen-Zeit folgen nur noch Namen und Einzeljahre: Nithard (921), Rumold (vor 927. 932), Hildebold (947. 967) und – ein wenig reicher dokumentiert – die Bischöfe Dodo (972. 993) und Suitger (993/94–1011).

Pfarreien

Kirchen im Münsterland

Als Bischof war Liudger zuständig für den Südergau. Über sein Wirken schreibt Altfried zusammenfassend: »In einem Ort nach dem anderen rottete er das Dornengestrüpp des Götzendienstes aus und säte das Gotteswort. Er errichtete Kirchen und weihte für sie Priester, die er selbst zu würdigen Mitarbeitern im Weinberg des Herrn herangezogen hatte«.[310] Als »liudgeridische Urpfarreien« sind Billerbeck, Coesfeld, Ahlen, Emsbüren und das ostfriesische Leer anzusehen.[311] Insgesamt ist dem Münsterschen Missionsbezirk »Großzügigkeit und Klarheit der ersten Planung« bescheinigt worden, seien doch zwei große Ringe von Urpfarreien entstanden[312]: einmal der äußere mit Warendorf (24 km östlich), Ahlen (24 km südöstlich), Werne (31 km südlich), Dülmen (28 km südwestlich) und Billerbeck (23 km westlich), allesamt auf frühbezeugten bischöflichen Haupthöfen errichtet; dann der engere Ring mit Altenberge (15 km nordwestlich), Greven (15 km nördlich), Telgte (12 km östlich), Albersloh (13 km südöstlich), Ascheberg (19 km südlich), zusätzlich die Werdener Eigenkirche Lüdinghausen (24 km südwestlich) und die (Stifts-)Kirche zu Nottuln (18 km westlich). Aber diese Ringbildung ist mit der Suggestivität ihrer so klar rhythmisierten Distanzen wohl kaum zu halten. Neben Billerbeck hatte eben auch Coesfeld eine liudgeridische Kirche, wohl ebenso Beckum neben dem frühen Ahlen. Anzufügen ist ferner Herzfeld als eine besondere Adelsstiftung. Archäologisch haben sich frühe Kirchen für Warendorf und Albersloh feststellen lassen.

Neben der engeren münsterischen Tätigkeit Liudgers glaubt die Forschung noch drei weitere Missionsbezirke aufweisen zu können. Im Jahre 838 schenkte Kaiser Ludwig der Fromme der Abtei Herford die Kirchen in Rheine, Wettringen und Schöppingen[313], die als »die ältesten Pfarrkirchen im Bursibant- und Scopingau« gelten.[314] Daß hier ein eigener Bezirk anzunehmen sei, zeige sich darin, daß er keinen bischöflichen bzw. domkapitularischen Besitz aufweise.[315] Mit demselben Argument hat man auch einen eigenen Missionsbezirk um Borken erschlossen, von dessen Kirche im Laufe des 8. Jahrhunderts Lembeck abgezweigt worden sei und in dessen Bereich auch die zu Werden gehörige Kirche in Altschermbeck stehe.[316] Weiter noch sei im westlichen Münsterland ein Missionsbezirk Liudgers anzunehmen, der sich von

Pfarreien | 165

♱ Erzbistum
✝ Bistum
● Kloster
• Kirchort
  Missionsgebiet

Wirkungsgebiet Liudgers

Stadtlohn bis zum heute niederländischen Zelhem erstreckt habe, ohne daß Vreden (für das schon früh ein Stift anzunehmen ist) eingeschlossen gewesen wäre.[317] Schließlich ist noch Emsbüren zu erwähnen, über das eine verunechtete, aber in wesentlichen Punkten doch glaubwürdige Urkunde des Jahres 819 berichtet, daß Liudger den Hof Emsbüren erworben habe; der Sprengel wurde damals vom Missionsbezirk Visbeck-Freren abgetrennt und als »ecclesia in saxlinga« dem Bistum des heiligen Paulus eingegliedert.

Sonderfall Herzfeld

Daß bei der Mission Kirchen gegründet wurden, erscheint uns selbstverständlich. Welcher Aufwand dafür erforderlich war, lehrt das Beispiel Herzfeld. Die Stifterin, die Heilige Ida, wird »zu den bedeutendsten Frauengestalten der Zeit um 800 im sächsisch-fränkischen Norden des Karolingerreiches« gerechnet und gilt »als ›Stammutter‹ der im 9. Jahrhundert in Sachsen mächtigen Adelssippe der ›Ekbertiner‹«, weiter noch als »›Mitahnin‹ der Liudolfinger/Ottonen«.[318] Ihre Vita, die der Werdener Mönch Uffing wohl 980 abfaßte[319], berichtet, Ida sei die einzige Tochter eines fränkischen Grafen in Gallien gewesen, zudem eine »königliche« Verwandte der heiligen Gertrud, einer Pippinidin, und noch der Heiligen Odilia, der Tochter des elsässischen Herzogs Etticho

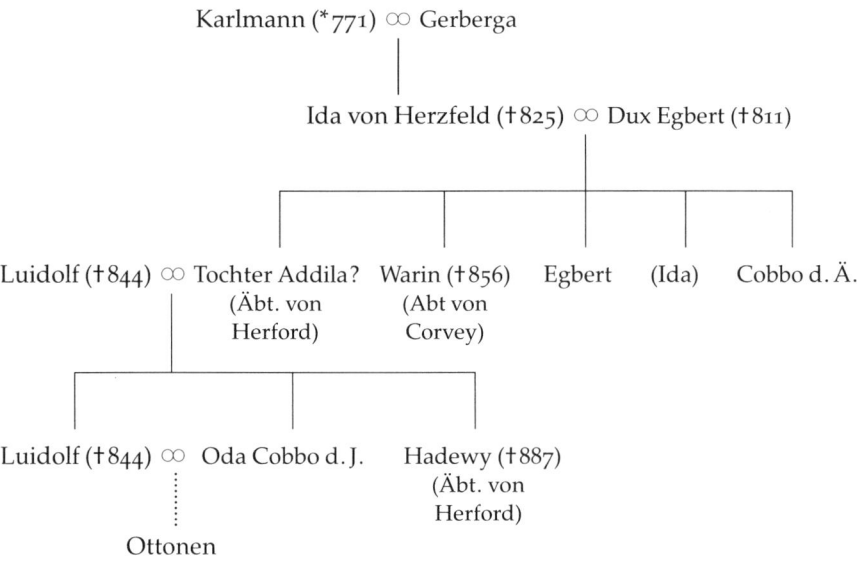

Abstammung der Heiligen Ida

(† 720). Tatsächlich scheint Ida karolingischer Abstammung gewesen zu sein, möglicherweise eine Tochter des 771 verstorbenen Karlmann, des Bruders Karls des Großen.[320] Wie Idas Heirat mit dem Dux Egbert zustande kam, schildert die Vita episodenhaft; besagter Egbert stamme »aus dem östlichen Teil des Landes«, habe auf einem Westfeldzug Karls eine schwere Verwundung erlitten und sei von diesem dann der Familie Idas zur Gesundung überwiesen worden, und so sei es zu der von Karl bewilligten Vermählung gekommen; auch habe Egbert in seiner Heimat – also in Sachsen – viele Güter aus Fiskalbesitz erhalten, sei zuletzt zum Herzog aller Sachsen zwischen Rhein und Weser erhoben worden.[321] Ein Sohn von ihnen, Warin, wurde Abt von Corvey. Egbert und Ida ließen sich, nachdem sie vor 820 bzw. 825 verstorben waren, an der von ihnen in Herzfeld errichteten Kirche bestatten. Daß später noch »der liebe Sohn des Grafen Liudolf« dort beerdigt werden sollte[322], darf als Hinweis darauf verstanden werden, daß eine Art Familien-Grablege geplant war und der Ort an die Liudolfinger übergegangen war, die ihn dann aber mit Werden tauschten.[323]

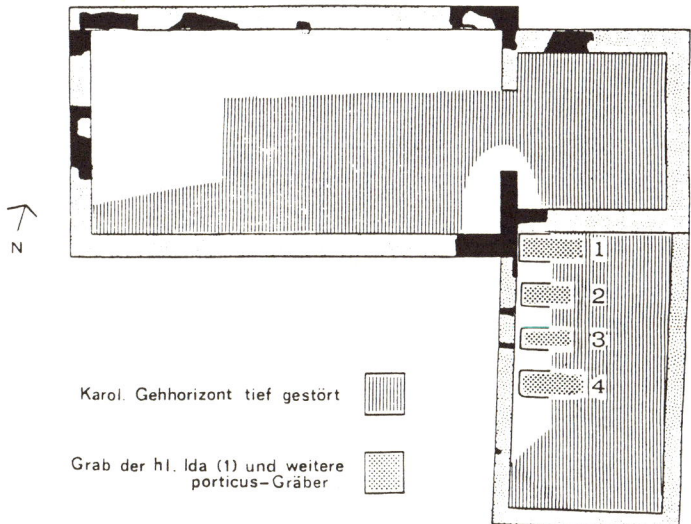

Plan der von der Heiligen Ida gestifteten Kirche mit Anbau und Gräbern

Herzfeld bietet eine ausgezeichnete Möglichkeit, Einblick zu nehmen in zeitgenössisches Kirchenleben. Die Vita enthält Hinweise auf Ausstattung, Priesterschaft und Gottesdienst, was teilweise auch archäologisch bestätigt werden konnte. Sofort schon wurde in Herzfeld »eine steinerne Kirche aus behauenem Stein errichtet«.[324] Die archäologische Untersuchung hat Art und Größe zutage gefördert: ein Saalbau von 14 mal 6,5 Metern; für die Aufmauerung diente Travertin, wohl aus dem benachbarten Geseke herbeigeschafft und »sehr sorgfältig als Quaderformat behauen«.[325] Seiner Anlage entsprechend hatte der Bau eine »hölzerne Decke« (oder Dach?)[326]; der Fußboden bestand aus Mörtelestrich, und die Wände waren bemalt.[327] Zwei Annexbauten gehörten dazu: ein Turm, der in den Westteil des Erstbaus hineingesetzt worden ist und Glocken trug, ferner ein »porticus«, ein Anbau an der südlichen Chorseite. Der Vita zufolge hat Ida nach dem Tod ihres Gatten an der Kirche »eine kleine Halle (porticus) [errichtet], wo sie zurückgezogen beten und ungestört vom Lärm der Leute geistlich leben konnte«[328]; lebenslang schon hatte sie Askese geübt und verteilte nun, was immer nur gespart werden konnte, mildtätig an Bedürftige. Der Annexraum wurde, wie schon für Egbert, auch ihr eigener Grabort.[329] Sie befolgte damit strikt die karolingische Anweisung, keine Bestattungen im Kircheninneren vorzunehmen, sondern nur in einem Anbau.[330] Auch hat sie selber ihren Sarg anfertigen lassen, den sie bis zu ihrem Tod täglich mit Gaben für die Armen füllte und der erhalten geblieben ist.[331] Weiter noch berichtet die Vita über das kirchliche Leben. Ida hatte einen Priester namens Bertger aus Gallien mitgebracht.[332] Die später an der Kirche wirkenden Geistlichen sind »mit Albe und Stola bekleidet«[333], eine Nonne besitzt »das Psalterbuch«[334], und in der Kirche gibt es »Kreuze und (Reliquien-)Kapseln«.[335] Die Leute bringen bei der Messe »Opfergaben«[336] dar, gegebenenfalls auch ein »wächsernes Abbild« desjenigen Körpergliedes, für das sie bei Ida um Heilung bitten.[337] Die Pilger, die das wundermächtige Grab aufsuchen, bleiben auch über Nacht in der Kirche, bis sich ihre Bitte erfüllt.[338] Im Jahre 980 wurde Ida heiliggesprochen, indem der Münstersche Bischof Dodo ihren Sarg zur Ehre der Altäre erhob und sie damit kanonisierte.[339]

Uns mögen solche Mitteilungen wie selbstverständlich und darum als belanglos erscheinen. Tatsächlich zeigen sie die Implantation des neuen und höchst aufwendigen Kultapparates, der für die einheimischen Bewohner das reine Wunderwerk gewesen sein muß: ein Großbau aus behauenem Stein, innen mit bemalten Wänden und möglicherweise sogar mit Glas in den Fenstern, dazu kostbares liturgisches Gerät, kultische Gewandung und pergamentene Bücher. Künstlerisch wie finanziell war das ein Aufwand, wie er zuvor nicht bekannt gewesen war. Und doch ist eine solche Kirche offenbar kein Fremdkörper geblieben, kamen doch die Heilsuchenden von weither, übernachteten dort und stifteten ihre frommen Gaben.

Klöster

Nottuln

Nottuln konnte sich nach hergebrachter Geschichtsmeinung rühmen, die Stiftung von Liudgers Schwester Heriburg zu sein. Grundlage war eine im 19. Jahrhundert aufgetauchte Urkunde, die erst 1960 endgültig als Fälschung der Zeit ihres Auftauchens entlarvt werden konnte.[340] Der historische Befund ist nunmehr schmal geworden. Als frühestes schriftliches Zeugnis bleibt die Erwähnung einer »sanctimonialis de Nutlon« (Nonne aus Nottuln) in den zwischen 862/65 abgefaßten ›Wundern der heiligen Pusinna‹.[341] Auch archäologische Untersuchungen, soweit sie möglich waren, haben auf den Wissensstand eher einschränkend als erweiternd gewirkt. Die »älteste Klosteranlage [dürfte] kaum vor der zweiten Hälfte des 11. Jh.«[342] anzusetzen sein. So verwundert es nicht, daß man für die Frühzeit eine »Schattenhaftigkeit der frühen Überlieferung«[343] beklagt und darum das Ergebnis vage bleibt: Die kargen archäologischen Ergebnisse und der nur punkthafte Anhalt aus schriftlichen Quellen lassen es darum geraten erscheinen, »die frühe Kirche zu Nottuln nicht mit der Vorstellung eines regulären Klosters zu verbinden, sondern eher in die Gruppe von zunächst weniger gesicherten religiösen Einrichtungen zu stellen, die erst im Laufe einer längeren Entwicklung festere Form erlangt haben.«[344]

Vreden

Über das Frauenstift Vreden haben wir eine annalistische Mitteilung aus dem Jahr 839 und weiter die sensationelle Nachkriegsausgrabung mit dem archäologischen Nachweis eines ob seiner Größe und Eleganz ungewöhnlichen Kirchbaus.

Zum Jahre 839 berichten die ›Annales Xantenses‹: »In diesem Jahr kamen die Leiber der Heiligen Felicissimus und Agapitus und der heiligen Felicitas nach Vreden.«[345] Wiewohl nicht von einem Kloster oder

Stift gesprochen wird, muß man wegen der aus Rom überführten Reliquien an mehr als eine Pfarrkirche denken. So ging denn auch die traditionelle Deutung dahin, die kleinere der beiden Vredener Kirchen, die romanische und der heiligen Felicitas geweihte Stiftskirche, für die erste zu halten, und die im Bau spätmittelalterliche und dem heiligen Georg geweihte Pfarrkirche für die jüngere. Um so größer war nach dem letzten Krieg das Erstaunen, als die archäologische Untersuchung der zerstörten Georgskirche die Fundamente einer karolingischen Großkirche freilegte: »eine dreischiffige, kreuzförmige Basilika mit einer Ringkrypta, Mittelstollen und Außenkrypta im Osten und mit einem quadratischen Turm im Westen. Die Gesamtlänge beträgt fast 55 m, die Langhausbreite über 16 m, die Querhausbreite über 22 m.«[346] Schon die Ausmaße sind außerordentlich, dazu von aufwendiger Steintechnik, obendrein noch unterbaut von einer besonderen Krypta, einer Imitation der römischen Ringstollenkrypta, wie Gregor der Große sie unter der Peterskirche hatte anlegen lassen. Der Ausgräber Wilhelm Winkelmann zögert nicht, von einem »Bauwerk abendländischer Bedeutung« zu sprechen.[347] Der Befund paßt bestens zu der Nachricht der Reliquienübertragung, denn gerade die Krypta muß für deren Aufnahme bestimmt gewesen sein. So schließt sich der Argumentationskreis: Der aufwendige Bau diente den von Rom überführten Reliquien und kann darum für 839 vielleicht schon »als bestehend vorausgesetzt« werden.[348] Weiter werden wir annehmen dürfen, daß auch eine geistliche Gemeinschaft entweder schon bestand oder aber gegründet wurde, welche die Reliquien in gebührender Weise zu ehren hatte.

Als Frage bleibt, wer einen solchen Großbau zu errichten und dafür aus Rom die Reliquien zu erlangen vermochte. Wenn die Karolingerin Ida in Herzfeld nur einen Bau zustande brachte, der hinter dem Vredener geradezu verschwand, möchte man von vornherein einen großmächtigen Stifter unterstellen. Zu Hilfe kommt uns eine Gedenkplatte des 12. Jahrhunderts, welche die Inschrift trägt: »HIC WALBERTE COMES SERVATUS PROTEGIS EDES CUSTOS IPSE LOCI SACRA PER OSSA TUI« – Graf Walbert, der du hier ruhst, du beschützes dieses Gebäude als Wächter des Ortes durch deine Gebeine.[349] Schon seit dem 18. Jahrhundert ist dieser Walbert mit jenem Widukind-Enkel Waltbert gleichgesetzt worden, der das Stift Wildeshausen gründete.[350] Indes differieren die Gedenktage an beiden Orten: Vreden hatte den 28. November und Wildeshausen den 27. Februar, was ein gravierendes Argument gegen die Gleichsetzung ist.[351] Gleichwohl dürfte eine widukindische Verbindung wahrscheinlich sein.

R. Wenskus hat auf einen in Corvey bezeugten Immedinger Waltbert hingewiesen, welcher der Sohn oder Enkel eines Abbo war, möglicherweise des Verwandten Widukinds, der mit ihm in Attigny die Taufe erhielt.[352] Weiter hat K. Herbers angeführt, daß der von Waltbert nach Wildeshausen übertragene Märtyrer Alexander als Sohn der nach Vreden übertragenen Felicitas gegolten habe, weswegen die Übertragung des letzteren als eine Familienzusammenführung« zu deuten und am besten mit verwandtschaftlichen Beziehungen zwischen den Stiftern beider Ort zu erklären sei.[353]

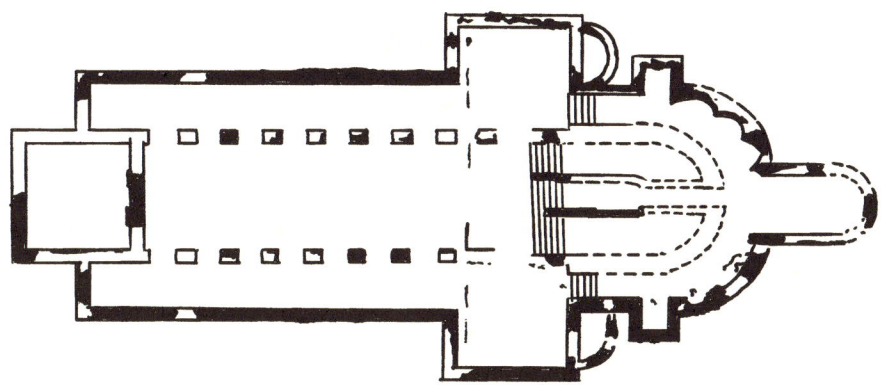

Plan der karolingischen Stiftskirche in Vreden

Daß von 839 an für fast 180 Jahre die Quellen schweigen, ist uns ähnlich schon in Münster begegnet und muß gleicherweise für fast alle anderen westfälischen Klöster hingenommen werden. Vredens großer karolingischer Bau ist vermutlich durch die Normannen zerstört worden. Der Ort tritt erst wieder in die Geschichte ein mit dem für die Jahrtausendwende bezeugten Billunger Wichmann III. Dieser dürfte der Vogt des Stiftes gewesen sein und erhielt hier auch sein Grab, als er im Kampf mit Balderich und Adela (den Gründern des Stiftes Zyfflich) einem heimtückischen Anschlag erlag. Tatsächlich fanden die Ausgräber in der Vredener Krypta das Skelett eines Mannes mit einem durchlöcherten Schädel.[354]

Thietmar von Merseburg berichtet darüber zum Jahre 1016: »Man nahm ihn (Wichmann) zunächst sehr gut auf, aber bald wurde ihm von einem vergifteten Trank übel. Nun wurden seine heftigen Schmerzen immer schlimmer, so daß er kaum den folgenden Tag dort abwartete. Als er dann wohlbeschenkt und freundlich entlassen aufbrach, hielt man seine Ritter dort durch eine List zurück, er aber wurde hinterrücks durch einen Knecht erschlagen; Balderich, dessen Herr, war dabei, ohne es zu sühnen … Als Balderich dann flüchtete und dadurch sein schlechtes Gewissen zeigte, machte das Gerücht die klägliche Geschichte weithin bekannt. Als erster kam Dietrich, der Bischof der heiligen Kirche von Münster …; in untröstlichem Schmerz beklagte er den Tod seines lieben Freundes, geleitete die Leiche nach der Burg Vreden und war sorgfältig bemüht, ihn bei seinen Vätern beizusetzen«.[355]

Freckenhorst

Über die Gründung berichtet eine zu Beginn des 15. Jahrhunderts niedergeschriebene Legende, eine historisch »verhältnismäßig unergiebige Quelle«[356], doch für ihr Literargenus von höchst bezeichnendem Inhalt. Eigentlich handelt es sich sogar um drei Legenden: die Gründung der Peterskirche, dann des Klosters und zuletzt die Berufung der ersten Äbtissin.

Zur Zeit Ludwigs des Jüngeren, des Deutschen, lebten der hochedle Everword und seine Frau Geva, waren jedoch ohne Kinder. Der Schweinehirt Freckyo, von dem her der Name Freckenhorst erklärt wird, gewahrte nachts an einer bestimmten Waldstelle ein Licht, rief seinen Herrn Everword herbei, vor dessen Augen sich dasselbe zur Grelligkeit steigerte, dabei einen Hausumriß und einen mit der Meßschnur tätigen Mann zu erkennen gab, der ihm im Traum als Petrus geoffenbart wurde. Auf Anraten des münsterschen Bischofs Liudbert ließ Everword die Fundamente für eine Kirche ausheben, wobei ein Stein mit Fußabdruck zum Vorschein kam, der dem Traum zufolge nur von Petrus stammen konnte. Neben der bald fertiggestellten Kirche erbaute Everword ein dem heiligen Bonifatius geweihtes Kloster, hatte doch dieser die Urgroßeltern getauft und ihnen seinen wundertätigen Stab hinterlassen, der beim Märtyrertod des Heiligen sogar zu blühen anfing. Als Äbtissin berief Everword seine Nichte Thiatilda.[357]

Die drei Legenden sind ganz und gar ätiologisch, das heißt: sie ›rekonstruieren‹ die Gründung von Bekanntem und Bestehendem her und benutzen dabei Vorstellungselemente, wie sie der voraufklärerischen Religionswelt geläufig und weit über das Christentum hinaus verbreitet waren: etwa daß der heilige Ort von einem einfachen, ja verachteten Menschen entdeckt wurde (wie zum Beispiel auch auf der Reichenau[358]), daß dabei leuchtende Reliquien zutage kamen (wie bei der Gründung von Gandersheim[359]); ebenso werden für einen Kirchbau oft Ort und Maße himmlischerseits geoffenbart;[360] für den aufgefundenen Fußabdruck endlich gilt, daß man »überall auf der Welt ... Fußspuren [zeigt], die festem Material eingeprägt sind«.[361] Insofern bietet die Legende ein Stück mittelalterlicher, ja allgemeiner Religiositätsgeschichte.

Historisch bleibt das Bild weniger deutlich, aber nicht ohne Anhaltspunkte. Vor allem ist »Everword eine ... historische Persönlichkeit«.[362] In den Fuldaer Traditions-Notizen heißt es: »Ich Fridewart ... übergebe die Besitzungen Eberwarts dem heiligen Bonifatius, die ich von ihm erhalten habe, was immer er besaß in Sachsen«[363]; zudem ist Everword in Fuldas Nekrolog zum Jahre 863 angeführt.[364] Weiter noch hat man versucht, den Freckenhorster Everword-Eburwart mit der Familie der Egbertiner, aus der später das sächsische Königshaus der Ottonen hervorgehen sollte, in Zusammenhang zu bringen[365]; er hätte damit – was ohnehin wahrscheinlich ist – zum sächsischen Hochadel gehört.

Eine für die Klostergründung wichtige Nachricht bieten die Xantener Annalen, sprechen sie doch ausdrücklich von einem Kloster und einer im Jahre 861 (richtig: 860) geschehenen Reliquien-Translation: »Der selige Bischof Liutbert stattete ehrenvoll das Kloster Freckenhorst aus mit vielen Gliedmaßen von Heiligen, nämlich der Märtyrer Bonifacius und Maximus, der Bekenner Eonius und Antonius, nebst einem Teil von der Krippe des Herrn und von seinem Grab, zugleich auch von dem Staub seiner Füße, als er zum Himmel aufstieg.«[366]

Historisch sprechend ist auch der Name Freckenhorst. Der erste Bestandteil könnte, wie auch in vergleichbaren anderen Ortsnamen, die Kurzform des Personennamens Friederich, Friduwart oder Fridbert sein; der zweite Teil ›horst‹ bedeutet Gestrüpp oder Flechtwerk und kann darum auch eine Befestigung meinen. Archäologisch ist eine Siedlungsschicht für das ausgehende 8. Jahrhundert erwiesen.[367] Wilhelm Kohl glaubt indes, den Namen mit dem germanischen Fruchtbarkeitsgott Frikko in Verbindung bringen zu können, und hat die These aufgestellt, »daß es in Freckenhorst vor der Gründung des Klosters wahrscheinlich ein überörtlich bedeutsames Heiligtum des Fruchtbarkeitsgottes *Frikko* gegeben hat, wie es an anderer Stelle bisher nicht nachgewiesen werden konnte.«[368] Im einzelnen muß diese Interpretation disparate Elemente vereinigen und bezieht auch noch das benachbarte Everswinkel mit ein.

Adam von Bremen kennt Frikko als dritten Gott im Heiligtum von Upsala und schildert auch dessen Verehrung: »›Frikko ... schenkt dem Menschen Frieden und Lust‹. Daher versehen sie sein Bild auch mit einem ungeheuren männlichen Gliede.«[369] Kohl unterstellt »eine besondere Nähe des Gottes Frikko/Freyr zum Eber als heiligem Tier und Symbol«.[370] Für Freckenhorst findet er den Bezug nicht so sehr in der Gründungslegende mit dem Schweinehirten als vielmehr im Namen des Gründers Everword, der als »der Herr des Heiligtums ... einen Eber-Namen trug«[371] und auf diese Weise noch das heidnische Heiligtum bezeuge, weiter auch im Namen des benachbarten Everswinkel, wo möglicherweise »die für die Kultstätte Freckenhorst benötigten Opfertiere gehalten wurden.«[372]

Was die beiden Kirchen betrifft, möchte Kohl davon ausgehen, »daß die Petrikapelle tatsächlich der erste Kirchbau in Freckenhorst gewesen ist«[373]; doch haben die archäologischen Untersuchungen von U. Lobbedey erwiesen, »daß die Petrikapelle verhältnismäßig jung ist und keinesfalls, wie die Ortstradition will, an der Stelle der Gründungskirche des Klosters steht.«[374]

Über den Charakter und das Schicksal des Klosters bis zur Jahrtausendwende haben wir keine Nachrichten. Archäologische Funde scheinen darauf hinzudeuten, daß die Anlage im 9. und 10. Jahrhundert wiederholt durch Brand vernichtet worden ist.[375] Die auf die Annalen-Notiz von 860 nächstfolgende Nachricht bezieht sich auf 1085, als der münstersche Bischof Erpho das Freckenhorster Ministerialenrecht neu ordnete.

Liesborn

Die Anfänge dieses ursprünglich für Frauen gegründeten Stiftes liegen »in tiefem Dunkel«.[376] Dank der in den letzten Jahrzehnten vorangetriebenen Erforschung der Totenbücher sind jedoch Hinweise zum Vorschein gekommen, welche die Legende von der Gründung durch Karl den Großen endgültig zunichte machen. Der hauseigene Nekrolog führt zwei Gründer an, die sich historisch verifizieren lassen: Boso und Bardo, die beide auch in Essener Totenlisten erscheinen, ferner im Gedenkbuch des Vogesen-Klosters Remiremont, endlich noch in Corveyer Urkunden.[377] Für Boso († 865)[378] ist eine hohe Position nachzuweisen. Sein Geschlecht, die Bosoniden[379], sind wahrscheinlich sächsischer Herkunft. Der mit der Gründung Liesborns zu erörternde Boso bekam 826 von Ludwig dem Frommen die Villa Beek bei Nimwegen und agierte als kaiserlicher Vertreter in Norditalien; eine Tochter von ihm war die unglückliche Theutberga, die legitime, aber verlassene Frau Lothars II.; der bekannteste des Geschlechtes war Boso von Vienne († 887), der unter Karl dem Kahlen eine vizekönigliche Stellung in Italien erlangte und zuletzt sogar zum König von Burgund erwählt wurde. Für Bardo ist ebenfalls eine hohe Position nachzuweisen; aller Wahrscheinlichkeit nach ist auf jenen Grafen Bardo († 856) zu schließen, der für Ludwig den Deutschen in Sachsen tätig war.[380] Boso wie Bardo scheinen beide mit dem Hildesheimer Bischof Altfried († 874), einem Liudolfinger und Gründer des Essener Frauen-Stiftes, in Beziehung gestanden zu haben, und von dessen Essener »Lieblingsgründung«[381] her dürften sich die parallelen Gedenkeinträge in Liesborn wie ebenso die gemeinsamen Kosmos- und Damian-Reliquien erklären.[382]

Man wird also Liesborn als um die Mitte des 9. Jahrhunderts errichtetes und aus hochadeliger Stiftung munifiziertes Frauen-Stift anzusehen haben. Über die innere Geschichte ist uns bis zur Jahrtausendwende nichts überliefert. Erst im 12. Jahrhundert trat der Wandel zum Benediktiner-Kloster ein.

Metelen

Ein weiteres Stift entstand in Metelen[383], wiederum für Frauen. Gründerin war die adelige Frithuwi, die 889 ihr Erbgut an Kaiser Arnulf übertrug und anschließend für ihre Klostergründung zurückerhielt.[384] Verbrieft wurde dabei die freie Äbtissinnen-Wahl, wobei solange Kandidatinnen aus dem Geschlecht der Gründerin genommen werden sollten, wie dafür geeignete Anwärterinnen zur Verfügung stünden. Daß Otto III. gut 100 Jahre später die Wahl der Billungerin Godesta gegen den Münsterschen Bischof bestätigte und sich auf das hergebrachte Wahlrecht berief[385], zeigt an, daß die Billunger das Geschlecht waren, aus dem die Äbtissinnen zu wählen waren, wie auch Angehörige dieser Familie als Intervenienten bei Otto III. für das Kloster auftraten und zugleich als Vögte amteten.[386] Möglicherweise war überhaupt schon die Gründerin eine Angehörige dieser Familie.

Borghorst

Billungisch ist den Forschungen von Gert Althoff[387] zufolge auch das 968 gegründete Borghorst, haben sich doch die Stifterinnen Bertha und Hathewig als diesem Geschlecht zugehörig erwiesen. Die ersten Kanonikerinnen scheinen aus Essen gekommen zu sein, wie die starken Gemeinsamkeiten in den Totengedenkbüchern nahelegen. Anfangs stand das Stift unter der besonderen Obhut des Erzbischofs Adalbert von Magdeburg (968–981), der gleichfalls der billungischen Verwandtschaft zugerechnet wird.

Warum Frauen-Stifte?

Schon immer hat die Geschichtsforschung mit einer gewissen Verwunderung verzeichnet, daß in Sachsen neben Corvey keine Männerklöster entstanden sind, wohl aber eine Fülle von Frauenstiften.[388] Und so sehen wir es auch im Münsterland.[389] Mit Sicherheit dürfen wir nicht die Stiftungsmentalität des 19. oder 20. Jahrhunderts unterstellen, daß etwa besonders kirchentreue Stifter ein Kloster errichteten und es frommen Ordensleuten übergaben. Gerade im Frühmittelalter waren Familie und Religion, Adel und Herrschaft, überhaupt Weltliches und Geistliches ganz anders aufeinander bezogen als in der nachreformatorischen oder gar nachaufklärerischen Welt.

Erhellend dürfte sein, auf die ottonischen Hausklöster Gandersheim und Quedlinburg zu schauen, deren »andersartige Welt« Gerd Althoff herausgearbeitet hat.[390] Vorweg ist es die »Präsenz der Familie«, die von den »Witwen ottonischer Herzöge und Herrscher« in den Stiften wahrgenommen wurde, weswegen auch die Äbtissinnen nur aus der eigenen Familie kamen.[391] Sie walteten als »Hüter des Wissens um die Geschichte der Geschlechter«[392], pflegten die Hausüberlieferung und ließen die Zeitereignisse in Annalen notieren. Am wichtigsten war die Herrschaftsausübung, für die zum Beispiel Quedlinburg ein zentraler Ort war; denn hier feierten die Herrscher Ostern und empfingen dabei die auswärtigen Gesandten.[393] Die Äbtissinnen nahmen an der großen Politik Anteil, folgten gelegentlich auch Kriegszügen, so daß etwa Mathilde mit ihrem Bruder Otto II. nach Italien ging[394] und Otto III. sie sogar zur Stellvertreterin im Reich machte, weswegen sie »domina imperialis« (kaiserliche Herrin) hieß.[395] Auf solche Weise verwirklichten die Äbtissinnen ihr Rangbewußtsein als ottonische Prinzessinnen und machten die ottonischen Haus-Stifte zum »natürlichen Mittelpunkt im Prozeß der Herrschaftsbildung«.[396]

Was wir hier auf höchster Ebene so deutlich beobachten können, dürfte auch für den Adel auf regionaler Ebene zutreffen: Sie schufen sich in ihren Frauen-Stiften ein geistliches und politisches Zentrum ihrer Familien. Darum auch glaubt Althoff, für die Billunger im westlichen Münsterland folgende Momente feststellen zu können: erstens »ein

Herrschaftsschwerpunkt im westlichen Münsterland ..., der sich aus den Zusammenhängen zwischen Borghorst, Metelen und Vreden ergibt«, weiter »die verwandtschaftliche Beziehung zu den Billungern, und die Verwandtschaft mit den cognatischen Deszendenten Widukinds.«[397]

Oldenburger Land

Bei Liudgers Diözese verblieben sein friesisches Missionsgebiet, das erst in der Reformation verlorenging. Nicht dazu gehörte der heute oldenburgische Anteil Münsters, auf dessen Christianisierung auch hier einzugehen ist.

Missionsstation Visbek

Grundlegend ist eine Urkunde Ludwigs des Frommen aus dem Jahre 819. Darin wird bestimmt,

> »daß der ehrbare Herr Castus, der Abt der Kirche zu Visbek, uns aufgesucht und unsere Hoheit gebeten hat, daß wir den genannten heiligen Ort mitsamt den in dem gleichen Gau Lerigau ihm unterstellten Kirchen ... und den übrigen Kirchen in Hase-Gau und Fenki-Gau zur Mehrung unserer Verdienste unter unsere Schirmherrschaft und den Schutz der Immunität nehmen. Davon auszunehmen ist einzig die Kirche in Saxlinga, der wir gestattet haben, zur Parochie des heiligen Paulus zu Mimigernaford zurückzukehren, der der Bischof Gerfridus vorsteht. Der Bitte des Abtes Castus haben wir um der Liebe Gottes Willen entsprochen, und da sie gerecht und vernünftig ist, dafür gesorgt, daß sie in allen Teilen durch diese unsere Urkunde bestätigt wird.«[398]

Der erwähnte Castus wird allgemein mit jenem Castus-Gerbert identifiziert, der 784 mit Liudger nach Rom und Montecassino gegangen ist[399], also einer von dessen engsten Mitarbeitern war. Er stammte aus einheimischem Hochadel, und man hat wegen seines ausgedehnten Besitzes, den er an Werden verschenkte, sogar an die Widukinde gedacht.[400] Wir wären also wieder mit der typischen Situation des gespaltenen Hochadels konfrontiert: ein Verwandter Widukinds auf der Christen-Seite als Missionar, der beim großen Aufstand seines heidnischen Verwandten die Flucht ergreifen mußte, aber zuletzt drei Gaue christianisierte. Inzwischen ist Castus-Gerbert »Abt der Kirche« zu Visbek geworden, vergleichbar dem »Abt Liudger« von Münster; das heißt, er dürfte kaum einem Mönchs-, als vielmehr einem Kleriker-Konvent vorgestanden haben. Seltsam ist indes, daß der Kaiser die Immunität, die eigentlich nur für Bischofssitze und Klöster ausgesprochen wurde, hier auf einen Missionsbezirk angewandt hat. Möglicherweise war Castus-Gerbert einflußreich genug, seinen Missionsbezirk in besonderer Weise zu sichern. Eine Generation später hat Ludwig der Deutsche Visbek, weil »unseren Rechtes«, an Corvey vergeben.[401] Für die Christianisierung hat Castus-Gerbert in Visbek und der weiteren Umgebung Aufbauarbeit geleistet. Die Kaiser-Urkunde spricht allgemein von Kirchen in drei Gauen; im Lerigau dürften es Visbek und weiter wohl Großenkneten, Barnstorf, Bakum, Emstek, Krapendorf gewesen sein; im Hase-Gau war es Löningen und im Dersi-Gau Lohne.[402]

Stift Wildeshausen

Sowohl für die politischen wie religiösen Veränderungen, welche die sächsische Christianisierungsgeschichte mit sich brachte, ist das Stift Wildeshausen noch einmal ein sprechendes Beispiel. Stifter war ein Enkel Widukinds, der Graf Waltbert. Für das Seelenheil von dessen Vater Wikbert waren 834 Güter an Utrecht geschenkt worden.[403] Mit Kaiser Lothar standen dieser Wikbert wie auch dessen Sohn Waltbert in besonderer Beziehung, und letzterer ist sogar in den kaiserlichen Hofdienst eingetreten.[404] In Wikbert und Waltbert haben wir wiederum einen Beweis dafür, wie die Widukinde ihren Herrschaftsanspruch fortzusetzen vermochten und dabei das fränkisch-christliche System voll akzeptierten. Waltbert konnte dann mit Lothars Empfehlung 850 in Rom die Gebeine eines Märtyrers namens Alexander erlangen. Den Translationsbericht, der wichtige Passagen auch zur sächsischen Geschichte enthält, verfaßte nach 860 der Fuldaer Mönch Rudolf, nach dessen Versterben ihn der Mönch Meginhard zu Ende führte.[405] Am Bestimmungsort Wildeshausen entstand ein Männer-Stift mit einem »rector« bzw. »abbas«.[406] Die Gründung war eigenkirchlichen Rechtes, und Waltbert machte seinen Sohn, der wiederum Wikbert hieß, zum Erben, dem jeweils ein Geistlicher aus der Familie nachfolgen sollte.[407] Dieser Wikbert machte gleichfalls eine politisch-kirchliche Karriere, stieg zum Hofkaplan Ludwigs des Deutschen auf und zuletzt zum Bischof von Verden.

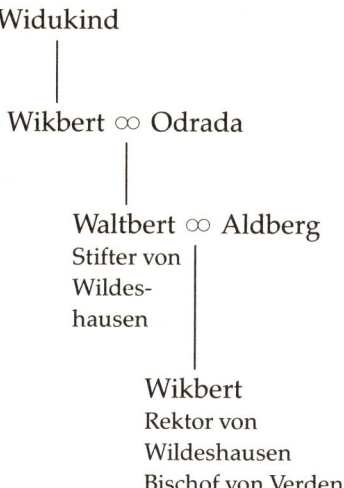

Nachfahren Widukinds

In Wildeshausen aber bricht, wie schon in den westfälischen Gründungen, gegen Ende des Jahrhunderts die Überlieferung ab. Hundert Jahre später übertrug Otto II. das Stift an sein hauseigenes Kloster Memleben[408], ohne daß aber Auswirkungen zu erkennen wären.

Rückblick und Ausblick: Mission bis Millennium

Die Periode von der Mission bis zum Millennium umfaßt in der münsterischen Diözesangeschichte die niederrheinische Spätantike, die Francia rhenensis und das Karolinger-Reich zwischen Aachen und Nimwegen, sodann die Christianisierung der Westfalen und die Bistumsgründung in Münster. Gründer war der erste Bischof Lindger. Über ihn wissen wir verhältnismäßig viel, aber kaum noch etwas über seine Nachfolger. Das Jahr 1000 bedeutete nicht ein Ende, im Gegenteil, es wurde der eigentliche Anfang. Am Niederrhein endete die erste Blüte während des Karolinger-Reiches in den normannischen Zerstörungen, und Westfalen brauchte bis zum Ende der Ottonen-Zeit, um sich historisch wieder präsent zu machen. Erst nach 1000 setzte allenthalben neues Leben ein. Von da an stieg die Bevölkerung, konnten größere Friedensräume gesichert werden, und zuletzt entstanden die Städte. Nicht nur, daß Stadtluft frei machte; hier auch konnten Schulen gegründet und unterhalten werden. Vor allem auch intensivierte sich das Christenleben; sowohl Häresien kamen auf, wie auch neue Orden entstanden. Von der frühmittelalterlichen Zeit hebt sich diese als Hochmittelalter bezeichnete Epoche deutlich ab und schuf erst jene Periode, die gemeinhin als Mittelalter verstanden wird.

Anmerkungen

1 Ehlers, Joachim, Art. Sachsen, in: LMA 7 (1995), Sp. 1223–1235, Sp. 1223; Ptolemaios, Geographia 2,11 (AQDGMA 1a,1), S. 191.
2 Winkelmann, Frühgeschichte, S. 204.
3 Best, Gräberfeld, S. 275; Grünwald, Beelen, S. 292.
4 Capelle, Beckum.
5 Winkelmann, Fürstengrab, S. 139.
6 Melzer, Gräberfeld.
7 Annales regni Francorum a. 775 (MGH.SRG 6), S. 42; Annales regni Francorum a. 775 (AQDGMA 5), S. 30f; Neumann, G. Art. Falen, in: RGA 8 (1994), S. 172f; Ders., Art. Engern, in: RGA 7 (1989), S. 286–288.
8 Schäferdiek, Hewald, S. 12.
9 Ebd., S. 11.
10 Beda Venerabilis, Historia ecclesiastica 5,10; Üb. Spitzbart, S. 459.
11 Wattenbach – Levison, Geschichtsquellen, S. 827.
12 Vita Lebuini antiqua 4–6 (AQDGMA 4a), S. 386–391.
13 Berschin, Biographie 3, S. 60, Anm. 146.
14 Freise, Mimigernaford, S. 16.
15 Wenskus, Entwicklung, S. 610.
16 Ders., Sächsischer Stammesadel, S. 123.
17 Ders., Entwicklung, S. 606.
18 Prinz, Marklo.
19 Freise, Frühmittelalter, S. 282; Ders., Mimigernaford, S. 16.
20 Wenskus, Entwicklung, S. 608.
21 Schmidt, Christianisierung, S. 6.
22 Last, Niedersachsen, S. 580.
23 Schmidt, Christianisierung, S. 6.
24 Ebd., S. 5.
25 Beumann, Hagiographie, S. 159.
26 Freise, Mimigernaford, S. 15.
27 Böhmer, Regesta Imperii 1, Nr. 31a, S. 13.
28 Continuationes Fredegarii 19 (AQDGMA 4a), S. 288.
29 Bonifatius, Epistula 45 (AQDGMA 4b), S. 130[1]
30 Continuationes Fredegarii 35 (AQDGMA 4a), S. 300.
31 Annales regni Francorum a 753 (MGH.SRG 6), S. 10; Annales regni Francorum a. 753 (AQDGMA 5), S. 14; Annales qui dicuntur Einhardi a. 753 (MGH.SRG 6) S. 11.
32 Staab, Wehrhafte Bischöfe.
33 Böhmer, Regesta Imperii 1, Nr. 86c, S. 45.
34 Ebd.
35 Ebd. Nr. 149 a–f, S. 68; Freise, Frühmittelalter, S. 294.
36 Prinz, Marklo, S. 3–23; Freise, Frühmittelalter, S. 283, 294; Kahl, Karl der Große, S. 72f.
37 Annales regni Francorum a. 772 (MGH.SRG 6), S. 34; Annales Mettenses priores a. 772 (MGH.SRG 10), S. 59[9]
38 Annales regni Francorum a. 772 (MGH.SRG 6), S. 34, Kahl, Karl der Große, S. 55–60; ferner Löwe, Irminsul.
39 Hauck, Ausbreitung.
40 Annales regni Francorum a. 773 (MGH.SRG 6), S. 36.
41 Kahl, Karl der Große, S. 62f; Freise, Sachsenmission, S. 63; Freise, Frühmittelalter, S. 296f.
42 Annales qui dicuntur Einhardia. 775 (MGH.SRG 6), S. 41. – Die Alternative Tod – Taufe findet sich auch in der Vita Faronis Episcopi Meldensis 74) (MGH.SRM 5), S. 192[3]; s. dazu KAHL, Compellere intrare, S. 227f, 231f.
43 Annales Nordhumbrani a. 775 (MGH.SS 13), S. 155[4].
44 Annales Sangallenses Baluzii a. 775 (MGH.SS 1), S. 63.

45 S. Anm. 7.
46 Wenskus, Sächsischer Stammesadel, S. 178; Freise, Einzugsbereich, S. 1013; Ders., Frühmittelalter, S. 300.
47 Annales regni Francorum a. 776 (MGH.SRG 6), S. 46; Böhmer, Regesta Imperii 1, Nr. 203 b–e, S. 85f; Balzer, Paderborn, S. 25; ders., Lippiagyspringiae; Kahl, Karl der Große, S. 74f; Freise, Frühmittelalter, S. 297.
48 Balzer, Paderborn, S. 25f, 67–70; Hauck, Taufpfalzen; Kahl, Karl der Große, S. 76ff.
49 Böhmer, Regesta Imperii, Nr. 211a, S. 88; Freise Frühmittelalter, S. 298.
50 Die Urkunden der Karolinger 118 (MGH.D 1), S. 165[27]; Hauck, Paderborn, S. 92–140.
51 Freise, Frühmittelalter, S. 298.
52 Annales regni Francorum a. 778 (MGH.SRG 6), S. 52; Kahl, Karl der Große, S. 81; Freise, Frühmittelalter, S. 298f.
53 Annales qui dicuntur Einhardi a. 778 (MGH.SRG 6), S. 53.
54 Kahl, Karl der Große, S. 82f, 93. Daß die Frage der Apostasie eine Rolle gespielt hat, zeigt auch eine Anfrage bei Papst Hadrian, Codex Carolinus 77 (MGH.Ep 3), S. 609[4].
55 Freise, Frühmittelalter, S. 299; Schieffer, Das karolingische Großreich, S. 554, Anm. 21: »absurde Zahl«; Hengst, Urbs Karoli, S. 291–297; Zur älteren Diskussion siehe Beiträge von: Bauer, Quellen; Klocke, Blutbad; Rundnagel, Verden; Schmitt, Gericht, in: Lammers, Eingliederung, S. 109–257.
56 Schubert, Capitulatio, S. 8f.
57 Capitulatio de partibus Saxoniae (MGH.Cap 1), S. 68–70; Theuerkauf, Lex, S. 47f; Schubert, Capitulatio, S. 5–11.
58 Capitulatio de partibus Saxoniae (MGH.Cap 1), S. 68–70.
59 Wiedemann, Karl der Große, S. 20.
60 Ewig, Zeitalter Karls des Großen, S. 74.
61 Schieffer, Karolinger, S. 80.
62 Kahl, Karl der Größe, S. 65.
63 Schubert, Capitulatio, S. 11, S. 16.
64 Ebd., S. 14.
65 Ebd., S. 11.
66 Lex Saxonum 29 u. 30 (MGH.F 4), S. 25.
67 Schubert, Capitulatio, S. 12.
68 Annales regni Francorum a. 785 (MGH.SRG 6), S. 70; Annales qui dicuntur Einhardi a. 785 (MGH.SRG 6), S. 71.
69 Annales regni Francorum a. 785 (MGH.SRG 6), S. 70.
70 Ebd.; Freise, Frühmittelalter, S. 300; Angenendt, Kaiserherrschaft, S. 207–212.
71 Annales regni Francorum a. 785 (MGH.SRG 6), S. 70.
72 Angenendt, Kaiserherrschaft, S. 115f; Dölger, Familie der Könige; Jussen, Patenschaft; Lynch, Godparents.
73 Jussen, Bernhard, Art. Patenschaft, in: LMA 6 (1993), Sp. 1779f, 1779.
74 Angenendt, Bündnis der Päpste.
75 Annales Mosellani a. 785 (MGH.SS 16), S. 497[38].
76 Annales regni Francorum a. 778 (MGH.SRG 6), S. 48; Annales regni Francorum a. 782 (MGH.SRG 6), S. 60; Annales Mosellani a. 782 (MGH.SS 16), S. 497[20]; Annales Mettenses priores a. 778 (MGH.SRG 10), S. 67; Annales Mettenses priores a. 782 (MGH.SRG 10), S. 70[1]; Ebd., S. 69[24], zur *perfidia* s. Beumann, Hagiographie, S. 137f.
77 Angenendt, Kaiserherrschaft, S. 215–223.
78 Schmid, Nachfahren Widukinds, S. 59; Freise, Sachsenmission, S. 81, Anm. 67; Ders., Frühmittelalter, S. 300; Balzer, Widukind, S. 17–21.
79 Schmid, Nachfahren Widukinds.
80 Althoff, Sachsenherzog Widukind.

81 Ex miraculis Sancti Wandregisili 5 (MGH.SS 15,1), S. 407⁵.
82 Droege, Fränkische Siedlung, S. 277 f.
83 Freise, Frühmittelalter, S. 284.
84 Capitulare Saxonicum a. 797 (MGH.Cap 1), S. 71 f.
85 Ebd., S. 71¹⁴.
86 Capitulatio de partibus Saxoniae 34 (MGH.Cap 1), S. 70³².
87 Schmidt-Wiegand, Ruth, Art. Lex Saxonum, in: LA 5 (1991), Sp. 1932.
88 Hampe, Karl der Große, S. 72.
89 Codex Carolinus 76 (MGH.Ep 3), S. 607³⁰: gentem Saxonum ad sacrum deduxistis baptismatis fontem.
90 Capitulare episcoporum a. 780? (MGH.Cap 1), S. 52.
91 Codex Carolinus 76 (MGH.Ep 3), S. 607²⁵.
92 Ebd., S. 607²⁵, S. 608¹, S. 608¹⁸.
93 S. auch Angenendt, Kaiserherrschaft, S. 211 f.
94 Hadrian, Epistula (MANSI 12), Sp. 1075C.
95 Libri Carolini 1,6 (MGH.Conc 2 Suppl.), S. 21³⁴.
96 Translatio sancti Viti martyris, Einleitung (ed. Schmale-Ott), S. 12.
97 Bischoff, Poeta Saxo.
98 Anonymus Paderbornensis, Translatio S. Liborii 7 (ed. de Vry), S. 194.
99 Schramm, Mitherrschaft im Himmel.
100 Einhard, Vita Karoli Magni 7 (AQDGMA 5), S. 172³⁴.
101 Beumann, Hagiographie, S. 138.
102 Einhard, Vita Karoli Magni 7 (AQDGMA 5), S. 174³².
103 Beumann, Hagiographie, S. 139–142.
104 Ebd., S. 156 f.
105 Ebd., S. 146.
106 Ebd., S. 147 f.
107 Ebd., S. 134 f.
108 Ebd., S. 130.
109 Vita Sturmi 23 (ed. Engelbert), S. 44 f; Freise, Sachsenmission, S. 81, Anm. 74.
110 Annales Lauresheamenses a. 780 (MGH.SS 1), S. 31; Annales Mosellani a. 780 (MGH.SS 16), S. 497⁹; Übersicht bei Freise, Sachsenmission, S. 86, Anm. 149; Ders., Frühmittelalter, S. 305–208.
111 Hauck, Monarchie, S. 427.
112 Freise, Sachsenmission, S. 60–66.
113 Büttner, Mission, S. 473 f; Freise, Frühmittelalter, S. 306–310.
114 Seegrün, Anfänge Osnabrück.
115 S. Anm. 201.
116 Freise, Sachsenmission, S. 65 f; Ders., Frühmittelalter, S. 305.
117 Ders., Sachsenmission, S. 65.
118 Ebd., S. 73 f; Ders., Frühmittelalter, S. 309 f; Büttner, Mission, S. 471–475; Wiedemann, Sachsenbekehrung, S. 67–95; Müller, Sächsische Bistümer; Schieffer, Entstehung der Domkapitel, S. 207–231.
119 Honselmann, Bistumsgründungen, S. 11 f.
120 Lindner, Untersuchungen, S. 220 f; Brandt – Hengst, Bischöfe, S. 38–47; Honselmann, Bistumsgründungen, S. 1–11.
121 Ebd., S. 20–23; Schieffer, Westfälische Domstifte.
122 Beumann, Paderborner Epos, S. 5.
123 Hauck, Karl als neuer Konstantin, S. 516–518.
124 Ebd., S. 527 f.
125 Winkelmann, Karolingische Burg.
126 Balzer, Pfalzenforschung, S. 109.
127 Ders., Schriftüberlieferung, S. 91–96, Zitat S. 93.
128 Anonymus Paderbornensis, Translatio Sancti Liborii 5 (ed. de Vry), S. 191 f.
129 Karlus Magnus et Leo papa V. 487–512 (Ed. u. Üb. Brunhölzel), S. 94 f.
130 Classen, Karl der Große, S. 47–57.
131 Beumann, Paderborner Epos, S. 46.
132 Prinz, Weserraum, S. 89.
133 Freise, Sachsenmission, S. 74, Anm. 331.

134 Bonifatius, Epistula 60 (MGH.ES 1), S. 124[23]; die päpstliche Urkunde s. Bonifatius, Epistula 88 (MGH.ES 1), S. 201 f; Schieffer, Angelsachsen und Franken, S. 62 f.
135 Bonifatius, Epistula 80 (MGH.ES 1), S. 179[27].
136 Ders., Epistula 88 (MGH.ES 1), S. 202[14]; Schieffer, Angelsachsen und Franken, S. 69.
137 Fritze, Entstehungsgeschichte, S. 128.
138 Bonifatius, Epistula 26 (MGH.ES 1), S. 46[17]; Angenendt, Bonifatius, S. 137–139.
139 Eggers, Sprachgeschichte, S. 197.
140 Alkuin, Epistula 110 (MGH.Ep 4), S. 158[15].
141 Ebd., 111, S. 160[17].
142 Ebd., S. 160[20].
143 Ebd., 110, S. 158[4].
144 Gysseling, Herkunft, S. 26–31.
145 Indiculus superstitionum (AQDGMA 4b), S. 448[6].
146 Patze, Mission, S. 703.
147 Ganz, Corbie, S. 59 f; Bischoff, Hofbibliothek, S. 168.
148 Translatio sancti Viti martyris 3) (ed. Schmale-Ott), S. 36.
149 Semmler, Corvey und Herford, S. 290–304; Wiesemeyer, Gründung.
150 Claussen, Stuckfiguren; Haacke, Benediktinerklöster; Sagebiel, Corvey.
151 Honselmann, Mönchslisten, S. 170 f; Bischoff, Schriftheimat, S. 115, Anm. 12.
152 Löwe, Kultur, S. 501 f.
153 Stüwer, Corvey, S. 284–287.
154 Löwe, Kultur, S. 501 f.
155 Translatio sancti Viti martyris, Einleitung (ed. Schmale-Ott), S. 9–12; Berschin, Biographie 3, S. 326.
156 Vita Anskarri 10 (AQDGMA 11), S. 40[25].
157 Ebd., 35, S. 110[4].
158 Paschasius Radbertus, De fide, spe et caritate (CChr.CM 97).
159 Ders., De corpore et sanguine Domini (CChr.CM 16).
160 Löwe, Kultur, S. 515.
161 Ebd., S. 530 f.
162 Wattenbach – Levison, Geschichtsquellen, S. 845.
163 Berschin, Biographie 3, S. 345.
164 Wattenbach – Levison, Geschichtsquellen, S. 846.
165 Berschin, Biographie 3, S. 351–356.
166 Bischoff, Denkmäler, S. 127–129.
167 Translatio sancti Viti martyris, Einleitung (ed. Schmale-Ott), S. 23.
168 Semmler, Corvey und Herford, S. 304–307; Angenendt, Kaiserherrschaft, S. 215–226; Boschof, Ludwig der Fromme, S. 166, S. 221 f.
169 Translatio Sancti Liborii 14 (ed. Cohausz), S. 76; Semmler, Corvey und Herford, S. 309; Oberschelp, Böddeken, S. 159 f; Balzer, Böddeken.
170 Semmler, Corvey und Herford, S. 299; Weinrich, Wala, S. 42 f.
171 Translatio Sanctae Pusinnae 1 (MGH.SS 2), S. 681[39].
172 Wattenbach – Levison, Geschichtsquellen, S. 868 f.
173 Wenskus, Entwicklung, S. 590.
174 Ebd., S. 592.
175 Ebd., S. 596.
176 Schmidt, Christianisierung, S. 6.
177 Translatio sancti Viti martyris 6–35 (ed. Schmale-Ott), S. 48–70; Vita Idae I, 11–20 (ed. Willmans, Kaiserurkunden), S. 476–482.
178 Nolte, Frauen in der Christianisierung.
179 Müller, Universum der Identität, S. 95.
180 Ebd., S. 73.
181 Ebd., S. 124.
182 Ebd., S. 177.
183 Ebd., S. 174.
184 Hoffmann, Tote in Christus, S. 247.
185 Angenendt, Ehre der Altäre.
186 Hauck, Monarchie, S. 449 f (mit Karte); Herbers, Rom im Frankenreich, S. 134 f mit Anm. 9.

187 Löwe, Kultur, S. 519.
188 Translatio sancti Viti martyris 27 (ed. Schmale-Ott), S. 62.
189 Anonymus Paderbornensis, Translatio Liborii 9 (ed. de Vry), S. 195f.
190 Blok, Oudste Oorkonden Nr. 6, S. 161.
191 Ebd. Nr. 20, S. 178.
192 Freise, Mimigernaford, S. 14.
193 Winkelmann, Frühgeschichte, S. 200–225.
194 Annales regni Francorum a. 784 (MGH.SRG 6), S. 68: »in pago, qui dicitur Dragini«; Annales regni Francorum a. 784 (AQDGMA 5), S. 46^{34}.
195 Freise, Mimigernaford, S. 12.
196 Ebd.
197 Blok, Oudste Oorkonden Nr. 42, S. 199; Vita Liudgeri I,23 (ed. Diekamp), S. 28.
198 Freise, Mimigernaford, S. 11.
199 Ebd., S. 12.
200 Annales regni Francorum a. 758, a. 779 und a. 784 (MGH.SRG 6), S. 16, 53f u. 66f; Annales regni Francorum a. 758, a. 779 und a. 784 (AQDGMA 5), S. 18^{10}, 38^{26} und 46^{34}.
201 Vita secunda Liugeri I,17 (ed. Diekamp), S. 62; Diekamp, Reliquien.
202 Angenendt, Willibrord, S. 97; v. Padberg, Heilige und Familie, S. 19f.
203 Alkuin, Epistula 6 (MGH.Ep 4), S. 31.
204 Freise, Mimigernaford, S. 27.
205 Wampach, Echternach, Nr. 92, S. 155–157.
206 Ebd., Nr. 98, S. 164–166.
207 Freise, Mimigernaford, S. 23.
208 Hömberg, Kirchenorganisation, S. 80.
209 Vita secunda Liudgeri I,17 (ed. Diekamp), S. 62f.
210 Freise, Mimigernaford, S. 23.
211 Schröer, Bischofsweihe.
212 Stüwer, Reichsabtei Werden, S. 88–90.
213 Hauck, Apostolischer Geist, S. 9.
214 Schieffer, Altfrid; v. Padberg, Heilige und Familie, S. 30–34.
215 Hauck, Apostolischer Geist; Schmid, Liudgeriden.
216 Vita Liudgeri I, 2 (ed. Diekamp), S. 7.
217 Vita Liudgeri I, 5 u. I, 4 (ed. Diekamp), S. 9f; Schmid, Liudgeriden, S. 310f.
218 Vita Liudgeri I, 23 (ed. Diekamp), S. 27f.
219 Ebd. I, 24, S. 29.
220 Schmid, Liudgeriden, S. 313–317.
221 Wallmann, Tumba und Schrein.
222 Schmid, Liudgeriden, S. 319f.
223 Vita Liudgeri, Prologus auctoris (ed. Diekamp), S. 4; Üb. Senger, Leben; Schmid, Liudgeriden.
224 Vita Liudgeri I, 1 (ed. Diekamp), S. 6f.
225 Ebd., S. 7.
226 Angenendt, Kaiserherrschaft, S. 196–202; Werner, Lütticher Raum, S. 306f.
227 Vita secunda Liudgeri I, 1 (ed. Diekamp), S. 54.
228 Leclercq, Saint Liudger.
229 Vita Liudgeri I, 9 (ed. Diekamp), S. 13; zu Gregor von Utrecht: Werner, Adelsfamilien, S. 298–313.
230 Hauck, Apostolischer Geist, S. 8.
231 Vita Gregorii 10 (MGH.SS 51,1), S. 75^{6}.
232 Vita Liudgeri I, 10 (ed. Diekamp), S. 15f.
233 Ebd. I, 11, S. 16f.
234 Werner, Adelsfamilien, S. 314–317.
235 Ebd., S. 21.
236 Vita Liudgeri I, 18 (ed. Diekamp), S. 21f.
237 Ebd. I, 21, S. 24; Stüwer, Reichsabtei Werden, S. 88–90.
238 Vita Liudgeri I, 22 (ed. Diekamp), S. 25f.
239 Ebd. I, 23, S. 27f.
240 Ebd. I, 24, S. 29.
241 Schieffer, Liudger; v. Padberg, Heilige und Familie, S. 27–30.

242 Vita Gregorii, Praefatio (MGH.SSS 15,1), S. 66³⁰.
243 Vita Gregorii 2 (MGH.SS 15,1), S. 68²².
244 Löwe, Liudger.
245 Vita Gregorii 2 (MGH.SS 15,1), S. 68³⁵.
246 Ebd., S. 68³⁶.
247 Ebd., S. 69³.
248 Ebd., S. 69⁶.
249 Ebd., S. 69⁷.
250 Ebd., S. 69⁹.
251 Ebd., S. 69¹⁷–70¹⁶; Werner, Iren und Angelsachsen.
252 Hauck, Apostolischer Geist, S. 13.
253 Werner, Adelsfamilien, S. 299.
254 Vita Gregorii 7 (MGH.SS 15,1), S. 72³⁵.
255 Ebd. 8, S. 73³⁶.
256 Ebd. 11, S. 75²⁶.
257 Vogel, Vom Töten zum Mord, S. 54.
258 Fleckenstein, Großfränkische Reich, S. 1–27.
259 Engelbert, Liudger, S. 138.
260 Ebd., S. 154.
261 Ebd., S. 138–152.
262 Ebd., S. 153.
263 Semmler, Mönche und Kanoniker.
264 Alkuin, Epistula 258 (MGH.Ep 4), S. 416¹⁶.
265 Vita Liudgeri I, 21 (ed. Diekamp), S. 25.
266 Ebd. I, 30, S. 36.
267 Freise, Mimigernaford, S. 34.
268 Engelbert, Liudger, S. 154.
269 Ebd.
270 Freise, Mimigernaford, S. 14.
271 Ebd., S. 3.
272 Ebd., S. 4f.
273 Kohl, Honestum Monasterium, S. 166f.
274 Freise, Mimigernaford, S. 27.
275 Winkelmann, Ausgrabungen, S. 79.
276 Ebd., S. 81.
277 Ebd.
278 Freise, Mimigernaford, S. 33; Beda, vgl. Vita Ceolfridi 16,19 (ed. Plummer), S. 393, 394.
279 Vita Liudgeri I, 23 (ed. Diekamp), S. 28.
280 Schieffer, Frühgeschichte, S. 20f; Ders., Domstift Münster, S. 8.
281 Translatio sancti Viti martyris 5 (ed. Schmale-Ott), S. 48.
282 Schieffer, Domstift Münster, S. 8.
283 Schneider, Dombereich Münster, S. 47.
284 Schneider, Dombereich Münster, S. 49; Lobbedey – Scholz – Vestring-Buchholz, Dom.
285 Bäumer, Remigius, Art. Petrus (IV. Verehrung), in: LThK² 8 (1963), Sp. 341–343, 341.
286 Angenendt, Heilige und Reliquien, S. 190–206; Freise, Mimigernaford, S. 31.
287 Osnabrücker Urkundenbuch, Nr. 7 (ed. Philippi), S. 7; Kohl, Honestum Monasterium, S. 165.
288 Blok, Oudste Oorkonden Nr. 38, S. 195.
289 Freise, Mimigernaford, S. 33.
290 Jászai, Domkammer, S. 27f.
291 Liber priveligiorum maior monasterii Werdensis (ed. Schieffer), S. 287 u. 24.
292 Vita Liudgeri I, 32 (ed. Diekamp), S. 38.
293 Ewig, Petrus- und Apostelkult, S. 350.
294 Prinz, Mimigernaford, S. 87–100; Balzer, Stadtwerdung, S. 56f.
295 Vita Liudgeri 8 (ed. Diekamp), S. 12f.
296 Freise, Mimigernaford, S. 38.
297 Aland, Bibelübersetzungen.
298 Freise, Mimigernaford, S. 39.
299 Gysseling, Herkunft.
300 Freise, Mimigernaford, S. 45.
301 Blok, Oudste Oorkonden, Nr. 24, S. 183.
302 Freise, Mimigernaford, S. 40.
303 Blok, Oudste Oorkonden, Nr. 2, S. 157 u. Nr. 42, S. 199.
304 Freise, Mimigernaford, S. 40.
305 Karpp, Liber sancti Pauli.
306 Schieffer, Domstift Münster, S. 25.
307 Schröer, Bischöfe von Münster, S. 44–66.

308 Ebd., S. 54.
309 Schieffer, Domstift Münster, S. 22; Schröer, Bischöfe von Münster, S. 55.
310 Vita Liudgeri I,23 (ed. Diekamp), S. 28.
311 Freise, Mimigernaford, S. 41.
312 Hömberg, Kirchenorganisation, S. 80.
313 Kaiserurkunde Nr. 17 (ed. Wilmans, Kaiserurkunden), S. 51 f.
314 Hömberg, Kirchenorganisation, S. 84.
315 Ebd.
316 Ebd., S. 84–86.
317 Ebd., S. 87–91.
318 Jakobi, Nachkommen, S. 53, 63.
319 Kühne, Uffing von Werden; Vita Idae, Prooemium (ed. Wilmans, Kaiserurkunden), S. 470 f.
320 Hlawitschka, Liudolfinger, S. 106, 139–165; Kasten, Adalhard, S. 180 f.
321 Vita Ida, I,1–2 (ed. Wilmans, Kaiserurkunden), S. 474 f.
322 Ebd. I,9, S. 475 f.
323 Jakobi, Nachkommen.
324 Vita Idae I,3 (ed. Wilmans, Kaiserurkunden), S. 473.
325 Isenberg, Ausgrabungen, S. 75.
326 Vita Idae I, 10 (ed. Wilmans, Kaiserurkunden), S. 476; Isenberg, Ausgrabungen, S. 75.
327 Ebd.
328 Vita Idae I,5 (ed. Wilmans, Kaiserurkunden), S. 474.
329 Ebd. I,5 u. 6, S. 474 f.
330 Angenendt, In porticu ecclesiae.
331 Vita Idae I,6 (ed. Wilmans, Kaiserurkunden), S. 474.
332 Ebd. I,8, S. 475.
333 Ebd. I,16, S. 479.
334 Ebd. I,14, S. 478.
335 Ebd. I,10, S. 476.
336 Ebd. I,11, S. 478.
337 Ebd. I,12, S. 477.
338 Ebd. I,13, S. 478.
339 Ebd. II,6–8, S. 486–488.
340 Prinz, Urkunde.
341 Miracula 5 (ed. Honselmann, Berichte), S. 128; ders., Berichte, S. 135.
342 Lobbedey, Stiftsplatz, S. 49.
343 Ebd., S. 54.
344 Ebd.
345 Annales Xantenses a. 839 (AQDGMA 6), S. 344[1].
346 Winkelmann, Frethenna praeclara, S. 19.
347 Ebd., S. 20.
348 Lobbedey, Kirchbau, S. 225.
349 Terhalle, Vreden, S. 74.
350 Schmid, Nachfahren Widukinds, S. 60–68.
351 Warneke, Vreden, S. 403.
352 Wenskus, Sächsischer Stammesadel, S. 130 ff.
353 Herbes, Rom im Frankreich, S. 145.
354 Terhalle, Vreden, S. 78–82.
355 Thietmar von Merseburg, Chronicon VII, 47 u. 48 (AQDGMA 9), S. 404 f.
356 Kohl, Damenstift, S. 53.
357 Ders., Germanische Kultstätte, S. 46–49; Ders., Freckenhorst, S. 185.
358 Angenendt, Monachi peregrini, S. 43.
359 Kohl, Germanische Kultstätte, S. 46.
360 Eliade, Kosmos, S. 19–24.
361 Kötting, Fuß, Sp. 727.
362 Kohl, Damenstift, S. 60.
363 Traditiones 41, 91 (ed. Dronke), S. 100.
364 Annales Necrologici Fuldenses a. 863 (MGH.SS 13), S. 179[25].
365 Kohl, Damenstift, S. 66 f.
366 Annales Xantenses a. 861 (AQDGMA 6), S. 352[20].
367 Lobbedey, Grabungen, S. 103.
368 Kohl, Freckenhorst, S. 187.
369 Adam von Bremen, Gesta Hammaburgensis ecclesiae Pontificium IV,26 (AQDGMA 11), S. 470[9].
370 Kohl, Germanische Kultstätte, S. 50.
371 Ders., Freckenhorst, S. 186.
372 Ders., Germanische Kultstätte, S. 51.
373 Ders., Damenstift, S. 70.
374 Lobbedey, Baugeschichte. S. 26.

375 Ders., Frauenklöster.
376 Müller, Liesborn, S. 63–73, Zitat S. 63.
377 Ebd., S. 63 f.
378 Ebd., S. 64 f.
379 Leupen, Stamvader.
380 Müller, Liesborn, S. 65 f.
381 Goetting, Hildesheimer Bischöfe, S. 84–115, Zitat S. 89.
382 Müller, Liesborn, S. 69 f.
383 Warnecke, Metelen.
384 Arnolf, Urkunde 59 (MGH.DRG 3), S. 85–87.
385 Otto III., Urkunde 111 (MGH.DR 2,2), S. 522 f.
386 Althoff, Necrolog, S. 264.
387 Althoff, Necrolog.
388 Schmid, Nachfahren Widukinds, S. 66 f.
389 Last, Geistliche Konvente.
390 Althoff, Gandersheim, S. 123.
391 Ebd., S. 124.
392 Ebd., S. 125.
393 Ebd., S. 127 f.
394 Ebd., S. 132.
395 Ebd., S. 133.
396 Ebd., S. 124.
397 Ders., Necrolog, S. 267.
398 Osnabrücker Urkundenbuch Nr. 7 (ed. Philippi), S. 8; Üb. Otto Nagel, in: Hermanns, Saxlinga, S. 10.
399 Vita Liudgeri I,21 (ed. Diekamp), S. 25.
400 Seegrün, Urkunde, S. 11; Schmidt, Wildeshausen; Wenskus, Stammesadel, S. 175 f.
401 Osnabrücker Urkundenbuch Nr. 37 (ed. Philippi), S. 23–25.
402 Seegrün, Urkunde, S. 14; Sieve, Kirche Oldenburg, S. 5 f.
403 Oorkondenboek Utrecht, Nr. 62 (ed. Muller – Bouman), S. 68 f.
404 Fleckenstein, Hofkapelle, S. 156 f, 182.
405 Wattenbach – Levison, Geschichtsquellen, S. 711–714.
406 Wildeshausensche Documente (ed. Wilmans, Kaiserurkunden), S. 532 f.
407 Ebd., S. 532.
408 Otto II., Urkunde 228 (MGH.DR 2,1), S. 256[10].

Quellenverzeichnis

Abkürzungen
Die Abkürzungen folgen S. M. Schwertner, Theologische Realenzyklopädie, Abkürzungsverzeichnis, Berlin ²1994.

Albert von Metten, De diversitate temporum, ed. ABRAHAM HULSHOF (Historisch Genootschap 3,37), Amsterdam 1916.
Anonymus Paderbornensis, Translatio sancti Liborii, lat.-dt., ed. VOLKER DE VRY, in: VOLKER DE VRY, Liborius. Brückenbauer Europas. Die mittelalterlichen Viten und Translationsberichte, Paderborn u. a. 1997, S. 187–221.
Beda Venerabilis, *Historia ecclesiastica* gentis Angelorum, lat.-dt., Üb. GÜNTER SPITZBART, 2 Bde. (TzF 34,1–2), Darmstadt 1982.
Erconrads *Translatio Sancti Liborii*. Eine wiederentdeckte Geschichtsquelle der Karolingerzeit und die schon bekannten Übertragungsberichte, lat.-dt., ed. ALFRED COHAUSZ (SQWFG 6), Paderborn 1966.
Die *Kaiserurkunden* der Provinz Westfalen 777–1313, Bd. 1: Die Urkunden des karolingischen Zeitalters 777–900, lat.-dt., ed. ROGER WILMANS, Münster 1867.
Karolus Magnus et Leo Papa, lat.-dt., ed u. üb. FRANZ BRUNHÖLZL, in: Karolus Magnus et Leo Papa. Ein Paderborner Epos vom Jahre 799 (SQWFG 8), Paderborn 1996, S. 55–97.
Liber Pontificalis, 3 Bde., ed. LOUIS DUCHESNE (BEFAR), ND Paris 1981.
Liber priveligiorum maior monasterii Werdensis, ed. RUDOLF SCHIEFFER, in: SCHIEFFER, Domstift Münster, S. 28f.
Oorkondenboek van het Sticht Utrecht tot 1301, Bd. 1, ed. S. MULLER – A. C. BOUMAN, Utrecht 1920.
Osnabrücker Urkundenbuch, Bd. 1: Die Urkunden der Jahre 772–1200, ed. FRITZ PHILIPPI, Osnabrück 1892.
Sozomenos, Kirchengeschichte I–II, gr.-franz., ed. und üb. ANDRÉ-JEAN FESTUGIÈRE (SC 306), Paris 1983.
Ravennas Anonymus, *Cosmographia*. Eine Erdbeschreibung um das Jahr 700, üb. JOSEPH SCHNETZ (Nomina Germanica, Arkiv för germansk namnforskning 10), Uppsala 1951.
Regesta Imperii, Bd. 1: Die Regesten des Kaiserreichs unter den Karolingern 751–918, ed. JOHANN FRIEDRICH BÖHMER, Hildesheim 1966.
Die *Regesten der Erzbischöfe von Köln* im Mittelalter, Bd. 1,1: 313–870, ed. FRIEDRICH WILHELM OEDIGER (PGRGK 21), Bonn 1954.
Sulpicius Severus, Vita Martini; Üb. PIUS BIHLMEYER, Leben des hl. Martinus (BKV 20), Kempten–München 1914, S. 17–53.
Tertullian, Adversus iudaeos, ed. HERMANN TRÄNKLE, Wiesbaden 1964.
Das älteste *Totenbuch* des Stiftes Xanten, ed. FRIEDRICH WILHELM OEDIGER, (Veröffentlichungen des Xantener Dombauvereins 5, Die Stiftskirche des Hl. Viktor zu Xanten 2,3), Kevelaer 1958.

Traditiones et Antiquitates Fuldenses, ed. ERNST FRIEDRICH JOHANN DRONKE, Fulda 1844.

Translatio Sancti Viti Martyris, lat.-dt., ed. u. üb. IRENE SCHMALE-OTT (VHKW 41, Fontes Minores 1), Münster 1979.

Übertragung des heiligen Liborius, üb. GEORG GRANDAUR, in: Leben des Abtes Eigil von Fulda und der Äbtissin Hathumoda von Gandersheim (GDV 25), Leipzig 1888, S. 68–83.

Urkundenbuch des Stiftes Xanten, Bd. 1: (vor 590)–1359, ed. PETER WEILER (Veröffentlichungen des Vereins zur Erhaltung des Xantener Domes e. V. 2,1), Bonn 1935.

Vita Ceolfridi, ed. CHARLES PLUMMER, Venerabilis Bedae Opera historica, Bd. 1, ND Oxford 1961, S. 388–404.

Vita sancti *Liudgeri* auctore Altfrido, ed. WILHELM DIEKAMP, Die Vitae sancti Liudgeri (GQBM 4), Münster 1881, S. 3–53.

Vita secunda sancti *Liudgeri* auctore Altfrido, ed. WILHELM DIEKAMP, Die Vitae sancti Liudgeri (GQBM 4), Münster 1881, S. 54–84.

Vita Sturmi, lat.-dt., ed. PIUS ENGELBERT, Eigil. Das Leben des Abtes Sturmi, in: Fuldaer Geschichtsblätter. Zeitschrift des Fuldaer Geschichtsvereins 56 (1980), S. 17–49.

Literaturverzeichnis

ALAND, KURT, Art. *Bibelübersetzungen* I.10.1 (Übersetzung ins Gotische. Neues Testament), in: TRE 6 (1980), S. 211–213.
ALTHOFF, GERD, *Gandersheim* und Quedlinburg. Ottonische Frauenklöster als Herrschafts- und Überlieferungszentrum, in: FMSt 25 (1991), S. 123–144.
DERS., Das *Necrolog* von Borghorst. Edition und Untersuchung (VHKW 40, Westfälische Gedenkbücher und Nekrologien 1), Münster 1978.
DERS., Der *Sachsenherzog Widukind* als Mönch auf der Reichenau. Ein Beitrag zur Kritik des Widukind-Mythos, in: FMSt 17 (1983), S. 251–279.
AMENT, HERMANN, Der Rhein und die *Ethnogenese* der Germanen, in: Prähistorische Zeitschrift 59 (1984), S. 37–47.
ANGENDENT, ARNOLD, *Bonifatius* und das Sacramentum initiationis. Zugleich ein Beitrag zur Geschichte der Firmung, in: RQ 72 (1977), S. 133–183.
DERS., Das geistliche *Bündnis der Päpste* mit den Karolingern (754–796), in: HJ 100 (1980), S. 1–94.
DERS., Zur *Ehre der Altäre* erhoben. Zugleich ein Beitrag zur Reliquienforschung, in: RQ 89 (1994), S. 221–244.
DERS., »Mit reinen Händen«. Das Motiv der *kultischen Reinheit* in der abendländischen Askese, in: GEORG JENAL (Hg.), Herrschaft, Kirche, Kultur. Das Motiv der kultischen Reinheit in der abendländischen Askese (MGMA 37), Stuttgart 1993, S. 297–316.
DERS., *Heilige und Reliquien*. Die Geschichte ihres Kultes vom frühen Christentum bis zur Gegenwart, München ²1997.
DERS., *Kaiserherrschaft* und Königstaufe. Kaiser, Könige und Päpste als geistliche Patrone in der abendländischen Missionsgeschichte (AFMF 15), Berlin–New York 1984.
DERS., Kloster und *Klosterverband* zwischen Benedikt von Nursia und Benedikt von Aniane, in: HAGEN KELLER – FRANZ NEISKE (Hgg.), Vom Kloster zum Klosterverband. Das Werkzeug der Schriftlichkeit (MMAS 74), München 1997, S. 7–35.
DERS., Der »*ganze*« und »*unverweste*« *Leib* – eine Leitidee der Reliquienverehrung bei Gregor von Tours und Beda Venerabilis, in: HUBERT MORDEK (Hg.), Aus Archiven und Bibliotheken. FS Raymund Kottje, Frankfurt a. M. u. a. 1992.
DERS., Libelli bene correcti. Der »richtige Kult« als ein Motiv der karolingischen Reform, in: PETER GANZ (Hg.), Das Buch als magisches und als Repräsentationsobjekt, Wiesbaden 1992, S. 117–135.
DERS., *Missa specialis*. Zugleich ein Beitrag zur Entstehung der Privatmessen, in: FMSt 17 (1983), S. 153–221.
DERS., *Monachi Peregrini*. Studien zu Pirmin und den monastischen Vorstellungen des frühen Mittelalters (MMAS 6), München 1972.
DERS., Die irische *Peregrinatio* und ihre Auswirkungen auf dem Kontinent vor dem Jahre 800, in: LÖWE, Iren und Europa, S. 52–79.

DERS., *Pirmin und Bonifatius*. Ihr Verhältnis zu Mönchtum, Bischofsamt und Adel, in: ARNO BORST (Hg.), Mönchtum, Episkopat und Adel zur Gründungszeit des Klosters Reichenau (VKAMAG 20), Sigmaringen 1974, S. 251–304.

DERS., *In porticu ecclesiae* sepultus. Ein Beispiel von himmlisch-irdischer Spiegelung, in: KELLER–STAUBACH, Iconologia sacra, S. 68–80.

DERS., *Princeps imperii* – Princeps apostolorum. Rom zwischen Universalismus und Gentilismus, in: Roma – Caput et Fons. Zwei Vorträge über das päpstliche Rom zwischen Altertum und Mittelalter, hrsg. v. der gemeinsamen KOMMISSION DER RHEINISCH-WESTFÄLISCHEN AKADEMIE DER WISSENSCHAFTEN UND DER GERDA HENKEL STIFTUNG, Köln 1989, S. 7–44.

DERS., Rex et Sacerdos. Zur Genese der Königssalbung, in: KAMP – WOLLASCH, Tradition, S. 100–118.

DERS., Der *Taufritus* im Frühen Mittelalter, in: Segni e riti nella Chiesa Altomedievale Occidentale (SSAM 33), Spoleto 1987, S. 275–321.

DERS., *Willibald* zwischen Mönchtum und Bischofsamt, in: DICKERHOFF – REITER – WEITERFURTER, Der hl. Willibald, S. 143–169.

DERS., *Willibrord* im Dienste der Karolinger, in: AHVNRh 175 (1973), S. 63–113.

DERS., Willibrord als römischer *Erzbischof*, in: KIESEL – SCHROEDER, Willibrord, S. 31–41.

BADER, WALTER, *Sanctos*. Grabfeld, Märtyrergrab und Bauten vom 4. Jahrhundert bis um und nach 752–68 n. Chr. (Veröffentlichungen des Vereins zur Erhaltung des Xantener Domes e. V. 8, Die Stiftskirche des Hl. Viktor zu Xanten 1,1), Xanten 1985.

BALZER, MANFRED, Art. *Böddeken*, in: HENGST, Westfälisches Klosterbuch 1, S. 102–112.

DERS., Ergebnisse und Probleme der *Pfalzenforschung* in Westfalen, in: BDLG 120 (1984), S. 105–134.

DERS., »Lippiagyspringiae in Saxonia«. Der Quellbereich der Lippe in den Sachsenkriegen Karls des Großen, in: MICHAEL PAVLICI (Bearb.), Lippspringe – Beiträge zur Geschichte, Paderborn 1995, S. 63–71.

DERS., *Widukind*, Sachsenherzog – und Mönch auf der Reichenau?, in: Stadt Enger – Beiträge zur Stadtgeschichte, Bd. 3: Neueröffnung des Widukind-Museums in Enger, Enger 1983, S. 9–29.

DERS., *Paderborn* als Karolingischer Pfalzort, in: Deutsche Königspfalzen. Beiträge zu ihrer historischen und archäologischen Erforschung, Bd. 3 (VMPIG 11,3), Göttingen 1979, S. 9–85.

DERS., Die *Schriftüberlieferung*, in: UWE LOBBEDEY, Die Ausgrabungen im Dom zu Paderborn 1978/80 und 1983, Tbd. 1 (Denkmalpflege und Forschung in Westfalen 11), Bonn 1986, S. 91–140.

DERS., Die *Stadtwerdung* – Entwicklungen und Wandlungen vom 9. bis 12. Jahrhundert, in: JAKOBI, Geschichte der Stadt Münster, S. 53–89.

BANGE, HANS – WOLFGANG LÖHR, *Gladbach*, in: HAACKE, Benediktinerklöster, S. 323–351.

BANGE, PETTY – ANTONIUS G. WEILER (Hgg.), *Willibrord*, zijn wereld en zijn werk. Voordrachten gehouden tijdens het Willibrordcongres Nijmegen, 28–30 September 1989 (Middeleeuwse Studies 6), Nijmegen 1990.

BAUER, KARL, Die *Quellen* für das sogenannte Blutbad von Verden, in: LAMMERS, Eingliederung, S. 109–150.

BAUMEISTER, THEOFRIED, Art. *Heiligenverehrung* I, in: RAC 14 (1988), Sp. 96–150.

BAUMEWAERD-SCHMID, HEIKE, Immer noch nichts Neues aus *Arenacium*. Ergebnisse einer Ausgrabung in Rindern, in: Archäologie im Rheinland (1995), S. 57–59.

BECHT-JÖRDENS, GEREON, Neue Hinweise zum *Rechtsstatus* des Klosters Fulda aus der Vita Aegil des Brun Candidus, in: HJLG 41 (1991), S. 11–29.

BECK, HEINRICH – DETLEV ELLMERS – KURT SCHIER (Hgg.), Germanische *Religionsgeschichte*. Quellen und Quellenprobleme (RGA.E 5), Berlin–New York 1992.

BERGMANN, ROLF, *Althochdeutsche Glossenüberlieferung* des 8. Jahrhunderts, in: PRÓINSÉAS NÍ CHATHÁIN – MICHAEL RICHTER (Hgg.), Irland und Europa. Die Kirche im Frühmittelalter (Veröffentlichungen des Europa Zentrums Tübingen. Kulturwissenschaftliche Reihe), Stuttgart 1984, S. 226–239.

BERSCHIN, WALTER, *Biographie* und Epochenstil im lateinischen Mittelalter, 3 Bde. (Quellen und Untersuchungen zur lateinischen Philologie des Mittelalters 8–10), Stuttgart 1988–1991.

BEST, WERNER, Das *Gräberfeld* von Herzebrock-Clarholz. Ein seltener Fundplatz der Völkerwanderungszeit in Ostwestfalen, in: HELLENKEMPER u. a., Archäologie, S. 271–275.

BEUMANN, HELMUT, Die *Hagiographie* »bewältigt«: Unterwerfung und Christianisierung der Sachsen durch Karl den Großen, in: Cristianizzazione ed organizzazione ecclesiastica delle campagne nell'alto medioevo: espansione e resistenze (SSAM 28,1), Spoleto 1982, S. 129–163.

DERS.; Das *Paderborner Epos* und die Kaiseridee Karls des Großen, in: Karolus Magnus et Leo Papa. Ein Paderborner Epos vom Jahre 799 (SQWFG 8), Paderborn 1966, S. 1–54.

BINDING, GÜNTHER, Bericht über *Ausgrabungen* in niederrheinischen Kirchen II, in: Rheinische Ausgrabungen 9 (1971), S. 1–87.

DERS. – WALTER JANSSEN – FRIEDRICH K. JUNGKLAASS (Hgg.), Burg und Stift Elten am Niederrhein. Archäologische Untersuchungen der Jahre 1964/65 (Rheinische Ausgrabungen 8), Düsseldorf 1970.

BISCHOFF, BERNHARD, Paläographische Fragen deutscher *Denkmäler* der Karolingerzeit, in: FMSt 5 (1971), S. 101–134.

DERS., Die *Hofbibliothek* Karls des Großen, in: DERS., Mittelalterliche Studien, S. 149–169.

DERS., *Mittelalterliche Studien*. Aufsätze zur Schriftkunde und Literaturgeschichte, Bd. 3, Stuttgart 1981.

DERS., Die *Schriftheimat* der Münchner Heliand-Handschrift, in: DERS., Mittelalterliche Studien, S. 112–119.

DERS., Das Thema der *Poeta Saxo*, in: DERS., Mittelalterliche Studien, S. 253–259.

BLOK, DIRK PETER, De *oudste* particuliere *Oorkonden* van het Klooster Werden. Een diplomatische Studie met enige Uitweidingen over het onstaan van dit Oorkonden in het algemeen (GTB 61), Assen 1960.

BÖHME, HORST WOLFGANG, *Söldner* und Siedler im spätantiken Nordgallien, in: WIECZOREK u. a., Franken, S. 91–101.

BÖHNER, KURT, Das *Grab eines fränkischen Herrn* aus Morken im Rheinland (Führer Nr. 4 des Rheinischen Landesmuseums in Bonn), Bonn 1959.

BORGER, HUGO, Die *Abbilder des Himmels* in Köln. Kölner Kirchenbauten als Quelle zur Siedlungsgeschichte des Mittelalters, Bd. 1, Köln 1979.

DERS., Die *Ausgrabungen* in der Willibrordkirche zu Wesel, in: Der Niederrhein 31 (1964), S. 91–96.

DERS., Beiträge zur *Frühgeschichte* des Xantener Viktorstiftes. Ausgrabungen unter dem Dom und der Stifts-Immunität in den Jahren 1961–1966 (Vorbericht III), in: DERS. – OEDINGER, Xantener Viktorstift, S. 1–205.

DERS. – FRIEDRICH WILHELM OEDIGER, Beiträge zur Frühgeschichte des *Xantener Viktorstiftes* (Rheinische Ausgrabungen 6), Düsseldorf 1969.

BORGOLTE, MICHAEL, *Gedenkstiftungen* in St. Galler Urkunden, in: KARL SCHMID – JOACHIM WOLLASCH (Hgg.), Memoria. Der geschichtliche Zeugniswert des liturgischen Gedenkens im Mittelalter (MMAS 48), München 1984, S. 578–602.

BOSCHOF, EGON, *Ludwig der Fromme* (Gestalten des Mittelalters und der Renaissance), Darmstadt 1996.

BRANDT, HANS J. – KARL HENGST, Die *Bischöfe* und Erzbischöfe von Paderborn, Paderborn 1984.

BRIDGER, CLIVE, Forschungsgeschichtliche *Betrachtungen* zur spätantiken und frühmittelalterlichen Besiedlung in Xanten, in: PRECHT –SCHALLES, Spurenlese, S. 179–190.

DERS. – FRANK SIEGMUND, Die Xantener *Stiftsimmunität*. Grabungsgeschichte und Überlegungen zur Siedlungstopographie (Rheinische Ausgrabungen 27), Köln–Bonn 1987, S. 63–133.

BROWN, PETER, Die *Heiligenverehrung*. Die Entstehung und Funktion in der lateinischen Christenheit, Leipzig 1991.

DERS., Spätantike, in: GEORGES DUBY – PHILIPPE ARIÈS (Hgg.), Geschichte des privaten Lebens, Bd. 1: Vom Römischen Imperium zum Byzantinischen Reich, hg. v. PAUL VEYNE, Frankfurt a. M. ²1989, S. 229–297.

BROX, NORBERT, Zur christlichen *Mission in der Spätantike*, in: KARL KERTELGE (Hg.), Mission im Neuen Testament (QD 93), Freiburg i. Br. u. a. 1982, S. 190–237.

BRUCE-MITFORD, RUPERT L. S., The *Sutton-Hoo Ship Burial*, 3 Bde., London 1975–1983.

BRÜHL, CARLRICHARD, Palatium und *Civitas*. Studien zur Profangeschichte spätantiker Civitates vom 3. bis zum 13. Jahrhundert, 2 Bde., Köln–Wien 1975/90.

BÜTTNER, HEINRICH, *Mission* und Kirchenorganisation des Frankenreiches bis zum Tode Karls des Großen, in: HELMUT BEUMANN (Hg.), Karl der Große. Lebenswerk und Nachleben, Bd. 1: Persönlichkeit und Geschichte, Düsseldorf 1965, S. 454–487.

CAPELLE, TORSTEN, Das Gräberfeld *Beckum* I (Veröffentlichungen der Altertumskommission im Provinzialinstitut für Westfälische Landes- und Volksforschung Landschaftsverband Westfalen-Lippe 7), Münster 1979.

CHARLES-EDWARDS, THOMAS M., The Social Background to Irish *Peregrinatio*, in: Celt. 11 (1976), S. 43–59.

CLASSEN, PETER, *Fortleben* und Wandel spätirischen Urkundenwesens im frühen Mittelalter, in: DERS., Recht und Schrift im Mittelalter (VKAMAG 23), Sigmaringen 1977, S. 13–54.

DERS., *Karl der Große*, das Papsttum und Byzanz. Die Begründung des karolingischen Kaisertums, nach dem Handexemplar des Verfassers hg. v. HORST FUHRMANN–CLAUDIA MÄRTL (BGQMA 9), Sigmaringen 1985.

CLAUDE, DIETRICH, Geschichte der *Westgoten*, Stuttgart u. a. 1970.

CLAUSSEN, HILDE, Karolingische *Stuckfiguren* im Corveyer Westwerk. Vorzeichnungen und Stuckfragmente, in: Kunstchronik 48 (1995), S. 3–16.

Ó CRÓINÍN, DÁIBHÍ, *Rath Melsigi*, Willibrord, and the earliest Echternach Manuscripts, in: Peritia 3 (1984), S. 17–42.

DASSMANN, ERNST, *Ambrosius und die Märtyrer*, in: JAC 18 (1975), S. 49–68.

DERS., Die Anfänge der *Kirche in Deutschland*. Von der Spätantike bis zur frühfränkischen Zeit, Stuttgart–Berlin–Köln 1993.

DEMOUGEOT, EMILIENNE, Art. *Gallia* I, in: RAC 8 (1972), Sp. 822–927.

DICKERHOFF, HARALD – ERNST REITER – STEFAN WEITERFURTER (Hgg.), *Der hl. Willibald* – Klosterbischof oder Bistumsgründer? (ESt 30), Regensburg 1990.

DIDENHOFEN, WILHELM, Erläuterungen zum »*Alfruod*«-Stein, in: Kalender für das Klever Land auf das Jahr 1968, S. 28 f.

DIEKAMP, WILHELM, Die *Reliquien* des Heiligen Liudger. Zugleich ein Beitrag zur Entwicklungsgeschichte der Legenden, in: ZVGA 40 (1882), S. 50–80.
DIHLE, ALBRECHT, Art. *Ethik*, in: RAC 6 (1966), Sp. 646–796.
DERS., Die *Vorstellung vom Willen* in der Antike, Göttingen 1985.
DÖLGER, FRANZ JOSEPH, Die ›*Familie der Könige*‹ im Mittelalter, in: DERS., Byzanz und die europäische Staatenwelt. Ausgewählte Vorträge und Aufsätze, Darmstadt 1953, S. 34–69.
DOPPELFELD, OTTO, Das fränkische *Frauengrab* unter dem Chor des Kölner Domes, in: Germ 38 (1960), S. 89–113.
DERS., Das fränkische *Knabengrab* unter dem Chor des Kölner Domes, in: Germ 42 (1961/62), S. 3–45.
DERS., Das römische *Köln* I: Ubier-Oppidum und Colonia Agrippinensium, in: TEMPORINI, Politische Geschichte, S. 715–782.
DERS. – RENATE PIRLING, Fränkische *Fürsten* im Rheinland (Schriften des Rheinischen Landesmuseums Bonn 2), Düsseldorf 1966.
DROEGE, GEORG, *Fränkische Siedlungen* in Westfalen, in: FMSt 4 (1970), S. 271 bis 288.
DUBY, GEORGES, *Krieger und Bauern*. Die Entwicklung der mittelalterlichen Wirtschaft und Gesellschaft bis um 1200, Frankfurt a. M. 1986.
EBENBAUER, ALFRED, Art. *Germanische Religion*, in: TRE 12 (1984), S. 510–521.
EGGERS, HANS, Deutsche *Sprachgeschichte*, Bd. 1: Das Althochdeutsche und das Mittelhochdeutsche, Reinbek/Hamburg 1986.
ELIADE, MIRCEA, *Kosmos* und Geschichte. Der Mythos der ewigen Wiederkehr, Frankfurt a. M. 1984.
ELLMERS, DETLEV, Die archäologischen *Quellen* zur germanischen Religionsgeschichte, in: BECK – ELLMERS – SCHIER, Religionsgeschichte, S. 95–117.
ENGELBERT, PIUS, *Liudger* und das fränkische Mönchtum seiner Zeit, in: RUDOLF LUDGER SCHÜTZ (Hg.), St. Liudger – Zeuge des Glaubens – Apostel der Friesen und Sachsen. 742–1992. Gedenkschrift zur Erinnerung an die Geburt des Heiligen vor 1250 Jahren, Essen-Werden 1992, S. 137–159.
ENRIGHT, MICHAEL J., *Iromanie – Irophobie* Revisited: A Suggested Frame of Reference for Considering Continental Reactions to Irish peregrini in the Seventh and Eighth Centuries, in: JARNUT – NONN – RICHTER, Karl Martell, S. 367–380.
EWIG, EUGEN, *Frühes Mittelalter* (Rheinische Geschichte 1,2), Düsseldorf 1980.
DERS., Die *Merowinger* und das Frankenreich, Stuttgart u. a. 1988.
DERS., Das *Zeitalter Karls des Großen* (768–814), in: HKG 3,1 (1966), S. 62–118.
DERS., Der *Petrus- und Apostelkult* im Spätrömischen und Fränkischen Gallien, in: DERS., Spätantikes und Fränkisches Gallien. Gesammelte Schriften (1952–1973), Bd. 2 (Francia. B 3,2), München 1979, S. 318–354.
FEHRING, GÜNTER P., *Missions- und Kirchenwesen* in archäologischer Sicht, in: HERBERT JANKUHN – REINHARD WENSKUS, Geschichtswissenschaft und Archäologie (VKAMAG 22), Sigmaringen 1979, S. 547–591.
FINK, JOSEF, Der Mars *Camulus-Stein* in der Pfarrkirche zu Rindern. Römisches Denkmal und christlicher Altar, Kevelaer 1970.
FINLEY, MOSES I., Die antike *Wirtschaft*, München 1977.
FISCH, JÖRG, *Jenseitsglaube*, Ungleichheit und Tod. Zu einigen Aspekten der Totenfolge, in: Saec. 44 (1993), S. 264–299.
FLECKENSTEIN, JOSEF, Das *Großfränkische Reich*. Möglichkeiten und Grenzen der Großreichsbildung im Mittelalter, in: DERS., Ordnungen und formende Kräfte des Mittelalters. Ausgewählte Beiträge, Göttingen 1989, S. 1–27.
DERS., Die *Hofkapelle* der deutschen Könige, Tbd. 1: Grundlegung. Die Karolingische Hofkapelle (SMGH 16,1), Stuttgart 1959.

FLINK, KLAUS, Der *Anteil der Stifter* an der Stadtentwicklung am Niederrhein insbesondere in Emmerich, in: ERICH MEUTHEN (Hg.), Stift und Stadt am Niederrhein (Klever Archiv 5), Kleve 1984, S. 55–83.

DERS., *Rees*, Xanten, Geldern. Formen der städtischen und territorialen Entwicklung am Niederrhein, Bd. 1 (Schriftenreihe des Kreises Kleve 2), Kleve 1981.

FLINTROP, HELMUT, Der Romanische *Gründungsbau* des St. Martinistiftes zu Emmerich und seine Veränderungen im 12. und 13. Jahrhundert, Emmerich 1991.

FOLLMANN-SCHULZ, ANNA-BARBARA, Die römischen *Tempelanlagen* in der Provinz Germania inferior, in: HAASE, Heidentum, S. 672–793.

FREISE, ECKARD, Das *Frühmittelalter* bis zum Vertrag von Verdun (843), in: KOHL, Westfälische Geschichte, S. 275–335.

DERS.. Vom vorchristlichen *Mimigernaford* vom honestum monasterium Liudgers, in: JAKOBI, Geschichte der Stadt Münster, S. 1–51.

DERS., Die *Sachsenmission* Karls des Großen und die Anfänge des Bistums Minden, in: HANS NORDSIEK (Hg.), An Weser und Wiehen. Beiträge zur Geschichte und Kultur einer Landschaft. FS Wilhelm Brepohl (Mindener Beiträge zur Geschichte, Landes- und Volkskunde des ehemaligen Fürstentums Minden 20), Minden 1983, S. 57–100.

DERS., Studien zum *Einzugsbereich* der Klostergemeinschaft von Fulda, in: SCHMID, Klostergemeinschaft 2,3, S. 1004–1269.

FRITZE, WOLFGANG H., Zur *Entstehungsgeschichte* des Bistums Utrecht. Franken und Friesen 690–734, in: RhV 35 (1971), S. 107–151.

DERS., *Universalis gentium confessio*. Formeln, Träger und Wege universalmissionarischen Denkens im 7. Jahrhundert, in: FMSt 3 (1969), S. 78–130.

GANSHOF, FRANÇOIS L., *Grondbezit en gronduitbating tijdens* de vroege middeleeuwen in het Frankische rijk en meer bepaald in Taxandrie, in: Brabants Heem 6 (1954), S. 3–19.

GANZ, DAVID, *Corbie* in the Carolingian Renaissance (Francia.B 20), Sigmaringen 1990.

DERS., Temtabet et scribere: Vom *Schreiben in der Karolingerzeit*, in: RUDOLF SCHIEFFER (Hg.), Schriftkultur und Reichsverwaltung unter den Karolingern. Referate des Kolloquiums der Nordrhein-Westfälischen Akademie der Wissenschaften am 17./18. Februar 1994 in Bonn (Abhandlungen der Nordrhein-Westfälischen Akademie der Wissenschaften 97), Opladen 1996, S. 13–33.

GERBERDING, RICHARD A., 716: A crucial year for *Charles Martel*, in: JARNUT – NONN – RICHTER, Karl Martell, S. 203–216.

GERCHOW, JAN, Die *Gedankenüberlieferung* der Angelsachsen. Mit einem Katalog der libri vitae und Necrologien (AFMF 20), Berlin–New York 1988.

GERRITZ, EUGEN, *Troia sive Xantum*. Beiträge zur Geschichte einer niederrheinischen Stadt, Xanten 1964.

GEUENICH, DIETER, Geschichte der *Alemannen*, Stuttgart–Berlin–Köln 1997.

GOETTING, HANS, Die *Hildesheimer Bischöfe* von 815 bis 1221 (1227) (GermSac.NF 20, Das Bistum Hildesheim 3), Berlin–New York 1984.

GOODY, JACK, Die *Logik der Schrift* und die Organisation von Gesellschaft, Frankfurt a. M. 1990.

GORISSEN, FRIEDRICH, *Kellen*. Siedlung und Gemeinde in ihrer geschichtlichen Entwickung, Kellen 1954.

DERS., *Rindern* (Harenatium – Rinharen). Römisches Limeskastell, angloschottisches Coenobium Willibrords, feudale Grundherrschaft und Herrlichkeit, Deichschau, Bd. 1: Von den Anfängen der Besiedlung bis zum Ende der Herrlichkeit. Darstellung und Quellen, Kleve 1995.

GOTTLOB, THEODOR, Der abendländische *Chorepiskopat* (KStT 1), Bonn 1928.

GRÜNEWALD, CHRISTOPH, Ausgrabungen in Beelen – Neue Erkenntnisse zur Frühgeschichte im östlichen Münsterland, in: HORN u. a., Archäologie, S. 289 bis 294.
GYSSELING, MAURITS, *Toponymisch Woordenboek* van België, Nederland, Luxemburg, Noord-Franrijk en West-Duitsland (vóór 1226), Tbd. 1 (Bouwstoffen en studiën voor de geschiedenis en de lexicografie van het Nederlands 6,1), Tongeren 1960.
DERS., Die nordniederländische *Herkunft* des Heilanddichters und des »altsächsischen« Taufgelöbnisses, in: Jahrbuch des Vereins für niederdeutsche Sprachforschung 103 (1980), S. 14–31.
HAACKE, RHABAN (Hg.), Die *Benediktinerklöster* in Nordrhein-Westfalen (GermBen 8), München 1980.
HAASE, WOLFGANG (Hg.), Principat. Religion (*Heidentum*: Die religiösen Verhältnisse in den Provinzen) (ANRW II. 18,1), Berlin–New York 1986.
HACHMANN, ROLF – GEORG KOSSACK – HANS KUHN, Völker *zwischen Germanen und Kelten*. Schriftquellen und Namensgut zur Geschichte des nördlichen Westdeutschlands um Christi Geburt, Neumünster 1962.
HAGBERG, ULF ERIK, *Opferhorte* der Kaiser- und Völkerwanderungszeit in Schweden, in: FMSt 18 (1984), S. 73–82.
HAMPE, KARL, *Karl der Große* und Widukind, in: LAMMERS, Eingliederung, S. 61–74.
HANEL, NORBERT, *Vetera I* und der Beginn der römischen Herrschaft am Niederrhein, in: PRECHT – SCHALLES, Spurenlese, S. 59–68.
HARCK, OLE, *Gefäßopfer* der Eisenzeit im nördlichen Mitteleuropa, in: FMSt 18 (1984), S. 102–121.
HARNACK, ADOLF VON, Die *Mission* und Ausbreitung des Christentums in den ersten drei Jahrhunderten (⁴1924), Wiesbaden ND o. J.
HARTMANN, WILFRIED, Die *Synoden der Karolingerzeit* im Frankenreich und in Italien (KonGe.D8), Paderborn u. a. 1989.
DERS., Der rechtliche Zustand der Kirchen auf dem Lande: Die *Eigenkirche* in der fränkischen Gesetzgebung des 7. bis 9. Jahrhunderts, in: Christianizzazione ed organizzazione ecclesiastica delle campagne nell'alto medioevo: espansione e resistenze (SSAM 28,1), Spoleto 1982, S. 397–444.
HAUBRICHS, WOLFGANG, Die Anfänge. Versuche *volkssprachlicher Schriftlichkeit* im frühen Mittelalter (ca. 700–1050/60) (Geschichte der deutschen Literatur 1,1), Frankfurt a. M. 1988.
HAUCK, KARL, Die *Ausbreitung* des Glaubens in Sachsen und die Verteidigung der römischen Kirche als konkurrierende Herrscheraufgaben Karls des Großen, in: FMSt 4 (1970), S. 138–172.
DERS., Zwanzig Jahre *Brakteatenforschung* in Münster/Westfalen (Zur Ikonologie der Goldbrakteaten, XL), in: FMSt 22 (1988), S. 17–52.
DERS., Zum ersten Band der Sutton-Hoo-Edition, in: FMSt 12 (1978), S. 438–456.
DERS., Zum zweiten Band der Sutton-Hoo-Edition, in: FMSt 16 (1982), S. 319–362.
DERS., *Apostolischer Geist* im genus sacerdotale der Liudgeriden. Die »Kanonisation« Liudgers und Altfrids gleichzeitig Bischofsgrablege in Essen-Werden, Essen 1986.
DERS., *Karl als neuer Konstantin 777*. Die archäologischen Entdeckungen in Paderborn in historischer Sicht. Mit einem Exkurs von G. Müller, Der Name Widukind, in: FMSt 20 (1986), S. 513–540.
DERS., Die fränkisch-deutsche *Monarchie* und der Weserraum. Mit einem Kartenanhang, in: LAMMERS, Eingliederung, S. 416–450.
DERS., *Paderborn*, das Zentrum von Karls Sachsen-Mission 777, in: JOSEF FLECKEN-

STEIN – KARL SCHMID (Hgg.), Adel und Kirche, FS Gerd Tellenbach, Freiburg–Basel–Wien 1968, S. 92–140.
DERS., Karolingische *Taufpfalzen* im Spiegel hofnaher Dichtung. Überlegungen zur Ausmalung von Pfalzkirchen, Pfalzen und Reichsklöstern, in: NGWG.PH 1 (1985), S. 3–95.
HEIDRICH, INGRID, *Titulatur* und Urkunden der karolingischen Hausmeier, in: ADipl 11/12 (1965/66), S. 71–279.
HEINEMEYER, KARL, Die Gründung des Klosters *Fulda* im Rahmen der bonifatianischen Kirchenorganisation, in: HJLG (30) 1980, S. 1–45.
HEINEN, HEINZ, *Trier* und das Trevererland in römischer Zeit (2000 Jahre Trier 1), Trier 1985.
HEINZELMANN, MARTIN, *Gregor von Tours* (538–594). »Zehn Bücher Geschichte«. Historiographie und Gesellschaftskonzept im 6. Jahrhundert, Darmstadt 1994.
HELLENKEMPER, HANSGERD u. a. (Hgg.), Geschichte im Herzen Europas. *Archäologie* in Nordrhein-Westfalen (Schriften zur Bodendenkmalpflege in Nordrhein-Westfalen 1), Köln 1990.
HENGST, KARL (Hg.), *Westfälisches Klosterbuch*. Lexikon der vor 1815 errichteten Stifte und Klöster von ihrer Gründung bis zur Aufhebung, 2 Tbde. (VHKW 44, Quellen und Forschungen zur Kirchen- und Religionsgeschichte 2), Münster 1992/94.
DERS., Die *Urbs Karoli* und das Blutbad zu Verden in den Quellen zur Sachsenmission (775–785), in: ThGl 70 (1980), S. 283–299.
HERBERS, KLAUS, *Rom im Frankreich* – Rombeziehungen durch Heilige in der Mitte des 9. Jahrhunderts, in: Dieter R. Bauer u. a. (Hgg.), Mönchtum – Kirche – Herrschaft. 750–1000, Sigmaringen 1998, S. 133–169.
HERMANNS, CHRISTINE (Hg.), *Saxlinga* – Kirchspiel – Gemeinde. 1175 Jahre Emsbüren, Emsbüren 1994.
HIMMELMANN, NIKOLAUS, *Tieropfer* in der griechischen Kunst (Nordrhein-Westfälische Akademie der Wissenschaften: Geisteswissenschaften. Vorträge G 349), Opladen 1997.
HINZ, HERMANN, *Colonia Ulpia Traiana*. Die Entwicklung eines römischen Zentralortes am Niederrhein, in: TEMPORINI, Politische Geschichte, S. 825–869.
HLAWITSCHKA, EDUARD, Zur Herkunft der *Liudolfinger* und zu einigen Corveyer Geschichtsquellen, in: RhV 38 (1974), S. 92–165.
HÖMBERG, ALBERT K., Studien zur Entstehung der mittelalterlichen *Kirchenorganisation* in Westfalen, in: WF 6 (1953), S. 46–108.
HÖROLDT, DIETRICH, Das *Stift St. Cassius* zu Bonn von den Anfängen der Kirche bis zum Jahre 1580 (Bonner Geschichtsblätter 11), Bonn 1957.
HÖVELMANN, GREGOR, Westfränkischer *Klosterbesitz* am unteren Niederrhein, in: RhV 27 (1962), S. 18–36.
HOFFMANN, HARTMUT, *Kirche und Sklaverei* im frühen Mittelalter, in: DA 42 (1986), S. 1–24.
HOFFMANN, PAUL, *Die Toten in Christus*. Eine religionsgeschichtliche und exegetische Untersuchung zur paulinischen Eschatologie (NTA.NF 2), Münster 1966.
HOLTZMANN, ROBERT, Geschichte der *sächsischen Kaiserzeit* (900–1024), Darmstadt 1967.
HOMANN, HOLGER, Der *Indiculus* superstitionum et paganiarum und verwandte Denkmäler, Diss. masch., Göttingen 1965.
HONSELMANN, KLEMENS, *Berichte* des 9. Jahrhunderts über Wunder am Grabe der heiligen Pusinna in Herford, in: Dona Westfalica. Georg Schreiber zum 80. Geburtstage dargebracht von der historischen Kommission Westfalens (Schriften der historischen Kommission Westfalens 4), Münster 1963, S. 128–136.

DERS., Die *Bistumsgründungen* in Sachsen unter Karl dem Großen mit einem Ausblick auf spätere Bistumsgründungen und einem Exkurs zur Übernahme der christlichen Zeitrechnung im frühmittelalterlichen Sachsen, in: ADipl 30 (1984), S. 1–50.
DERS. (Hg.), Die alten *Mönchslisten* und die Tradition von Corvey, Tbd. 1 (VHKW 10, ACGS 6), Paderborn 1982.
HORN, HEINZ GÜNTER u. a. (Hgg.), Ein Land macht Geschichte. *Archäologie* in Nordrhein-Westfalen (Schriften zur Bodendenkmalpflege in Nordhrein-Westfalen 3), Köln 1995.
DERS., Das *Leben* im römischen Rheinland, in: DERS., Römer, S. 139–317.
DERS. (Hg.), Die *Römer* in Nordrhein-Westfalen, Stuttgart 1987.
HUGLO, MICHEL, Les *fragments* d'Echternach, in: KIESEL – SCHROEDER, Willibrord, S. 144–149.
HUNGER, HERBERT, *Reich der neuen Mitte*. Der christliche Geist der byzantinischen Kultur, Graz u. a. 1965.
ISENBERG, GABRIELE, Die *Ausgrabungen* in der St.-Ida-Kirche in Herzfeld, in: JÁSZAI, Heilige Ida, S. 73–86.
JAKOBI, FRANZ-JOSEF (Hg.), *Geschichte der Stadt Münster*, Bd. 1, Münster 1993.
DERS., Zur Frage der *Nachkommen* der heiligen Ida und der Neuorientierung des sächsischen Adels in der Karolingerzeit, in: JÁSZAI, Heilige Ida, S. 53–63.
JARNUT, JÖRG – ULRICH NONN – MICHAEL RICHTER (Hgg.), *Karl Martell* in seiner Zeit, Sigmaringen 1994.
JÁSZAI, GÉZA, Die *Domkammer* der Kathedralkirche Sankt Paulus in Münster. Kommentare zu ihrer Bilderwelt, Münster 1991.
DERS. (Hg.), *Heilige Ida* von Herzfeld 980–1980. FS zur tausendjährigen Wiederkehr ihrer Heiligsprechung, Münster 1980.
JONG, MAYKE B. DE, In *Samuel's Image*. Child Oblation in the Early Medieval West (Brill's Studies in Intellectual History 12), Leiden u. a. 1996.
JUSSEN, BERNHARD, *Patenschaft* und Adoption im frühen Mittelalter. Künstliche Verwandtschaft als soziale Praxis (VMPIG 98), Göttingen 1991.
KAHL, HANS-DIETRICH, *Compellere intrare*. Die Wendenpolitik Bruns von Querfurt im Lichte hochmittelalterlichen Missions- und Völkerrechts, in: HELMUT BEUMANN (Hg.), Heidenmission und Kreuzzugsgedanke in der deutschen Ostpolitik des Mittelalters (WdF 7), Darmstadt 1963, S. 177–274.
DERS., *Karl der Große* und die Sachsen. Stufen und Motive einer historischen »Eskalation«, in: HERBERT LUDAT – RAINER CHRISTOPH SCHWINGES (Hgg.), Politik, Gesellschaft, Geschichtsschreibung. FS František Graus (BAKG 18), Köln–Wien 1982, S. 49–131.
DERS., Was bedeutet: »*Mittelalter*«?, in: Saec. 40 (1989), S. 15–38.
KAISER, REINHOLD, *Bistumsgründung* und Kirchenorganisation im 8. Jahrhundert, in: DICKERHOFF – REITER – WEITERFURTER, Der hl. Willibald, S. 29–67.
KAMP, NORBERT – JOACHIM WOLLASCH (Hg.), *Tradition* als historische Kraft. Interdisziplinäre Forschungen zur Geschichte des frühen Mittelalters. FS Karl Hauck, Berlin–New York 1982.
KARPP, GERHARD, »*Liber sancti Pauli*« – Eine nordfranzösische Bibelhandschrift aus St. Liudgers neugegründetem »Monsterium Sancti Pauli«, in: GÉZA JÁSZAI (Hg.), Imagination des Unsichtbaren. 1200 Jahre Bildende Kunst im Bistum Münster [Ausstellungskatalog], Bd. 1, Münster 1993, S. 167–171.
KASTEN, BRIGITTE, *Adalhard* von Corbie. Die Biographie eines karolingischen Politikers und Klostervorstehers (StH 3), Düsseldorf 1986.
KEHL, ALOIS, Art. *Gewand* (der Seele), in: RAC 10 (1978), Sp. 945–1025.
KELLER, HAGEN – NIKOLAUS STAUBACH (Hgg.), *Iconologia sacra*. Mythos, Bildkunst

und Dichtung in der Religions- und Sozialgeschichte Alteuropas. FS Karl Hauck (AFMF 23), Berlin–New York 1994.

KEMPF, FRIEDRICH, Primatiale und episkopal-synodale *Struktur der Kirche* vor der gregorianischen Reform, in: AHP 16 (1978), S. 27–66.

KIESEL, GEORGES – JEAN SCHROEDER (Hgg.), *Willibrord*. Apostel der Niederlande. Gründer der Abtei Echternach. Gedenkgabe zum 1250. Todestag des angelsächsischen Missionars, Luxembourg 1989.

KLOCKE, FRIEDRICH VON, Um das *Blutbad* von Verden und die Schlacht am Süntel 782, in: LAMMERS, Eingliederung, S. 151–202.

KÖTTING, BERNHARD, *Peregrinatio religiosa*. Wallfahrten in der Antike und das Pilgerwesen in der alten Kirche (FVK 33–35), Münster 1980.

DERS., Art. *Fuß*, in: RAC 8 (1972), Sp. 722–743.

KOHL, WILHELM, Das (freiweltliche) *Damenstift* Freckenhorst (GermSac.NF 10, Das Bistum Münster 3), Berlin–New York 1975.

DERS., *Freckenhorst*. Ein theophorer Ortsname im Münsterland, in: RUDOLF SCHÜTZEICHEL (Hg.), Gießener Flurnamen-Kolloquium. 1. bis 4. Oktober 1984 (BNF.Beiheft 23), Heidelberg 1985, S. 183–189.

DERS. (Hg.), *Westfälische Geschichte* in drei Textbänden und einem Bild- und Dokumentarband, Bd. 1: Von den Anfängen bis zum Ende des alten Reiches (Veröffentlichungen der Historischen Kommission für Westfalen im Provinzialinstitut für Westfälische Landes- und Volksforschung des Landschaftsverbandes Westfalen-Lippe 43), Düsseldorf 1983.

DERS., Eine *germanische Kultstätte* als Vorgängerin eines sächsischen Frauenklosters (Freckenhorst), in: IRENE CRUSIUS (Hg.), Beiträge zur Geschichte und Struktur der mittelalterlichen Germania Sacra (VMPIG 93), Göttingen 1989.

DERS., *Honestum monasterium* in loco Mimigernafor. Zur Geschichte des Doms in Münster, in: KAMP – WOLLASCH, Tradition, S. 156–180.

KOTTJE, RAYMUND, *Einheit* und Vielfalt des kirchlichen Lebens in der Karolingerzeit, in: ZKG 76 (1965), S. 323–343.

KRÜGER, THOMAS, Ist sie's, oder ist sie's nicht? Die *Klosterkirche* des hl. Willibrord und der Kirchhügel von Rindern, in: Archäologie im Rheinland (1992), S. 92–94.

KÜHNE, UDO, Art. *Uffing von Werden*, in: VerLex 9 (1995), Sp. 1220–1225.

KUNOW, JÜRGEN, Die *Militärgeschichte* Niedergermaniens, in: HORN, Römer, S. 27–109.

LAMMERS, WALTHER (Hg.), Die *Eingliederung* der Sachsen in das Frankenreich (WdF 185), Darmstadt 1970.

LANDAU, PETER, *Frei und Unfrei* in der Kanonistik des 12. und 13. Jahrhunderts am Beispiel der Ordination der Unfreien, in: JOHANNES FRIED (Hg.), Die abendländische Freiheit vom 10. zum 14. Jahrhundert. Der Wirkungszusammenhang von Idee und Wirklichkeit im europäischen Vergleich (VKAMAG 39), Sigmaringen 1991, S. 177–196.

LAST, MARTIN, Zur Einrichtung *geistlicher Konvente* in Sachsen während des frühen Mittelalters (Ein Diskussionsbeitrag), in: FMSt 4 (1970), S. 341–347.

DERS., *Niedersachsen* in der Merowinger- und Karolingerzeit, in: PATZE, Geschichte Niedersachsens, S. 543–652.

LECLERCQ, JEAN, *Saint Luidger*, Un témoin de l'évangélisme au VIII siècle, in: La Vie Spirituelle 102 (1960), S. 144–160.

LEMMENS, GERARD – GUIDO DE WEERT (Hgg.), *Kunstschätze* aus dem St.-Martini-Münster zu Emmerich [Ausstellungskatalog], Emmerich 1977.

LEUPEN, P., De Karolingische villa Beek en de *stamvader* van de Bosoniden, in: BMGN 92 (1977), S. 373–393.

LEVISON, WILHELM, Bischof *Eberigisil* von Köln, in: DERS., Frühzeit, S. 57–75.

DERS., *Bonn – Verona*, in: DERS., Frühzeit, S. 164–170.
DERS., England and the *Continent* in the Eighth Century, Oxford ND 1966.
DERS., Aus rheinischer und fränkischer *Frühzeit*. Ausgewählte Aufsätze, Düsseldorf 1948.
LINDNER, KLAUS, *Untersuchungen* zur Frühgeschichte des Bistums Würzburg und des Würzburger Raumes (VMPIG 35), Göttingen 1972.
LOBBEDEY, UWE, Ausgrabungen auf dem *Stiftsplatz* zu Nottuln, in: Westfalen 58 (1980), S. 45–54.
DERS., Zur *Baugeschichte* der Petrikapelle in Freckenhorst. Neue Grabungsbefunde 1972, in: Warendorfer Schriften 3 (1972), S. 25–28.
DERS., Zur archäologischen Erforschung westfälischer *Frauenklöster* des 9. Jahrhunderts, in: FMSt 4 (1970), S. 320–340.
DERS., Der frühe *Kirchbau* im Oberstift Münster, in: Führer zu vor- und frühgeschichtlichen Denkmälern, Bd. 45,1: Münster – Westliches Münsterland – Tecklenburg. Einführende Aufsätze, hg. v. RÖMISCH-GERMANISCHEN ZENTRALMUSEUM MAINZ, Mainz 1980, S. 217–237.
DERS., Vorbericht über die *Grabungen* südlich der ehemaligen Stiftskirche zu Frekkenhorst, in: Westfalen 50 (1972), S. 102–106.
DERS. – HERBERT SCHOLZ – SIGRID VESTRING-BUCHHOLZ, Der *Dom* zu Münster (793–1945–1993), Bd. 1: Der Bau (Denkmalpflege und Forschung in Westfalen 26), Bonn 1993.
LÖWE, HEINZ (Hg.), Die *Iren und Europa* im frühen Mittelalter, Bd. 1, Stuttgart 1982.
DERS., Die *Irminsul* und die Religion der Sachsen, in: DA 5 (1942), S. 1–22.
DERS., Lateinisch-Christliche *Kultur* im Karolingischen Sachsen, in: Angli e Sassoni al di qua e al di lá del mare (SSAM 32,2), Spoleto 1986, S. 491–531.
DERS., *Liudger* als Zeitkritiker, in: HJ 74 (1955), S. 79–91.
LYNCH, JOSEPH H., *Godparents* and Kinship in Early Medieval Europe, Princeton/New Jersey 1986.
MAIBURG, URSULA, »Und bis an die Grenzen der Erde ...«. Die *Ausbreitung* des Christentums in den Länderlisten und deren Verwendung in Antike und Christentum, in: JAC 26 (1983), S. 38–53.
MARTIN, JOCHEN, *Spätantike* und Völkerwanderung (Oldenbourg Grundriß der Geschichte 4), München 1987.
Matronen und verwandte Gottheiten (BoJ. Beihefte 44), Köln–Bonn 1987.
MAYR-HARTING, HENRY, The *Coming of Christianity* to Anglo-Saxon England, London [3]1991.
MCCULLOH, JOHN, From *Antiquity* to the Middle Ages. Continuity and Change in Papal Relic Policy from the 6th to the 8th Century, in: ERNST DASSMANN – KARL SUSO FRANK (Hgg.), Pietas. FS Bernhard Kötting (JAC.E 8), Münster 1980, S. 313–324.
MCKITTERICK, ROSAMOND, The *Carolingians* and the Written Word, Cambridge 1989.
DIES., The Diffusion of *Insular Culture in Neustria* between 650 and 850: The Implications of the Manuscript Evidence, in: HARTMUT ATSMA (Hg.), La Neustrie. Les pays au nord de la Loire de 650 à 850, Bd. 2, Sigmaringen 1989, S. 395–431.
MELZER, WALTER, Das frühmittelalterliche *Gräberfeld* von Wünnenberg-Fürstenberg, Kreis Paderborn (Berichte des Westfälischen Museums für Archäologie – Amt für Bodendenkmalpflege – Landschaftsverband Westfalen-Lippe, Bodenaltertümer Westfalens 25), Münster 1991.
MORAW, PETER, Über Typologie, Chronologie und Geographie der *Stiftskirche* im deutschen Mittelalter, in: Untersuchungen zu Kloster und Stift (VMPIG 68, StGS 14), Göttingen 1980, S. 9–37.

MORDEK, HUBERT, Die *Hedenen* als politische Kraft im austrasischen Frankenreich, in: JARNUT – NONN – RICHTER, Karl Martell, S. 345–366.
MULDERS, H.J.B., Der *Archidiakonat* im Bistum Utrecht. Bis zu den Ausgrabungen des 14. Jahrhunderts. Eine rechtshistorische Studie zum kirchlichen Verfassungsrecht, Utrecht–Nijmegen 1943.
MÜLLER, ERICH, Die Entstehungsgeschichte der *sächsischen Bistümer* unter Karl dem Großen (QDGNS 47), Hildesheim–Leipzig 1938.
MÜLLER, HELMUT, Das Kanonissenstift und Benediktinerkloster *Liesborn* (Germ-Sac.NF 23, Das Bistum Münster 5), Berlin–New York 1987.
MÜLLER, HERIBERT, *Bischof Kunibert* von Köln. Staatsmann im Übergang von der Merowinger- zur Karolingerzeit, in: ZKG 98 (1987), S. 167–205.
DERS., *Heribert*, Kanzler Ottos III. und Erzbischof *von Köln* (Veröffentlichungen des Kölnischen Geschichtsvereins e.V. 33), Köln 1977.
MULLER, JEAN-CLAUDE, Linguistisches aus der *Echternacher Klosterbibliothek*, in: Echternacher Studien. Veröffentlichungen des Instituts für Echternach-Forschung 3 (1983), S. 381–403.
MÜLLER, KLAUS E., Das magische *Universum der Identität*. Elementarformen sozialen Verhaltens. Ein ethnologischer Grundriß, Frankfurt a. M.–New York 1987.
MÜLLER-WILLE, MICHAEL, Opferplätze der *Wikingerzeit*, in: FMSt 18 (1984), S. 187–221.
DERS., *Pferdegrab* und Pferdeopfer im frühen Mittelalter, in: Berichten van de Rijksdienst voor het Oudheidkundig Bodemonderzoek 20/21 (1970/71), S. 119–248.
NETZER, NANCY, The Early scriptorium at *Echternach*: The State of the Question, in: KIESEL–SCHROEDER, Willibrord, S. 127–134.
DERS., *Cultural Interplay* in the Eighth Century: the Trier Gospels and the Making of the scriptorium at Echternach (Cambridge Studies in Paleography and Codicology 3), Cambridge 1994.
NEUSS, WILHELM, Die *Anfänge* des Christentums im Rheinlande (RhV 2), Bonn 1933.
NIEUS, JEAN-FRANÇOIS, *La Passion* de S. Géréon de Cologne. Une composition d'époque ottonienne, in: AnBoll 115 (1997), S. 5–38.
NOLTE, CORDULA, Conversio und Christianitas. *Frauen in der Christianisierung* vom 5. bis 8. Jahrhundert (MGMA 41), Stuttgart 1995.
OBERSCHELP, REINHARD, Beiträge zur Geschichte des Kanonissenstiftes *Böddeken* (837–1408), in: WestfZs 118 (1968), S. 157–187.
OEDIGER, FRIEDRICH WILHELM, *Adelas Kampf* um Elten (996–1002), in: DERS., Niederrhein, S. 217–235.
DERS., Analecta Xantensia II: Das älteste *Zeugnis* für den Namen Xanten (Sanctos super Rhenum). Zur Datierung eines Briefes aus der Karolingerzeit, in: DERS., Niederrhein, S. 201–205.
DERS., Das *Bistum Köln* von den Anfängen bis zum Ende des 12. Jahrhunderts (Geschichte des Erzbistums Köln 1), Köln 1972.
DERS., Die Erzdiözese Köln um 1300. Die *Kirchen des Archidiakonates* Xanten (PGRGK 12, Erläuterungen zum geschichtlichen Atlas der Rheinlande 9), Bonn 1969.
DERS., Vom Leben am *Niederrhein*. Aufsätze aus dem Bereich des alten Erzbistums Köln, Düsseldorf 1973.
DERS., *Monasterium* beati Victoris Christi martyris. Zur Frühgeschichte des Xantener Stiftkapitels (vor 1300), in: BORGER – DERS., Xantener Viktorstift, S. 207–267.
DERS., Die *bischöflichen Pfarrkirchen* des Erzbistums Köln, in: DERS., Niederrhein, S. 17–52.
DERS., Die *Weihe* des ottonischen Kirchbaues von St. Viktor in Xanten (Xantener Domblätter Nr. 3, 2. Folge und Nr. 4), Xanten 1952.

OEXLE, JUDITH, Merowingerzeitliche *Pferdebestattungen* – Opfer oder Beigaben, in: FMSt 18 (1984), S. 122–172.
OEXLE, OTTO GERHARD, Forschungen zu monastischen und *geistlichen Gemeinschaften* im Westfränkischen Bereich (MMAS 31), München 1978.
DERS., Die *Karolinger* und die Stadt des heiligen Arulfs, in: FMSt 1 (1967), S. 250–364.
DERS., *Mahl und Spende* im mittelalterlichen Totenkult, in: FMSt 18 (1984), S. 401–420.
DERS., *Memorialüberlieferung* und Gebetsgedächtnis in Fulda vom 8. bis zum 11. Jahrhundert, in: SCHMID, Klostergemeinschaft 1, S. 136–177.
OLDENSTEIN, JÜRGEN, *Opferplätze* auf provinzialrömischem Gebiet, in: FMSt 18 (1984), S. 173–186.
ORLANDIS, JOSÉ – DOMINGO RAMOS-LISSON, *Die Synoden auf der Iberischen Halbinsel bis zum Einbruch des Islam* (711) (KonGe.D 2), Paderborn 1981.
PADBERG, LUTZ VON, *Heilige und Familie*. Studien zur Bedeutung familiengebundener Aspekte in den Viten des Verwandten- und Schülerkreises um Willibrord, Bonifatius und Liudger (QMRKG 83), Mainz ²1997.
DERS., *Mission* und Christianisierung. Formen und Folgen bei Angelsachsen und Franken im 7. und 8. Jahrhundert, Stuttgart 1995.
DERS., *Wynfreth-Bonifatius*, Wuppertal–Zürich 1989.
PATZE, HANS (Hg.), *Geschichte Niedersachsens*, Bd. 1: Grundlagen und frühes Mittelalter (VHKNS 36), Hildesheim 1977.
DERS., *Mission* und Kirchenorganisation in karolingischer Zeit, in: DERS., Geschichte Niedersachsens, S. 653–712.
PETRIKOVITS, HARALD VON, *Altertum* (Rheinische Geschichte 1,1), Düsseldorf 1978.
DERS., *Germani Cisrhenani*, in: HEINRICH BECK (Hg.), Germanenprobleme in heutiger Sicht (RGA.E 1), Berlin–New York 1986, S. 88–106.
DERS., Art. *Germania* (Romana), in: RAC 10 (1978), Sp. 548–648.
DERS., Das römische *Rheinland*. Archäologische Forschungen seit 1945 (VAFLNW.G 86), Köln–Opladen 1960.
PIRLING, RENATE, Die Ausgrabungen auf den *Gräberfeldern* von Krefeld-Gellep 1990–94, in: HORN u. a., Archäologie, S. 258–260.
DIES., Krefeld-Gellep in der *Spätantike*, in: WIECZOREK u. a., Franken, S. 81–84.
DIES., *Römer und Franken* am Niederrhein [Ausstellungskatalog, Landschaftsmuseum Burg Linn in Krefeld], Mainz 1986.
DIES. – CHRISTOPH REICHMANN, Ausgrabungen in *Krefeld-Gellep* 1980–1990, in: HELLENKEMPER u. a., Archäologie, S. 223–229.
PRECHT, GUNDOLF – HANS-JOACHIM SCHALLES (Hgg.), *Spurenlese*. Beiträge zur Geschichte des Xantener Raumes, Köln 1989.
PRINZ, FRIEDRICH, *Frühes Mönchtum* im Frankenreich. Kultur und Gesellschaft in Gallien, den Rheinlanden und Bayern am Beispiel der monastischen Entwicklung (4. bis 8. Jahrhundert), München–Wien 1988.
DERS., *Peregrinatio*, Mönchtum und Mission, in: KNUT SCHÄFERDIEK (Hg.), Kirchengeschichte als Missionsgeschichte, Bd. 2,1: Die Kirche des früheren Mittelalters, München 1978, S. 445–465.
PRINZ, JOSEPH, Die geschichtliche Entwicklung des oberen *Weserraumes* im Mittelalter [Kunst und Kultur im Weserraum 800–1600. Ausstellungskatalog], Bd. 1, Corvey 1966, S. 82–96.
DERS., *Marklo*, in: Westfalen 56 [FS Wilhelm Kohl] (1980), S. 3–23.
DERS., *Mimigernaford* – Münster. Die Entstehungsgeschichte einer Stadt (VHKW 22, Geschichtliche Arbeiten zur westfälischen Landesforschung 4), Münster 1960.
DERS., Die *Urkunde* Bischof Gerfrieds von Münster für Nottuln von 834, eine Fälschung des Albert Wilkens, in: WestfZs 112 (1962), S. 1–51.

RATZINGER, JOSEPH, *Taufe* und Formulierung des Glaubens, in: EThL 49 (1973), S. 76–86.
REICHMANN, CHRISTOPH, *Frühe Franken* in Germanien, in: WIECZOREK u. a., Franken, S. 55–65.
REUTER, TIMOTHY (Hg.), The Greatest *Englishman*. Essays on St. Boniface and the Church at Crediton, Exeter 1980.
RICHTER, MICHAEL, *Irland* im Mittelalter. Kultur und Geschichte, Stuttgart u. a. 1983.
RISTOW, GÜNTER, Römischer *Götterhimmel* und frühes Christentum. Bilder zur Frühzeit der Kölner Religions- und Kirchengeschichte, Köln 1980.
RÜGER, CHRISTOPH B., Die *spätromanische Großfestung* in der Colonia Ulpia Traiana. Mit Beiträgen von G. Binias, M. Gechter und V. Zedelius, in: BoJ 179 (1979), S. 499–524.
RUNDNAGEL, ERWIN, Der Tag von *Verden*, in: LAMMERS, Eingliederung, S. 205–242.
SAGEBIEL, MARTIN, Art. *Corvey*, in: HENGST, Westfälisches Klosterbuch 1, S. 215–224.
SCHAEFER, LEO, Der *Gründungsbau* der Stiftskirche St. Martin in Zyfflich (KDRh.B 9), Essen 1963,
SCHÄFERDIEK, KNUT, Der Schwarze und der Weiße *Hewald*. Der erste Versuch einer Sachsenmission, in: Westf.Zs 146 (1996), S. 9–24.
DERS., Art. *Germanenmission*, in: RAC 10 (1978), Sp. 492–548.
DERS., *Suidberth* von Kaiserswerth, in: (DJ 66) 1995, S. 1–21.
SCHIEFFER, RUDOLF, Art. *Altfrid* von Münster, in: VerLex 1 (1978), Sp. 295f.
DERS., Die Anfänge der westfälischen Domstifte, in: WestfZs 138 (1988), S. 175–191.
DERS., Die Anfänge des *Domstifts Münster*, in: THOMAS STERNBERG (Hg.), Der Paulus-Dom zu Münster. Eine Dokumentation zum Stand der neuen Grabungen und Forschungen, Münster 1990, S. 6–14.
DERS., Der *Bischof* zwischen Civitas und Königshof (4. bis 9. Jahrhundert), in: PETER BERGLAR – ODILO ENGELS (Hgg.), Der Bischof in seiner Zeit. Bischofstypus und Bischofsideal im Spiegel der Kölner Kirche. FS Joseph Höffner, Köln 1986, S. 17–39.
DERS., Die *Entstehung der Domkapitel* in Deutschland (BHF 43), Bonn 1976.
DERS., Zur *Frühgeschichte* des Domstifts von Münster, in: WF 28 (1976/77), S. 16–29.
DERS., Die *Karolinger*, Stuttgart u. a. 1992.
DERS., Art. *Liudger* von Münster, in: VerLex 5 (1985), Sp. 852–854.
SCHIEFFER, THEODOR, *Angelsachsen und Franken*. Zwei Studien zur Kirchengeschichte des 8. Jahrhunderts (Abhandlungen der geistes- und sozialwissenschaftlichen Klasse 20), Wiesbaden 1951.
DERS., Das *karolingische Großreich* (751–843), in: HEG 1 (1976), S. 541–596.
DERS., *Winfrid-Bonifatius* und die christliche Grundlegung Europas, Darmstadt 1972.
SCHIFFLER, RAINER, Gemeinde *Kerken* (BKDNW 1, Rheinland 11,7), Berlin 1984.
SCHMID, KARL, *Gebetsgedenken* und adliges Selbstverständnis im Mittelalter. Ausgewählte Beiträge. Festgabe zu seinem sechzigsten Geburtstag, Sigmaringen 1983.
DERS., (Hg.), Die *Klostergemeinschaft* von Fulda im früheren Mittelalter, 3 Tbde., (MMAS 8,1–3), München 1978.
DERS., Die »*Liudgeriden*«. Erscheinung und Problematik einer Adelsfamilie, in: DERS., Gebetsgedenken, S. 305–335.
DERS., *Mönchslisten und Klosterkonvent von Fulda zur Zeit der Karolinger*, in: DERS., Klostergemeinschaft 2,2, S. 571–691.
DERS., Die *Nachfahren Widukinds*, in: DERS., Gebetsgedenken, S. 59–105.

DERS., *Stiftungen* für das Seelenheil, in: DERS., Gedächtnis, das Gemeinschaft stiftet, München–Zürich 1985, S. 51–73.

SCHMIDT, HEINRICH, Über *Christianisierung* und gesellschaftliches Verhalten in Sachsen und Friesland, in: Niedersächsisches Jahrbuch für Landesgeschichte 49 (1977), S. 1–44.

DERS., *Wildeshausen*, Widukind und Waltbert. Zur Bedeutung Wildeshausens im 8. und 9. Jahrhundert, in: LANDKREIS OLDENBURG (Hg.), Der Landkreis Oldenburg. Menschen–Geschichte–Landschaft, Oldenburg 1992, S. 157–166.

SCHMITT, WILHELM, Das *Gericht* zu Verden 782, in: LAMMERS, Eingliederung, S. 243–257.

SCHNEIDER, MANFRED, Zur Entwicklung der Kirchbauten im *Dombereich Münster*, in: REIMUND HAAS (Hg.), Ecclesia Monasteriensis. Beiträge zur Kirchengeschichte und religiösen Volkskunde Westfalens. FS Alois Schröer, Münster 1992, S. 45–58.

SCHOLZ, SEBASTIAN, Die *Rolle der Bischöfe* auf den Synoden von Rom (313) und Arles (314), in: HANNA VOLLRATH – STEFAN WEITERFURTER (Hgg.), Köln, Stadt und Bistum in Kirche und Reich des Mittelalters. FS Odilo Engels, Köln–Weimar–Wien 1993, S. 1–21.

SCHRAMM, PERCY ERNST, ›*Mitherrschaft im Himmel*‹: Ein Topos des Herrscherkults in christlicher Einkleidung (vom 4. Jahrhundert an festgehalten bis in das frühe Mittelalter), in: DERS., Kaiser, Könige und Päpste. Gesammelte Aufsätze, Bd. 1, Stuttgart 1968, S. 79–85.

SCHREINER, KLAUS, Art. *Toleranz*, in: GGB 6 (1990), S. 445–605.

SCHRÖER, ALOIS, Die *Bischöfe von Münster*. Biogramme der Weihbischöfe und Generalvikare, in: WERNER THISSEN, Das Bistum Münster, Bd. 1, Münster 1993.

DERS., Das Datum der *Bischofsweihe* Liudgers von Münster, in: LAMMERS, Eingliederung, S. 347–364.

SCHUBERT, ERNST, Die *Capitulatio* de partibus Saxoniae, in: DIETER BROSIUS u. a. (Hgg.), Geschichte in der Region. FS Heinrich Schmidt (VHKHO. Sonderband), Hannover 1993, S. 3–28.

SCHWERTHEIM, ELMAR, Die orientalischen *Religionen* im römischen Deutschland. Verbreitung und synkretistische Phänomene, in: HAASE, Heidentum, S. 794–813.

SEEBOLD, ELMAR, Römische *Münzbilder* und germanische Symbolwelt, in: BECK–ELLMERS–SCHIER, Religionsgeschichte, S. 270–335.

SEEGRÜN, WOLFGANG, Die *Anfänge* des Bistums *Osnabrück* im Lichte neuerer Forschungen, in: Osnabrücker Mitteilungen 85 (1979), S. 25–48.

DERS., Die *Urkunde* von 819. Eine Auswertung nach Übersetzung durch Otto Nagel, in: HERMANNS, Saxlinga, S. 11–18.

SEMMLER, JOSEF, *Corvey und Herford* in der benediktinischen Reformbewegung des 9. Jahrhunderts, in: FMSt 4 (1970), S. 289–319.

DERS., *Instituta* sancti Bonifatii. Fulda im Widerstreit der Observanzen, in: GANGOLF SCHRIMPF (Hg.), Kloster Fulda in der Welt der Karolinger und Ottonen, Frankfurt a. M. 1996, S. 79–103.

DERS., *Mönche und Kanoniker* im Frankenreich Pippins III. und Karls des Großen, in: Untersuchungen zu Kloster und Stift (VMPIG 68, StGS 14), Göttingen 1980, S. 78–111.

DERS., *Zehntgebot* und Pfarrorganisation in karolingischer Zeit, in: HUBERT MORDEK (Hg.), Aus Kirche und Reich. Studien zu Theologie, Politik und Recht im Mittelalter. FS Friedrich Kempf, Sigmaringen 1983, S. 33–44.

SENGER, BASILIUS, Das *Leben* des heiligen Liudger von Altfrid (Kleine Westfälische Reihe 5,6), Münster 1959.

SIEGMUND, FRANK, *Xanten* im Frühen Mittelalter, in: PRECHT–SCHALLES, Spurenlese, S. 191–208.
SIEVE, PETER, Die katholische *Kirche* im Offizialatsbezirk *Oldenburg*, in: WILLI BAUMANN – DERS. (Hgg.), Die Katholische Kirche im Oldenburger Land. Ein Handbuch. Festgabe für Dr. Max Georg Freiherr von Twickel zum 25. Jahrestag seiner Amtseinführung als Bischöflicher Offizial in Vechta am 25. Oktober 1995, Vechta 1995, S. 3–69.
SPENGLER-REFFGEN, ULRIKE, Das Stift St. *Martini zu Emmerich* von den Anfängen bis zur Mitte des 15. Jahrhunderts (BHF 57), Siegburg 1997.
SPEYER, WOLFGANG, Art. *Gallia* II (literaturgeschichtlich), in: RAC 8 (1972, Sp. 927–962.
SPICKERMANN, WOLFGANG, »*Mulieres* ex voto«. Untersuchungen zur Götterverehrung von Frauen im römischen Gallien, Germanien und Rätien (1.–3. Jahrhundert n. Chr.) (Bochumer historische Studien: Alte Geschichte 12), Bochum 1994.
STAAB, FRANZ, Rudi populo rudis adhuc presul. Zu den *wehrhaften Bischöfen* der Zeit Karl Martells, in: JARNUT–NONN–RICHTER, Karl Martell, S. 249–275.
STEUER, HEIKO, Frühgeschichtliche *Sozialstrukturen* in Mitteleuropa. Eine Analyse der Auswertungsmethoden des archäologischen Quellenmaterials (AAWG.PH 128), Göttingen 1982.
STOCLET, ALAIN J., Les *établissements francs* à Rome au VIIIe siècle: hospitale intus basilicam beati Petri, domus Nazarii, schola Francorum, et palais de Charlemagne, in: CLAUDE LEPELLEY u. a. (Hgg.), Haut Moyen-Age. Culture, éducation et société. FS Pierre Riché, La Garenne-Colombes 1990, S. 231–247.
STOLTE, B.H., Die religiösen Verhältnisse in *Niedergermanien*, in: HAASE, Heidentum, S. 591–671.
STRUTYNSKI, UDO, *Germanic Divinities* in Weekday Names, in: Journal of Indo-European Studies 3 (1975), S. 363–384.
STÜWER, WILHELM, *Corvey*, in: HAACKE, Benediktinerklöster, S. 236–293.
DERS., Die *Patrozinien* im Kölner Großarchidiakonat Xanten. Beiträge zur Kulturgeschichte des Niederrheins, Bonn 1938.
DERS., Die *Reichsabtei Werden* an der Ruhr (GermSac.NF 12, Das Erzbistum Köln 3), Berlin–New York 1980.
TEMPORINI, HILDEGARD (Hg.), Principat. *Politische Geschichte* (Provinzen und Randvölker: Gallien [Forts.], Germanien) (ANRW II. 4), Berlin–New York 1975.
TERHALLE, HERMANN, *Vreden*. Landschaft und Geschichte (Beiträge des Heimatvereins zur Landes- und Volkskunde 6), Vreden 1976.
THEUERKAUF, GERHARD, *Lex*, speculum, compendium Iuris. Rechtsaufzeichnungen und Rechtsbewußtsein in Norddeutschland vom 8. bis zum 16. Jahrhundert (Forschungen zur deutschen Rechtsgeschichte 6), Köln–Graz 1968.
TIEFENBACH, HEINRICH, Der *Batimodus-Stein* unter der Stiftskirche St. Viktor in Xanten, in: BNF.NF 20 (1986), S. 18–47.
TUIJL, GERDA VON, *Vorcoloniazeitliche Besiedlung* unter der Capitolsinsula der Colonia Ulpia Triana, in: Archäologie im Rheinland (1995), S. 51–54.
VAN BERCHEM, DENIS, Le *Martyre* de la Légion Thébaine. Essai sur la Formation d'une Légende (SBA 8), Basel 1956.
VEYNE, PAUL, *Brot und Spiele*. Gesellschaftliche Macht und politische Herrschaft in der Antike, Darmstadt 1990.
DERS., *Das Römische Reich*, in: GEORGES DUBY–PHILIPPE ARIÈS (Hgg.), Geschichte des privaten Lebens, Bd. 1: Vom Römischen Imperium zum Byzantinischen Reich, hg. v. DERS., Frankfurt a. M. 1989, S. 19–228.
VOGEL, CHRISTIAN, *Vom Töten zum Mord*. Das wirklich Böse in der Evolutionsgeschichte, München–Wien 1989.

VOLLRATH, HANNA, Die *Synoden Englands* bis 1066 (KonGe.D 4), Paderborn u. a. 1985.
WALLACE-HADRILL, JOHN MICHAEL, *Bede's Ecclesiastical History* of the English People. A Historical Commentary, Oxford 1988.
WALLMANN, PETER, *Tumba und Schrein*. Ein Beitrag zur Deutung hochmittelalterlicher Kirchenausstattung anhand der baulichen Veränderung des 11. Jahrhunderts in der Salvatorbasilika zu Werden, in: FMSt 30 (1996), S. 215–247.
WAMPACH, CAMILLUS, Geschichte der Grundherrschaft *Echternach* im Frühmittelalter. Text und Quellen, Luxemburg 1929/30.
WARNECKE, HANS JÜRGEN, Art. *Metelen*, in: HENGST, Westfälisches Klosterbuch 1, S. 587–593.
DERS., Art *Vreden*, in: HENGST, Westfälisches Klosterbuch 2, S. 400–410.
WATTENBACH, WILHELM – WILHELM LEVISON, Deutschlands *Geschichtsquellen* im Mittelalter. Vorzeit und Karolinger. Heft 6: Die Karolinger vom Vertrag von Verdun bis zum Herrschaftsantritt der Herrscher aus dem sächsischen Hause. Das Ostfränkische Reich, bearb. v. HEINZ LÖWE, Weimar 1990.
WEGENER, HANS-HELMUT, Die Ausgrabungen in der Krypta der *St. Martini-Kirche zu Emmerich*, Kreis Kleve, in: Ausgrabungen im Rheinland (1977), S. 240 bis 242.
WEIBELS, FRANZ, Die Großgrundherrschaft *Xanten* im Mittelalter. Studien und Quellen zur Verwaltung eines mittelalterlichen Stifts am unteren Niederrhein (Niederrheinische Landeskunde 3), Neustadt/Aisch 1959.
WEILER, ANTONIUS G., *Willibrords missie*. Christendom en cultuur in de zevende en achte eeuw, Hilversum 1989.
WEINRICH, LORENZ, *Wala*. Graf, Mönch und Rebell. Die Biographie eines Karolingers (HS 386), Lübeck–Hamburg 1963.
WEISMANN, WERNER, Art. *Gladiator*, in: RAC 11 (1981), Sp. 23–45.
WENSKUS, REINHARD, Die ständische *Entwicklung* in Sachsen im Gefolge der fränkischen Eroberung, in: Angli e Sassoni al di qua e al di lá del mare (SSAM 32,2), Spoleto 1986, S. 587–616.
DERS., *Religion abâtardie*. Materialien zum Synkretismus in der vorchristlichen politischen Theologie der Franken, in: KELLER–STAUBACH, Iconologia Sacra, S. 179–248.
DERS., *Sächsischer Stammesadel* und fränkischer Reichsadel (AAWG.PH 93), Göttingen 1976.
WERNER, MATTHIAS, *Adelsfamilien* im Umkreis der frühen Karolinger. Die Verwandtschaft Irminas von Oeren und Adelas von Pfalzel. Personengeschichtliche Untersuchungen zur frühmittelalterlichen Führungsschicht im Maas-Mosel-Gebiet (VKAMAG 28), Sigmaringen 1982.
DERS., *Iren und Angelsachsen* in Mitteldeutschland. Zur vorbonifatianischen Mission in Hessen und Thüringen, in: LÖWE, Iren und Europa, S. 239–318.
DERS., Der *Lütticher Raum* in frühkarolingischer Zeit. Untersuchungen zur Geschichte einer karolingischen Stammlandschaft (VMPIG 62), Göttingen 1980.
WIECZOREK, ALFRIED u. a. (Hgg.), Die *Franken* – Wegbereiter Europas. Vor 1500 Jahren: König Chlodwig und seine Erben [Ausstellungskatalog, Reiss-Museum Mannheim], Mannheim 1996.
WIEDEMANN, HEINRICH, *Karl der Große*, Widukind und die Sachsenbekehrung (VMWI 2), Münster 1949.
DERS., Die *Sachsenbekehrung*, Hiltrup 1932.
WIESEMEYER, HELMUT, Die *Gründung* der Abtei Corvey im Lichte der Translatio Sancti Viti. Interpretation einer mittellateinischen Quelle aus dem 9. Jahrhundert, in: WestfZs 112 (1962), S. 245–274.

WILKES, CARL, Zur Geschichte des Xantener *Domschatzes*, in: Niederrheinisches Jahrbuch 2 (1949), S. 29–44.
WILLROTH, KARL-HEINZ, Die *Opferhorte* der älteren Bronzezeit in Südskandinavien, in: FMSt 18 (1984), S. 48–72.
WILSON, HENRY AUSTIN, The *Calendar* of St. Willibrord. A Facsimile with Transcription, Introduction, and Notes (HBS 55), London 1918.
WINKELMANN, WILHELM, *Ausgrabungen* auf dem Domhof in Münster, in: DERS., Frühgeschichte Westfalens, S. 70–88.
DERS., Die *Karolingische Burg* in Paderborn, in: DERS., Frühgeschichte Westfalens, S. 114–117.
DERS., *Frühgeschichte* und Frühmittelalter, in: KOHL, Westfälische Geschichte, S. 187–230.
DERS., *Frethenna praeclara* – Berühmtes Vreden. Vorbericht über die Ausgrabungen unter der Pfarrkirche in Vreden (Kr. Ahaus) – 1949–1951, in: DERS., Frühgeschichte Westfalens, S. 12–23.
DERS., Beiträge zur *Frühgeschichte Westfalens*. Gesammelte Aufsätze (Veröffentlichungen der Altertumskommission im Provinzialinstitut für Westfälische Landes- und Volksforschung Landschaftsverband Westfalen-Lippe 8), Münster ²1990.
DERS., Das *Fürstengrab* von Beckum, in: DERS., Frühgeschichte Westfalen, S. 135–139.
WIRTZ, ANNA, Die Geschichte des *Hamalandes*, in: AHVNRh 173, S. 7–84.
WISPLINGHOFF, ERICH, Beiträge zur *Geschichte Emmerichs*, Eltens und der Herren von Zutphen im 11. Jahrhundert, in: RhV 50 (1986), S. 59–79.
ZIELING, NORBERT, Zum Stand der *Vorcoloniaforschung* auf dem Gebiet der Colonia Ulpia Traiana, in: PRECHT–SCHALLES, Spurenlese, S. 69–76.

Bildnachweis

Hirmer Verlag, Fotoarchiv, München, Seite 20
Museum Kurhaus Kleve, Seite 84, 103, 108
Regionalmuseum Xanten, Seite 21, 41, 89
Rheinisches Amt für Denkmalpflege, Brauweiler, Seite 106, 107
Rheinisches Bildarchiv Köln, Seite 95, 118
Rheinisches Landesmuseum, Bonn, Seite 27
Universitätsbibliothek Augsburg, Seite 76
Westfälisches Amt für Denkmalpflege, Münster, Seite 155, F1–F4, F6–F8
Westfälisches Landesmuseum für Kunst und Kulturgeschichte, Münster Seite, 146
Westfälisches Museum für Archäologie, Münster Schutzumschlag, Seite 40
Winkelmann, Professor Dr. Wilhelm, Seite 144, 145, 159

Wir danken allen Archiven, Fotografen und Rechteinhabern für die Genehmigung zum Abdruck der Fotos und Dokumente. Leider war es, trotz unserer Bemühungen nicht möglich, alle Rechteinhaber zu ermitteln. Wir sind aber für Hinweise dankbar. Rechtsansprüche bleiben gewahrt.

Register

Aachen 88
Aachener Gesetzgebung (816/19) 74, 155f., 160
Abendland 35
Abstammungssage 66f.
Abbo, Gefährte und Verwandter Widukinds 126f., 171
Adalhard, Abt v. Corbie († 826) 136f.
Adalbert von Magdeburg, Erzbf. (969–981) 176
Adel 36, 67, 81, 99, 130, 139, 142, 149f., 176f.
Adela, Tochter d. Grafen Wichmann v. Hamaland († 1028) 107ff., 171
Afferden-Heijen 96
Agapitus, Heiliger 169
Agaunum/Saint-Maurice 94f.
Agius, Mönch in Corvey (9. Jh.) 138
Ahlen 143, 164
Ahnen, Ahnengrab 140, 142 (s. auch Stammvater; Grab)
Akkulturation 26, 35
Alanen 59
Alban von Mainz, Märtyrer (um 406) 54
Alberich, Bf. v. Utrecht 151
Albersloh 164
Aldegundis-Patrozinium 102, 104
Aldekerk 101
Aldgisel, fries. König (7. Jh.) 80f.
Alemannen 17f., 23
Alexander, Märtyrer 130, 178
Alfen 96
Alkuin, Hoftheologe Karls d. Gr. († 804) 74, 78, 135, 147f., 150f., 156
Altar 64f., 84
Altar-Retabel 94
Altenberge 143, 164

Altfried, Bf. v. Münster, Abt v. Werden, Verf. d. 1. Liudger-Vita († 849) 148–151, 160f., 163f.
Altschermbeck 164
Alubert, nordhumbr. Peregrinus 150, 152
Amandus-Patrozinium 102
Ambrosius, Bf. v. Mailand, Kirchenvater († 397) 64
Amorbach 131
Amphitheater 18, 21, 25, 33, 55
Amsivarier 23, 59
Amt 36, 87
Amulett 30
Andernach (Antunacum) 25
Angelsachsen 68, 70f., 73ff., 79f., 150, 154 (s. auch Mission, angelsächsische)
Angilram, Bf. v. Metz († 791) 124
Ansgar, Nordlandmissionar, Erzbf. v. Hamburg-Bremen († 865) 137f.
›Arche des heiligen Willibrord‹ 103
Armenfürsorge 33, 77, 168
Arnulf von Kärnten, ostfränk. König, Kaiser († 899) 175
Ascheberg 143, 164
Askese 35, 80, 151, 168
Attigny 126f.

Badurad, Bf. v. Paderborn (815–862) 131
Bakum 178
Balderich, Graf, Mann d. Adela († 1021) 107ff., 171f.
Balthilde, fränk. Königin (+ nicht vor 680) 136
Bardengau 126
Bardo, sächs. Adliger, Mitgründer v. Liesborn († 856) 174f.
Barnstorf 178

Bataver 19f., 41f., 60
Batimodus 40ff.
Bayern 154
Beckum 117, 143, 164
Beda Venerabilis, angelsächs. Geschichtsschreiber († 735) 77, 81, 85f., 101, 119, 162
Beek bei Nimwegen 174
Beelen 117
Beichte 87
Bekehrung, kollektiv 37, 81, 135f. (s. auch Mission; Taufe)
– gewaltsam 37 (s. auch Sachsenkriege)
Beornrad, Abt v. Echternach, Erzbf. v. Sens († 797) 70f., 131, 147
Bergen-Well 96
Bergen 101
Bertha und Hartewig, Stifterinnen d. Frauenstifts Borghorst 175
Bestattungen 31, 138 (s. auch Grab; Grabbeigaben; Gräberfeld)
Bildung 80, 87
Bildungsreform, karolingische 87
Billerbeck 161, 164
Billunger 173, 175ff.
Bimmen 101
Bingen (Vingo) 25
Birten (Bertunensium oppidum, Beurtina, Biorzuna) 62f., 65, 93, 101
Bischof/Bischofsamt 36, 73f., 99f., 149
Bischofssitz/Bistum 54f., 131
Bischofskapitularien 88
Bischofsliste für Münster 163
Bischofsurkunden Münsters 163
Bispinghof 161f.
Bittage 128
Blutgericht von Verden (782) 125f.
Bocholt 146
Böddeken 138
Bonifatius, angelsächs. Missionar, Erzbf., Märtyrer († 754) 67f., 70–75, 77f., 81, 86, 88, 92, 99, 123, 134f., 148, 150–156, 172f.
Bonn (Bonna) 25, 28, 54, 65, 92f., 95
Boractra 59
Borghorst 175ff.
Borken 164
Boso, sächs. Adliger, Mitgründer v. Liesborn († 865) 174f.

Boso von Vienne, König v. Burgund († 887) 175
Bovo II., Abt v. Corvey (900–916) 137
Brakteaten, Preßbleche, Goldblechfiguren 30
Bremen 88, 131, 134, 137, 147, 151
Brockhof 161f.
Brun, Erzbf. v. Köln (953–965) 93f.
Bruno, Führer d. Engern 119
Brukterer 23, 59, 86, 102, 123
Buch, Bibliothek 35, 75, 87f., 135, 137f., 162 (s. auch Skriptorium)
– Musterkodizes 87
– Buchproduktion 75
– Bibeln 75
– liturgische 75, 87, 168f.
Büderich 101
Büraburg 124
Burginatium 23
Burgunder 59
Bursibantgau 164
Bußbücher 69
Buße 69
Byzanz/oströmische Kaiser 71, 128f.

Canterbury 74, 86
›Capitulatio de partibus Saxoniae‹ (782) 125–128
›Capitulare Saxonicum‹ (797) 127f.
Carvone (Herwen?) 24
Cassius und Florentinus, thebäische Märtyrer 94f.
Castra Herculis (Druten?) 24f.
Castus-Gerbert, Schüler Liudgers 153, 177f.
Chamaven 23, 59, 123
Chattuarier 23, 59
Chlodwig, Merowingerkönig († 511) 59, 68
Chorbischof 92f.
Christus als Sieghelfer, als stärkerer Gott 35f.
Chrodegang von Metz, Erzbf. († 766) 72
Chrodegang-Regel 160
›Codex Amiatinus‹ 75
›Codex Argenteus‹ 162
Coesfeld 164
Columban, ir. Missionar, Abt v. Bobbio († 615) 67
›Concilium Germanicum‹ 88
Corbie 79, 82, 102f., 129, 136f.

Corvey 79, 82, 129f., 136–139, 176, 178
corpus incorruptum 62, 64

Dentlinus-Patrozinium 102
Dersi-Gau 178
Deutz 108
Deventer 148
Dionysius von Paris, Bf., Märtyrer (+ um 249) 102
Dionysius-Patrozinium 102
Diözesansynoden 87
Dodo, Bf. v. Münster (972 993) 163, 168
Dokkum 148, 151
Donar, Thor 29–31, 35
Donsbrüggen 83
Dormagen 28
Dorsten 102
Dreingau/Südergau 143, 146, 151, 164
Duisburg 93
Dülmen 164

Ebergisel, Bf. v. Köln (um 590) 62–65, 67, 91
Ebroin, Graf 78, 83, 100
Echternach 75–78, 83, 99, 102, 131, 147, 155
Egbert, sächs. Herzog († 811) 167
Egbertiner 166, 173
Ehe 34, 78
Eichstätt 155
Eid 30
Eigenkirche 99f.
Einhard, Biograph Karls d. Gr. († 840) 130
Elten, Damenstift 104–108
Emmerich 82, 102ff.
– Herrenstift 104f.
Emsbüren 164, 166
Emstek 178
Entzivilisierung 25f.
Epona (Pferdegöttin) 29
Eresburg 124
Erhebung zur Ehre der Altäre 91
Erzbischof, Erzbischofsamt 71f.
Essen 175
Esserden 82
Ethnogenese 22
Ethos, Ethik 31ff., 130
Eucharistie (s. auch Messe) 46
Eucherius, Bf. v. Lyon († 450) 94

Euergetismus 33
Ewalde, zwei angelsächsische Missionare († 693/95) 70, 85f., 119, 146
Everswinkel 173f.
Everword, sächs. Adliger 172f.

Familie, Verwandtschaft 34, 69f., 142, 176f.
Felicissimus, Heiliger 169
Felicitas, Heilige 169f.
Fenki-Gau 177
Firmspendung 92
Foederaten 25
Folcbert, ostsächs. Adeliger, Förderer Lebuins 119–123
Francia Rinensis 59–62
Francia 59, 68, 80, 87
Franken 17, 23, 54, 59, 102, 117f., 123, 154
Frau 29f., 106, 139
Frauenklöster/-stifte 138, 176f. (s. auch die einzelnen Namen)
Freckenhorst 172ff.
Friemersheim 101
Friesen, Friesland 67f., 72, 80ff., 131, 134, 148, 151, 154
Frigga/Frija 29, 31
Frikko/Freyr 31, 173f.
Frithuwi, Adelige, Gründerin d. Frauenstifts Metelen 175
Fritzlar 124
Frömmigkeit, vorchristliche 28f.
Fulda 74f., 78, 80, 99, 124, 131, 155f., 173
Fulrad von Saint Denis, Vorsteher d. Hofkapelle († 784) 124

Gahlen 102, 147
Gallien 18, 54, 75, 142 (s. auch Liturgie)
Gallienus, röm. Kaiser (260–268) 38
Gandersheim 176
Gedenkstein
– Alfruods 97
– Batimodusstein 40ff., 54
– Xantener Steinscheibe 40
Gedenkzelle 44ff., 54
Gebet 78ff., 85, 128f.
Gebetsverbrüderungen 79f.
Gefolgschaft des Herrschers 71f., 80
Gennep 101
Gereon, thebäischer Märtyrer 94f.

Gerfried, Bf. v. Münster, Abt v. Werden († 839) 149, 162 f., 177
Germanen 17 f., 20, 23, 37, 134
Germanisierung 25 f.,
Gerold, Bf. v. Mainz 123, 137
Gertrud von Nivelles, Heilige, Tochter Pippins d. Älteren († 659) 166
Gervasius, Märtyrer 64
Gesellschaft, vorstaatliche 69 f.
Gewissen 33, 35
Ghärbald, Bf. v. Lüttich († 809) 88
Gievenbeck 143
Ginderich 96
Gladiatoren 33
Glauben 135
Glaubensbekenntnis 34, 77, 87, 135
Glaubensentscheidung 34, 37, 135
Glossen 76
Godesta, Äbtissin v. Metelen 175
Gottesvorstellungen 35
Gottesdienst 39, 73 f., 87, 128, 168 f.
– geistiger 35
Gottes- und Nächstenliebe 33
Grab, 31 f., 36 f., 77 f., 143
– Doppelgrab d. Erschlagenen / Xanten 42–53, 89
– d. Enthaupteten / Xanten 46–53
– Fürsten-/Gründer- 31 f., 77, 117 ff., 140
– Heiligen-/Märtyrer- 37, 44 f., 53
Grabbeigaben 31 f., 62, 77 f., 117 ff., 143
Gräberfeld/Friedhof 31, 44–47, 53, 60, 62, 77, 117, 138, 145
Graböffnung 62 ff., 91
Greffen 143
Gregor d. Große, Papst, Kirchenlehrer († 604) 68, 71, 170
Gregor von Tours, Bf., Geschichtsschreiber († 594) 36, 62–65, 75, 94
Gregor von Utrecht, Abt, Lehrer Liudgers († 776) 148, 150–153
Greven 143, 164
Grimoald, Sohn Pippins d. Mittleren († 714) 81, 149 f.
Großenkneten 178
Grundherrschaft 78, 139
Gunthar, Erzbf. v. Köln (850–863) 92

Hadrian I., Papst († 796) 128 f.
Halberstadt 134, 148 f.
Hamaland 59, 105

Harald Klak, dän. König (812–826/841) 126, 138
Harenatium 24, 83 s. auch Rindern
Hase-Gau 177 f.
Hassio, Führer d. Ostsachsen 119, 124
Hathumar, Bf. v. Paderborn (806–862) 131
Hathumod, Äbtissin v. Gandersheim († 874) 138
Hatterun 59
Hattuarien 59
Hausmeier 68, 72
Heer, römisches 18, 21, 24
Heiligenverehrung 36, 44 f., 64 ff., 89, 94, 143 (s. auch Grab; Patron; Reliquien)
Heiligtümer, vorchristliche 28 f.
Heliand 138, 162
Herford 138, 164
Heribert, Erzbf. v. Köln (999–1021) 108 f.
Heriburg, Schwester Liudgers 169
Herongen 82, 102
Herrscher/Herrschaft 30, 36, 71, 81, 87 f., 128–131, 176 f.
Herzebrock-Clarholz 117
Herzfeld 164, 167–169
Hildebold, Erzbf. v. Köln (787–818) 88, 92
Hildebold, Bf. v. Münster (947 967) 163
Hildeger, Bf. v. Köln († 753) 123
Hildesheim 134
Hildigrim, Bf. v. Châlon-sur-Marne und Halberstadt († 827) 149, 153
Hildigrim, Bf. v. Halberstadt († 885) 149
Hilduin von Saint-Denis, Abt († 855/61) 137 f.
Hochkultur (s. auch Zivilisation) 17
Hochreligion 33, 35
Hodolph/Berthold, Bf. v. Münster (870) 163
Hof Eschhus 162
Hof Niesing 162
Hofbibliothek Karls d. Gr. 136
Hohenbudberg 96
Hommersum 101
Hönnepel 102
Huisberden 82
Hüthum 83

Ida, Heilige, Stifterin d. Kirche in Herzfeld († 825) 139, 167
Imperium Romanum 17f., 25
Individualisierung 33f.
Internalisierung 33, 75, 77
Internationalität, übergentile Einstellung 153f.
Irenaeus von Lyon, Bf. (+ nach 200) 37
Irland 80, 87 (s. auch Mönchtum, irisches)
Irmgard von Aspel, Gräfin († 1075) 103
Irminsul 124
Isidor von Sevilla, Bf. († 636) 162

Jenseitsvorstellungen 32
Julian, röm. Kaiser († 371) 25, 44, 52f.,
Juno 26
Jupiter 26, 29, 31

Kaiserkrönung Karls d. Gr. 132f.
Kaiserswerth 71, 86, 104, 155
Kalendar, Heiligenkalender 80
– Willibrords 79f.
Kanoniker 74, 155
Kanoniker-Regel 160 (s. auch Aachener Gesetzgebung)
Karl d. Große, König d. Franken, Kaiser († 814) 74, 87f., 122–134, 136, 139, 147ff., 151
Karl Martell, fränk. Hausmeier († 741) 74, 81, 123, 148f.
Karlmann, fränk. Hausmeier, Sohn Karl Martells († 754) 72
Karlmann, fränk. König, Bruder Karls d. Gr. († 771) 167
Karolingische Renaissance 75
Katechumenat 34, 135
Kellen 83, 101f.
Kelten 17f.
Kempen 96, 101
Kinder 78
Kirche, gallikanische 72f. (s. auch Liturgie)
Kirche, römische 72f.
Kirchenleitung, -organisation 71ff., 99f., 131–134
Kirchenleben in Herzfeld 168f.
Kirchweihe 100
Klerus 87
Klerverham 83

Kloster/Abtei 69, 99, 104, 136ff., 149
– Eigenkloster 155
– Kathedralkloster 73f., 154f.
Krefeld-Gellep (Gelduba) 24, 26ff., 59f., 62, 77
Kollektivität 34, 37
Köln (Colonia Claudia Ara Agrippinensium; CCAA) 18, 20–23, 26, 28, 38, 53, 59, 65, 67, 77, 80, 83, 86, 88, 91f., 94, 101f., 134, 148, 151
Konstantin, röm. Kaiser († 337) 25f., 35, 38, 130
Konzil zu Clichy 626/27 67
Körper, Leib 36f., 140
Krankenhaus 21, 33
Krapendorf 178
Krypta 170
Kult, germanischer 31f. (s. auch Riten)
Kultbauten/Tempel 28
Kunibert, Bf. v. Köln und Utrecht (623– um 650) 67f.

Laeten 25
Lankern 143
Laurentius, Schreibermönch aus Echternach 75f.
Lebuin/Liafwin, angelsächs. Missionar (+ um 780) 119–122
Leer 164
Lembeck 143, 145, 164
Leo III., Papst († 816) 131–134
Lerigau 177f.
›Lex Saxonum‹ (802/3) 126, 128
›Libri Carolini‹ 129
Liesborn 143, 174f.
Lioba, Äbtissin v. Tauberbischofsheim (+ um 782) 71
Lippeham 102
Liturgie/-reform 87
– gallikanische 64, 73, 91f., 140
– römische 65, 87
Liudgarda, Äbtissin v. Elten 105ff.
Liudger, erster Bf. v. Münster († 809) 74, 81, 131, 143f., 146–156, 160, 164, 177, 179
Liudgeriden-Familie 148f.
Liudolfinger 167, 175
Liutbert, Bf. v. Münster (852 870) 163, 172f.
Lohne 178
Löningen 178

Lothar I., fränk. König, Kaiser († 855) 178
Lothar II., fränk. König († 869) 92
Lotusa 149, 151
Lüdinghausen 143, 164
Ludwig d. Fromme, Kaiser († 840) 74, 126, 137, 155, 164, 174, 177
Ludwig d. Deutsche, ostfränk. König († 876) 149, 178
Lul, Bonifatiusschüler, Erzbf. v. Mainz († 786) 124
Lüttich 88, 131

Maastricht 80, 93
Magna Mater 29
Mainz 54, 59, 134
Mallosus, Märtyrer 62 f., 65
Maria 37, 161
Marinus, Bf. v. Arles 38
Marklo, Ort d. sächsischen Stammesversammlung 119–123
Markomannen 23
Mars 29, 31
Martin von Tours, Bf., Heiliger († 397) 63 f.
Martins-Patrozinium 101 f.
Märtyrer, Martyrium 44, 53 f., 85 (s. auch Grab, Märtyrer-; Heiligenverehrung; Reliquien)
Maternus, Bf. v. Köln (4. Jh.) 38
Mathilde, Schwester Ottos II., Äbtissin v. Quedlinburg († 999) 176
Matronen 27 f.
Mauritius, thebäischer Märtyrer 94 f.
Maximianus, röm. Kaiser (285–310) 95
Meginhard, Mönch in Fulda (+ nicht vor 867) 178
Mehr 83, 101
Meinulf, Paderborner Archidiakon 138
Meinwerk, Bf. v. Paderborn († 1036) 107
Memleben 179
Memorialtisch/Mensa 46
Messe 78, 80, 85, 128, 138, 168
Metelen 175, 177
Metropolitenamt 71 f.
Merkur 29
Militärlazarett 18, 21, 33
Millingen 83, 97, 99
Miltiades, Papst († 314) 38

Mimingernaford 146, 148, 156 f., 161, 177 (s. auch Münster)
Minden 88, 134
Minerva 26
Mischobservanz 74
Mission, Missionierung 34 f., 37 f., 81, 127–131, 134 f., 139, 148, 155
– irische 70 (s. auch irofränkisches Mönchtum)
– angelsächsische 68–71, 77 f., 80–86, 92 f., 99, 119–122, 135, 154 f.
Mithraeum 27 f.
Mithras 26, 29
Mönchengladbach 102, 104
Mönchtum, Mönche 74, 155 f.
– irisches 69
– irofränkisches 67, 69, 82
Monte Cassino 148, 151, 156
Morken 77
Münster 88, 102, 131, 134, 143–147, 154, 156–160
– Domkloster/Kathedrale 154, 156, 158, 160 ff.
Münsterland 117, 119, 122, 143 f., 146, 148
Müssingen 143

Nehalennia (Lokalgöttin) 27, 29
Nerthus 31
Neuss (Novaesium) 25
Niedergermanien (röm. Provinz) 20 ff., 26, 38, 59
Niersmatronen 27
Nieukerk 96, 102
Nimwegen 19 f., 23, 96 f.
Nithard, Bf. v. Münster (um 921) 163
Nordhumbrien 80, 150
Nordkirchen 143
Normannen 91, 93, 171
›Notitia Dignitatum‹ 55
›Notitia Galliarum‹ 55
Nottuln 164, 169
Noviomagus 24
Nütterden 78, 83

Odilia, Heilige (+ vor 723) 166
Oelde 143
Oldenburg 144
Oldenburger Land 177 ff.
Opfer
– geistliches 33
– Menschen-, 30 f.,

- Sach- 28, 31, 33
- Tier-, 28 f., 31, 33
- vorchristliche 28, 31
Opfergaben 168
Osnabrück 88, 131, 134, 144
Ostbevern 143
Ostendorf-Leer 143
Otto I. d. Große, dt. König, Kaiser († 973) 93 f., 105
Otto II., dt. König, Kaiser († 983) 106, 176, 178
Otto III., dt. König, Kaiser († 1002) 175 f.

Paderborn/Karlsburg 124, 131–134, 147
Paderborner Epos 133 f.
Pallium 71 f.
Papst, Papstamt 71 ff.
Paschasius Radbertus, Abt v. Corbie, Theologe (+ um 859) 137
Patron, Patrozinium 100 ff. (s. auch die Heiligennamen)
Paulus 153 f.
Paulus-Patrozinium in Münster 161, 163
Peregrinatio 69 ff., 150–154
Personalismus in der Religion 32
Personenverbandstaat 149 (s. auch Gefolgschaft)
Petrus/Petrusverehrung 70, 106, 128 f., 153 f., 172
Petrus-Patrozinium 101, 161, 174
Pfalzel bei Trier 152
Pfarrhof 138
Pfarrkirchen 96–99
Philosophie, griechische 32
Pippin d. Jüngere, fränk. König (751–768) 89
Pippin d. Mittlere, fränk. Hausmeier († 714) 68, 71 f., 80 f., 86 f., 148 f.
Plektrud, Frau Pippins d. Mittleren († 717) 86
Poeta Saxo (9. Jh.) 129 f.
Priester/Priesterbild 38 f., 73, 168
Priesterweihe 100
Protasius, Märtyrer 64
Psalter 77
pueri oblati 78

Qualburg (Quadriburgium) 25, 97, 101

Quedlinburg 176
Quierzy 124

Radbod, Friesenherzog († 719) 81, 150
Rathmelsigi, ir. Kloster 80
Ratramnus, Mönch in Corbie, Theologe (+ um 870) 137
Rees 82, 102 f.
Reginfledis-Patrozinium 102
Reichenauer Verbrüderungsbuch 127
Reinberg 96
reine Hände 73 f., 154
Reinheit, kultische 73 f., 154
Reisen 35
- Romreisen 80 f.
Religion
- ägyptische 26
- Buch- 35, 75
- christliche 32–37
- ethische 32
- germanische 29–32
- persische 26
- provinzialromanische 26–29
- römische 26
Religionsunterricht 135
Reliquien 36, 64 f., 89, 91, 100 f., 103, 132, 140–143, 168 f., 173, 175 (s. auch die Heiligennamen; Patrozinium)
Reliquientranslationen 140–143, 173
Repelen 96, 102
Rheinberg 101
Rheine 164
Ricticius, Bf. v. Autun 38
Rimbert, Schüler und Nachfolger Ansgars († 888) 137
Rindern 76, 78, 83 f., 86, 97, 99–102, 104, 147
Ripuarier 59
Riten, vorchristliche 138 f. (s. auch Kult; Opfer; Religion)
Rom 21, 70, 80, 106, 132 f., 142, 148, 151, 153, 170
Rom-Orientierung 68, 71 ff., 87, 170
Romanisierung 20, 22
Rudolf von Fulda, Mönch († 865) 130, 178
Rumold, Bf. v. Münster (vor 927 932) 163

Sachsen 68, 85 f., 117–131, 134, 152, 154

- Engern 119, 124, 127
- Ostsachsen 119, 124, 127
- Westfalen 119, 124, 127
Sachsenkriege 122–125, 130, 136
Saint-Amand 82, 102, 162
Saint-Bertin/Saint-Omer 82
Saint-Quentin 82f.
Saint-Vaast/Arras 82
Salier 23, 26
Salvator-Patrozinium 161
Sanctos (s. auch Xanten) 89
Sarkophag 46f.
Saturn 29f.
Saxlinga 177
Schöppingen 164
Schrift, Schriftlichkeit 35, 75
Schule 22, 35, 135, 153f., 179
Schicksal 31
Schwaben 154
Scopingau 164
Seele 140 (s. auch Jenseitsvorstellungen; Körper)
Seelsorge 88, 92, 100, 155
Selm 143
Sergius I., Papst († 701) 80, 101, 103
Sexualität 34, 73f.
Siegfried, Bf. v. Münster (1022–1032) 163
Silvester, Papst († 335) 38
Sklaverei 78f.
Sklavenfreilassung 78f.
Skriptorium 75ff., 136ff., 162
Sol invictus 29
Solothurn 94
Sonntagspflicht 87, 138
Sozialpraxis 34 (s. auch Armenfürsorge, Krankenhaus)
Spaldorp 83
Spellen 102, 147
Stadtkultur 18–21, 35, 179
Stadtlohn 166
Stammvater, Spitzenahn 23, 66f., 140
Stamm, Sippe, Clan 37, 70 (s. auch Familie)
Stephan II., Papst († 757) 81f.
Stephanus, Erzmärtyrer 37, 132
Stift 92, 96
Stiftbesitz 92, 96
Stiftungen/Schenkungen 77f., 178
Stoa 32f.
Straelen 101
Sturmi, Abt v. Fulda († 779) 131

Sueven 59
Sugambrer/Cugerner/Bätasier 18,
Sulen/Praest 82
Suidbert, Missionar († 713) 70, 86, 102, 104
Suidbertswerth 86 (s. auch Kaiserswerth)
Suitger, Bf. v. Münster (993/4–1011) 163
Susteren 76, 99, 104
Sutton Hoo 77
Synode
- in Arles (314) 39
- von Paderborn (777) 131
- in Rom (313) 39
- von Serdika (346) 54
Sythen 123, 146

›Tabula Peutingeriana‹ 23
Taufe 34, 37, 39, 124, 126ff., 130, 132, 135f., 138, 150
- Widukinds 126f., 130
Tauffragen 135f.
Taufpatenschaft 126f.
Telgte 143, 164
Tertullian, altkirchl. Theologe (+ um 220) 37
Thebäer-Legende 94ff.
Theodrada, Äbtissin v. Herford 138
Theutberga, Frau Lothars II. (+ nach 869) 175
Thiatgrim, Bf. v. Halberstadt († 840) 149
Thiatilda, Äbtissin v. Freckenhorst 172
Thüringen 72, 152
Tilmon, Mönch, Gefährte d. Ewalde 85
Tod/Todesvorstellungen 31f., 36f.
Totengedenken 40ff., 79f.
Totenmahl 44ff., 77
Tongern 38
Tours 75
Toxandrien 26
Tragaltar 85
Trajan, röm. Kaiser (98–117) 21, 33
›Translatio sancti Alexandri‹ 178
›Translatio Liborii‹ 129, 132
›Translatio Pusinnae‹ 130, 138f.
›Translatio sancti Viti‹ 137, 142, 160
Tricensima s. auch Xanten 25f., 44, 47, 54

Trier 25, 28, 38, 80
Troja-Sage 66f., 95
Tyr, Ziu, Tiwaz, Saxnot 29f.

Übersetzungen 76f., 135
Ubier 18, 27, 59
Uedem 96
Uffing, Mönch in Werden, Verf. d. Vita d. hl. Ida 166
Ursus, thebäischer Märtyrer 94
Utrecht (Traiectum) 67f., 72ff., 81f., 102f., 134, 148, 152–155, 178
Utrechter Taufgelöbnis 136

Valentinian I., röm. Kaiser (364–375) 46
Valentinian II., röm. Kaiser (375–392) 53
Vandalen 59
Vaterunser 77, 87, 135
Veert 102
Venus 29
Verden 131, 134
Verfassung, (alt)sächsische 85, 119–122
Verwaltung, römische 20f.
Verwandtschaft, geistliche 126f., 142
Vetera 18f., 23 (s. auch Xanten)
Victor, thebäischer Märtyrer 47, 62f., 65, 67, 89, 91–95, 100
Victor-Schrein 91, 94
Viller 83, 101
Virgilius, Schreibermönch aus Echternach 76
Visbeck 153, 166, 177ff.
Visitation 92
Vitus, Märtyrer 139
Vitus-Patrozinium 102, 105
Völkerwanderung 59
Volk der Getauften 130f.
Volkmar, Erzbf. v. Köln (965–969) 93
Vreden 166, 169–172, 177
Vynen 102

Wala, Abt v. Corbie (†836) 136f.
Walhalla 32, 118
Wallfahrt 70
Waltbert, Enkel Widukinds 130, 170f., 178f.
Wankum 102
Warendorf 143f., 164

Warin, Abt v. Corvey (826–856) 137, 167
Wearmouth-Jarrow, nordhumbr. Doppelkloster 75, 160
Weihestein/-altar 28f.
– aus Rindern 83f.
Well/Maas 102
Werden 119, 148f., 151, 156, 160ff., 164, 167, 177
Werinhard, Priester und Urkundenschreiber Liudgers 162
Werne 143, 164
Wesel 102
Westbevern 143
Wetten 101
Wettringen 164
Wichmann, Graf im Hamaland (†ca. 973) 105f.
Wichmann III, Vogt d. Stiftes Vreden 171f.
Widukind, Führer d. Westfalen (†um 797?) 119, 122, 124, 126ff., 130, 132, 147, 151, 177
Widukind von Corvey, Historiograph (10. Jh.) 130f.
Wigbert, angelsächsischer Missionar 81
Wikbert, Sohn Widukinds 178f.
Wikbert, Sohn Waltberts, Rektor v. Wildeshausen, Bf. v. Verden 178f.
Wilchar, Erzbf. v. Sens 124
Wildeshausen 130, 170f., 178f.
Wilfried, Bf. v. York, Missionar (†709/10) 80f., 96
Wilgils, Vater Willibrords 80
Willehad, Bf. v. Bremen (†789) 131, 147, 151
Willibald, Bf. v. Eichstätt (†787) 71, 155
Willibrord, Erzbf. und Missionar (†739) 68, 70–75, 77–86, 92, 99, 101, 103, 149, 155
Willibrord-Patrozinium 102
Wiltaburg, fries. Königssitz 81
Winekendonck 96
Wirtschaft, Industrie, Handel, Handwerk 22, 145f.
Wochentagsnamen 29
Wodan/Odin 29–31, 35
Wohlgeruch bei Graböffnung 62, 64
Wolfhelm, Bf. v. Münster (889 895) 161, 163

Wulfila, westgot. Bf. († 383) 162
Wunderheilungen 138, 168
Wunibald, Missionar, Abt v. Heidenheim († 761) 71
Wünnenberg-Fürstenberg 118 f.
Wursing, Vorfahre Liudgers 148 ff.
Würzburg 131

Xanten (Colonia Ulpia Traiana; CUT) 18, 20–23, 26, 28, 33, 40–46, 53 ff., 59, 63, 65, 66 f., 89, 92 f., 95 ff.
(s. auch Vetera und Tricensima)
– Stift 89–93, 100, 104
Xantener Totenbuch 91, 94

York 148, 150, 152, 162

Zehnt 87, 125, 138
Zelhem/Niederlande 166
Zivilisation 18, 20, 21, 22
Zyfflich 82
– Herren-Stift 105, 109

»Gang für alle Menschen«

Der Kreuzweg im St.-Paulus-Dom zu Münster

Weg der Hoffnung

Bert Gerresheim schuf den neuen Bronze-Kreuzweg im münsterschen Dom. Zeitgenossen wie Papst Johannes Paul II. und Mutter Teresa begleiten Jesus auf seinem Leidensweg. Einfühlsame Meditationen stellen die 15 Stationen vor und laden zum Gebet ein.

Die Autoren der Betrachtungen sind die Mitglieder des Domkapitels von Münster. Die Gebete und Meditationen schrieb Spiritual Dr. Paul Deselaers. Der Band hat 94 Seiten, die Fotografien stammen von Andreas Lechtape.

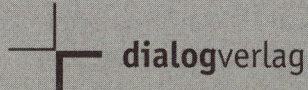

So spannend und bereichernd kann Kirchengeschichte sein...

Gemessen an anderen menschlichen Gemeinschaften kann die Diözese Münster auf eine außerordentlich lange Geschichte zurückblicken, war aber zugleich tiefgreifenden Wandlungen unterworfen.

Erstmals liegt eine zusammenhängende Darstellung der fast 1200-jährigen Geschichte des Bistums Münster vor. In fünf Einzelbänden gehen Herausgeber und Autoren neue Wege in der Kirchengeschichtsschreibung, indem sie Sozial- und Mentalitätsgeschichte einbeziehen. Nicht nur Einzelpersonen und Institutionen stehen im Mittelpunkt, sondern ebenso soziale und geistliche Gruppen in ihrem jeweiligen politischen und gesellschaftlichen Umfeld.

Band 1   Arnold Angenendt: Mission bis Millennium
ca. 250 Seiten mit ca. 60 Abbildungen und Karten

Band 2   Gisela Muschiol: Krummstab und Schwert
ca. 350 Seiten mit ca. 50 Abbildungen und Karten

Band 3   Hubertus Lutterbach: Täufer und Toleranz
ca. 350 Seiten mit ca. 50 Abbildungen und Karten

Band 4   Andreas Holzem: Der Konfessionsstaat
ca. 550 Seiten mit ca. 80 Abbildungen und Karten

Band 5   Wilhelm Damberg: Moderne und Milieu
420 Seiten mit 100 Abbildungen und Karten

Band 2 und 3 erscheinen voraussichtlich im Herbst 1999

Das Wissen über die Kirche von Münster

Das komplette Werk umfaßt 5 Bände

dialogverlag

Postfach 4320
48024 Münster
Telefon 0251/48390
Telefax 0251/4839111

Format 23 x 29 cm;
656 Seiten, über 600
meist farbige
Bilder und Karten

Zwei Jahrtausende Geschichte der Kirche am Niederrhein

Geradezu exemplarisch zeigt die Geschichte der Kirche am Niederrhein die Entwicklung kirchlichen Lebens in Deutschland von den Anfängen bis zur Gegenwart. Das Buch bringt dem Leser den Niederrhein als Zentrum von religiöser Kultur, Politik und Kunst nahe.

Als Herausgeber fungieren Weihbischof Heinrich Janssen und Dr. Udo Grote, Kustos und Archivar des Bistumsarchivs Münster Außenstelle Xanten.
Gemeinsam mit einem renommierten Autorenteam legen sie die lebendige Geschichte dieser Region dar.

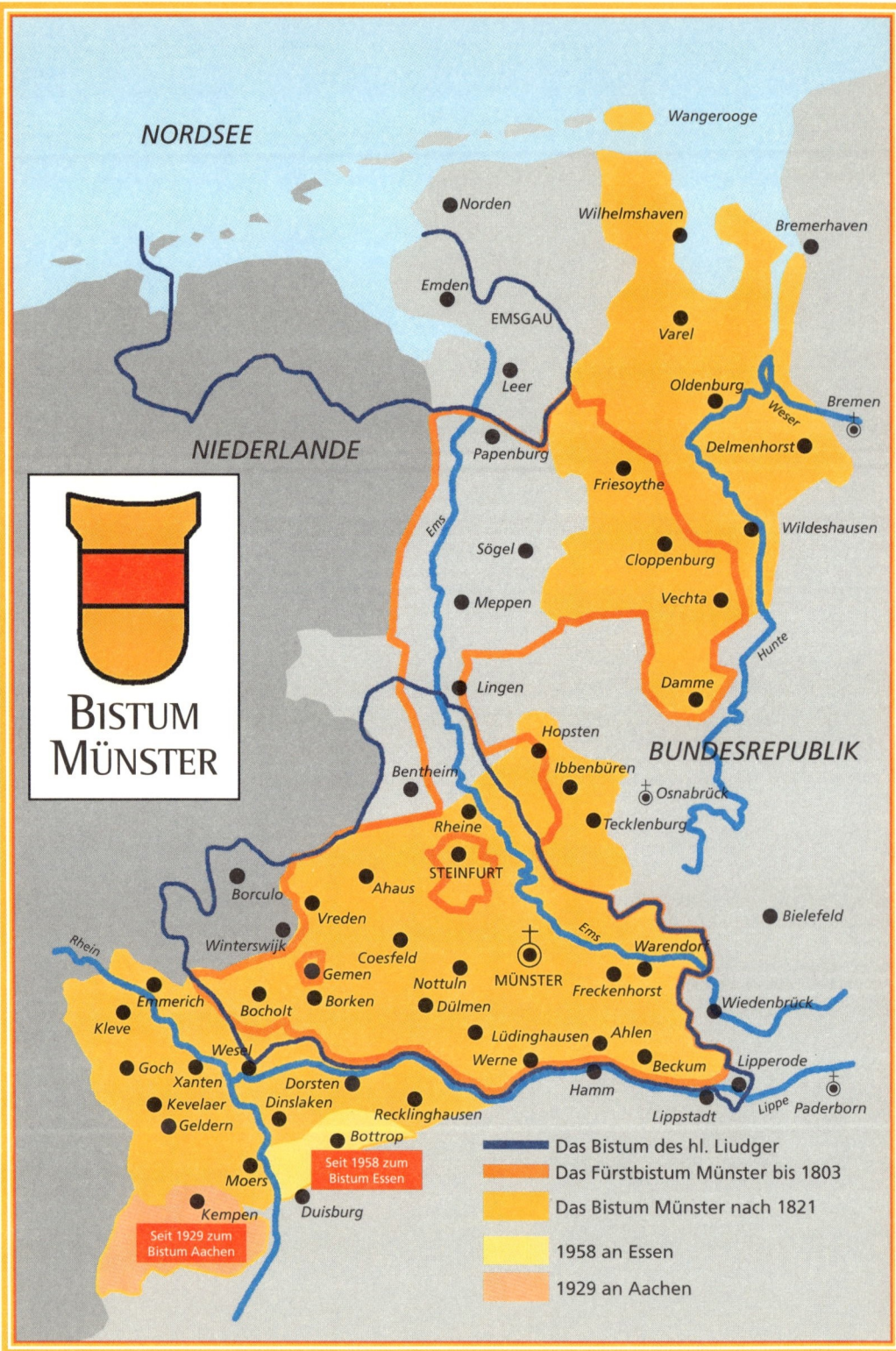